■ 田洁玫 著

2021 年度福建省社会科学基金项目：社区生活圈视角下福建省基本公共服务均等化水平提升研究（项目批准号：FJ2021C077）

福建省基本公共服务设施均等化配置研究

——基于社区生活圈视角

中国广播影视出版社

图书在版编目（CIP）数据

福建省基本公共服务设施均等化配置研究：基于社区生活圈视角/ 田洁玫著. -- 北京：中国广播影视出版社，2023.8

ISBN 978-7-5043-9026-4

Ⅰ. ①福… Ⅱ. ①田… Ⅲ. ①城市—社会服务—服务设施—研究—福建 Ⅳ. ①D669.3

中国国家版本馆 CIP 数据核字（2023）第 085042 号

福建省基本公共服务设施均等化配置研究：基于社区生活圈视角
田洁玫 著

责任编辑 任逸超
封面设计 人文在线
责任校对 龚 晨

出版发行 中国广播影视出版社
电　　话 010－86093580　010－86093583
社　　址 北京市西城区真武庙二条 9 号
邮　　编 100045
网　　址 www.crtp.com.cn
电子信箱 crtp8@sina.com

经　　销 全国各地新华书店
印　　刷 三河市龙大印装有限公司

开　　本 710 毫米×1000 毫米　1/16
字　　数 270（千）字
印　　张 16.5
版　　次 2023 年 8 月第 1 版　2023 年 8 月第 1 次印刷

书　　号 ISBN 978-7-5043-9026-4
定　　价 68.00 元

目 录

图目录

表　目　录

第一章　绪　论

第一节　研究背景及研究意义

一、研究背景

自2006年党的十六届六中全会提出“逐步实现基本公共服务均等化”，到2017年国务院印发《“十三五”推进基本公共服务均等化规划》，旨在促进社会公平正义、增进人民福祉、增强全体人民在共建共享发展中的获得感，明确要求“2020年基本公共服务均等化总体实现”。2018年，福建省贯彻落实规划精神，制定《福建省推进基本公共服务均等化行动计划》，在教育、医疗、养老、文化服务等方面持续发力，基本公共服务均等化不断取得新进展。基本公共服务均等化要求全体公民都能公平可及地获得大致均等的基本公共服务。这种均等化理念可以追溯至亚里士多德的“平均正义和分配正义”，马克思（1875）在《哥达纲领批判》中也论述过分配公平问题。党的十六届六中全会以来，刘明德（2017）、张启春（2018）、李曼音（2018）、杨波（2019）、刘银喜（2019）等学者从辨析讨论、内在逻辑、现实困境、变迁逻辑、实现途径、治理目标等方面丰富了基本公共服务均等化的基础研究。姜晓萍（2020）提出2019年后我国基本公共服务均等化政策目标进入“优质提升”阶段，陈振明（2020）、薄贵利（2020）、缪小林（2020）等学者围绕着高质量、获得感等推进研究。2020年，党的十九届五中全会提出“基本公共服务均等化水平明显提高”。2022年，党的二十大报告中又再次重申，这是党中央在“十四五”时期对民生福祉达到新水平的核心要求，更是站在“两个一百年”奋斗目标历史交汇点，对全面建设社会主义现代化国家的战略部署。

基本公共服务均等化水平提升需要注重基本公共服务设施布局公平和空

间可及的实现。余游（2012）、张建清（2017）、邵桂华（2020）、李百灵（2022）利用泰尔指数、变异指数、探索性空间数据分析方法进行基本公共服务均等化的测算与评价。肖建华（2019）、李智裕（2020）以可获得性角度探讨了中观、宏观尺度基本公共服务均等化的时空差异、空间效应。基本公共服务设施由基本公共服务衍生而来，是基本公共服务的空间载体，国内学者张贤明（2016）提出基本公共服务设施布局与配置的均等化是基本公共服务体系建设完善的空间路径。自美国经济学家麦克尔·忒兹（1968）首次提出公共服务设施区位理论，其后公共服务设施配置的公平与效率研究逐渐成为公共服务均等化研究的突破口。国外学者早期基于地理信息系统方法分析了公共服务设施布局的可达性问题；研究了公共服务设施的区位选择与选址问题；法雷利亚（2014）、斯蒂芬妮（2014）分别针对意大利、英国进行了公共服务设施空间分布与空间可达性研究。近年来，随着大数据技术的发展，赵宏波（2018）、田洁玫（2021）以各类基本公共服务设施的兴趣点（Point of Interest，缩写为 POI）为研究对象，通过呈现设施空间数量和布局位置的特性，揭示基本公共服务空间配置的集聚离散特征，从而对基本公共服务均等化水平提升提出新的思考。

新发展阶段中基本公共服务均等化水平提升要求的“公平可及”，不再是简单平均数量的问题。杨龙（2022）提出研究应该更加关注微观治理单元中基本公共服务设施的布局公平和空间可及。社区生活圈的相关理论起源于日本，其是围绕居住场所而划定的微观基本社区空间单元。社区空间作为基层社会治理“第一线”，也是党和政府联系与服务居民群众的“最后一公里”，承担着重要的基本公共服务供给职责。社区生活圈即以居住场所为中心，居民步行 15 分钟便可以满足其物质与生活文化需求而划定的社区生活基本空间单元。自 2016 年国务院提出“构建 15 分钟生活圈”概念要求，各地市积极响应并实践推广。赵彦云（2018）、傅行行（2019）、周岱霖（2019）对北京市、上海市、广州市社区生活圈的空间测度、逻辑构建与服务配置进行研究。韩增林（2019）、肖凤玲（2021）、张夏坤（2021）基于社区生活圈视角研究大连市、乌鲁木齐市、天津市公共服务设施的空间配置。2021 年 4 月 20 日，国家发改委等 21 个部门发布《国家基本公共服务标准（2021 版）》，从幼有所育、学有所教、劳有所得、病有所医、老有所养、住有所居、弱有所扶、优军服务保障、文体服务保障等 9 个方面明确了国家基本公共服务具体保障范围和质量要求。2021 年 7 月推广实施《社区生活圈规划技术指南》，明确提出了与居民日常需求联系最为紧密的社区生活圈空间单元中各类公共服务设施的供给要求。2022 年 1 月 10 日，国家发改委等 21 部门印发了《“十四五”公共服务规划》，以社区为基本单元、以各类服务设施为依托，为达成基本公共服务均等化水平明显提升要求，规划中再次强调九类基本公共服务保障目标，提出补齐基本公共服务短板和统筹规划公共服务设施布局要求。面对各类国家规划的最新要求，本书基于社区生活圈视角，提出了福建省基本公共服务设施均等化配置的研究议题。

二、研究意义

基于社区生活圈视角，关注基本公共服务设施均等化配置的研究具有其理论意义与现实意义。

从理论意义来看：社区生活圈视角下的福建省基本公共服务设施均等化配置研究，将丰富福建省社区生活圈研究的理论与实践、充实基本公共服务设施均等化配置研究的方法与技术、提供福建省社区生活圈基本公共服务设施配置现状水平与比较差异的相关成果、推动探索基层治理现代化中基本公共服务均等化水平提升的实现路径。

从现实意义来看：社区生活圈视角下的福建省基本公共服务设施均等化配置研究，有助于推动福建省区域公共服务设施资源的均衡配置与协同发展、配置优势与问题成果将为福建省区域协同发展建设提供样本资料、均等化配置对策建议将为政府空间治理能力和治理水平增强提供参考借鉴，并最终服务于切实满足福建人民日益增长的美好生活需要。

第二节　研究目标及研究内容

一、研究目标

紧紧围绕“基本公共服务均等化水平明显提高”要求，立足加快新时代新福建建设方向，基于社区生活圈视角，展开基本公共服务设施均等化配置研究。通过社区生活圈的格网划定与基本公共服务设施的类型划分，对福建省基本公共服务设施均等化配置水平的分类与综合现状、差异、优势与问题进行分析，并重点关注福建省闽东北与闽西南两大协同发展区的基本公共服务设施均等化配置情况。以期基于社区生活圈视角提出基本公共服务设施均等化配置水平提升的有益建议，为推动福建省区域公共资源均衡配置和区域协同发展、提高政府空间治理能力和治理水平提供参考借鉴。

二、研究视角

社区生活圈视角在福建省基本公共服务设施均等化配置中的应用是本书的研究重点。学界大部分观点认为，基本公共服务均等化水平不是绝对平均，而是相对均等。可见，“摊大饼式”的基本公共服务均等化并不能满足国家高质量发展与人民获得感提升需求，“以人为本”才是基本公共服务均等化提升的内在要求。社区生活圈视角从居民的行为规律出发，能够充分考虑居民的基本生活需求。基于社区生活圈视角，从微观尺度能够更好地分析福建省基本公共服务设施均等化配置的差异问题，并进一步提出切实的优化配置策略。

三、研究对象

依据社区生活圈“以居住场所为中心，居民步行 15 分钟可以满足其物质与生活文化需求而划定的社区生活基本空间单元”基本定义，基于我国基本公共服务“幼有所育、学有所教、劳有所得、病有所医、老有所养、住有所居、弱有所扶、优军服务保障、文体服务保障”9 个方面基本构成。本书将划定福建省全部社区生活圈的空间范围，并划分基本公共服务设施的具体类型，研究对象即最终划定的福建省社区生活圈中所包含的各类基本公共服务设施（除了前述 9 种类型的分类基本公共服务设施分析，还包括基于混合度水平的综合基本公共服务设施分析）。

四、研究内容

本书的研究内容主要分为 3 个部分：

第一部分包括第一章、第二章。主要阐明研究背景与意义、研究区概况与数据来源、研究目标及方法，并通过对社区生活圈与基本公共服务设施均等化配置的相关概念及理论支撑的论述，构建出本书研究的逻辑机理与框架结构，为后续章节研究提供依据。

第二部分包括第三章至第十一章。此 9 章主要基于社区生活圈视角，围绕9种不同类型的基本公共服务设施，分别从福建省区域层面、市域层面和县域层面3个层面，基于空间匹配协同分析、全局空间自相关分析、局部空间自相关分析、变异系数测算4种方法深入分析福建省社区生活圈分类基本公共服务设施的均等化配置情况。

第三部分包括第十二章、第十三章。在9种基本公共服务设施的分类分析基础上，通过混合度测算对福建省社区生活圈综合基本公共服务设施的空间布局、聚类异常、空间差异进行分析。并对福建省社区生活圈基本公共服务设施均等化配置的优势与问题进行整理总结，进而提炼出均等化水平提升的对策建议。最终通过对各章节研究结论的总结，提出本书的创新点，并分析研究存在的局限与未来展望。

第三节 研究概况及数据来源

一、研究区域概况

福建省简称“闽”，位于中国东南沿海，地处衔接长三角城市群与珠三角城市群的海峡西岸城市群重要位置，省会为福州市。福建省下辖9个设区市，共44个县、12个县级市、29个市辖区（金门县缺少相关数据，本书不做讨论），基本概况见表1－1。

表1－1 福建省两大协同发展区及9个设区市基本概况表①

福建省协同发展区名称	设区市名称	下辖县、县级市、市辖区（个）	常住人口（万人）	土地面积（km^2）	GDP（亿元）
闽东北	福州市	6、1、6	832.00	11861.00	10020.02
	莆田市	1、0、4	321.00	4200.00	2643.97
	宁德市	6、2、1	315.00	13433.00	2619.00
	南平市	5、3、2	268.00	26300.00	2007.40
闽西南	厦门市	0、0、6	518.00	1700.61	6384.02
	漳州市	8、1、2	506.00	12882.27	4545.61
	泉州市	5、3、4	879.00	11015.00	10158.66
	三明市	9、1、2	249.00	22965.00	2702.19
	龙岩市	4、1、2	273.00	19028.00	2870.90

① 表中数据来自福建省及福建各市2021年统计年鉴。

从自然地理情况上看，福建省四大平原分布在东部沿海地区，范围包括福州市、莆田市、泉州市、厦门市、漳州市，而西部的广大地区则主要为丘陵与山地；沿海平原区五市的土地面积仅为丘陵山地区的50.97%。从社会经济情况上看，2020年，福州市与泉州市均已突破GDP万亿元大关，厦门市设立经济特区40年来，2020年人均GDP突破2万美元，其他地市则发展稍有欠缺；福建省内的人口差距也非常明显，3个GDP高贡献城市的总常住人口数是其他6市总常住人口的1.15倍。为贯彻落实习近平总书记重要讲话精神和新发展理念，解决发展不平衡不充分问题、深化山海协作、推进发达地区和欠发达地区联动发展，福建省提出构建闽东北和闽西南两大协同发展区，分别以“福州都市区”和“厦漳泉都市区”为引领，平衡福建省东西部、南北部区域差距。

二、研究数据来源

本书以2021年百度地图POI数据作为主要数据来源，借由百度地图开放平台提供的地点检索服务，通过计算机编程语言按照经纬度范围获取福建省全部19个一级分类的百度地图POI数据共计738251个。依据指标体系表的要素内容，参考多项国家规划要求，对获取的福建省POI数据进行去重、筛选、匹配和检索，最终可以得到福建省各类基本公共服务设施POI数据共计46572个；从百度地图提供的19个POI大类列表中按照相关分类指标内容作为检索字段，可以提取福建省居住场所POI数据共计77904个。其他社会经济数据来自福建省及各市2021年统计年鉴或各政府工作网站。ArcGIS软件操作中使用的福建省及各县市区行政区划数据来自于中国科学院地理科学与资源研究所网站提供的行政边界.shp文件。

三、研究格网划定

以居住场所为基础划定的社区生活圈，是居民出行成本较低、日常活动频率较高、服务便利度较优的非实体空间。在对社区生活圈的研究中，运用欧氏区域分配原理，以居住场所POI数据为源对象，按照标准距离的格网单元分配划定得到社区生活圈公里格网，能够保证仅对有居住场所的空间进行社区生活圈研究，同时保证后续研究结果可以在同等尺度层面互相比较分析。如图1－1所示。

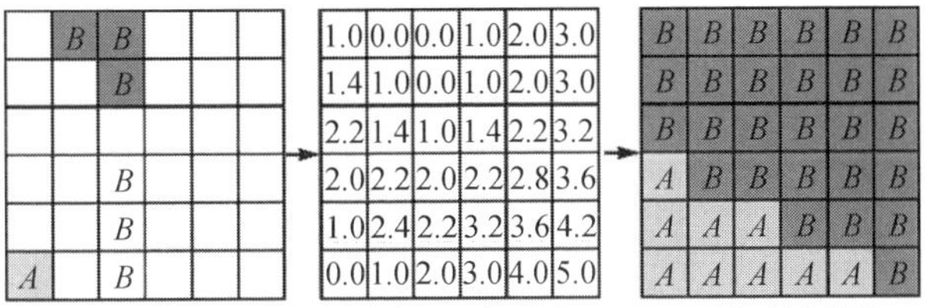

(a)目标格网 (b)欧氏几何距离 (c)欧氏域分配

图1-1 欧氏区域分配原理图①

欧氏几何距离是格网单元中心到最近源对象的几何距离，江岭（2011）的研究指出欧氏区域分配可以根据欧氏几何距离，将格网单元分配给源对象，分配给 A 对象的格网单元都是距离 A 最近的。ArcGIS 软件的欧氏分配工具（Euclidean Allocation）基于欧氏距离计算每个像元的最近源，即根据最大邻近性识别要分配给源的像元，可以作用于矢量点状、线状及面状要素。根据住房城乡建设部发布的《居住区规划设计标准（GB50180—2018）》，吴夏安（2020）的研究提出 15 分钟生活圈居住区步行距离标准为 800 米~1000 米，考虑到步行距离范围对社区生活圈中老幼等特殊群体的适用性，本书研究采取上限 1000 米作为划定社区生活圈的标准距离。运用 ArcGIS 软件欧氏分配工具，将福建省 77904 个居住场所 POI 数据按照 1000m 的最大距离分配到 1000 米×1000 米网格尺度的格网单元，最终可以得到研究所需的福建省全部 5336 个社区生活圈。

四、指标体系构建

社区生活圈视角下的基本公共服务设施分类指标体系构建既要满足基本公共服务规划要求，又要符合社区生活圈建设要求。在借鉴相关研究经验的基础上，本书主要依据自然资源部组织编制并于 2021 年 7 月正式实施的《社区生活圈规划技术指南》（TD/T 1062—2021），以及经国务院批复同意并于 2021 年 12 月印发实施的《“十四五”公共服务规划》（发改社会〔2021〕1946 号），综合比对梳理后，最终构建出“育幼服务、教育服务、就业服务、医疗服务、养老服务、住房服务、行政服务、文化服务、体育服务”9 种社区生活圈基本公共服务设施分类指标体系表，具体见表 1-2。

① 原图来自相关文献：江岭，杨昕，汤国安．基于欧氏区域分配的面状河流中轴线提取方法研究［J］．测绘通报，2011，9.

表 1－2　社区生活圈基本公共服务设施分类指标体系表

"十四五"公共服务规划		社区生活圈规划技术指南		社区生活圈基本公共服务设施
保障目标	短板弱项	服务要素	要素名称	设施名称
幼有所育	社会服务	终身教育	幼儿园、托儿所、养育托管中心等	育幼服务设施
学有所教	义务教育	终身教育	高中、初中、小学等	教育服务设施
劳有所得	就业社保	就业引导	社区就业服务中心、农业服务中心、职业技术教育与技能培训中心等	就业服务设施
病有所医	医疗卫生	健康管理	卫生服务中心（社区医院）、门诊部、工疗康体服务中心、社区卫生服务站、卫生院（站）、卫生室等	医疗服务设施
老有所养	养老服务	为老服务	养老院、老年养护院、老年人日间照料中心、综合为老服务中心、老年活动室、敬老院、幸福院等	养老服务设施
住有所居	住房保障	住房改善	保障性住房、棚户区改造等	住房服务设施
弱有所扶	社会服务	行政管理	社区服务中心、街道办事处、司法所、社区服务站（服务大厅、警务室、社区居委会办公室、居民活动用房、活动室、阅览室、残疾人康复室）、派出所、村务室等	行政服务设施
优军服务保障	社会服务	行政管理		
文体服务保障	文化体育	文化活动	文化活动中心、文化活动站（博物馆、美术馆、图书馆、爱国教育示范基地）、文化广场、文化展示馆、文化活动室、书屋、民俗活动点等	文化服务设施
		体育健身	大、中、小型多功能运动场地、室外综合健身场地、体育馆（场）或全民健身中心、小型体育公园、健身步道、体育中心、健身广场等	体育服务设施

《"十四五"公共服务规划》中公共服务体系包含基本公共服务、普惠性非基本公共服务、生活服务 3 种类型，本书研究主要探讨其中"全体公民都能公平可及地获得大致均等的基本公共服务"内容，将其中的 9 大保障目标与 7 项短板弱项对接，明确基本公共服务的需求类目。《社区生活圈规划技术指南》在此基础上从服务要素配置层面提出应对需求的基本公共服务设施供给要求。为保障社区生活圈的健康有序运行，《社区生活圈规划技术指南》中提出了 6 个方面服务要素，其中的社区服务又可以细分为 8 小类，按照与基本公共服务相关原则，选取其中 8 项服务要素对接《"十四五"公共服务规划》的保障目标与短板弱项，并在表 1－2 中将具体要素名称详细罗列，确保指标选取的系统性与科学性。

第四节 研究方法及相关技术

本书在研究初始大量使用 ArcGIS 软件空间分析方法的基础上进行研究数据的基础探索，主要方法包括标准差椭圆方法（Standard Deviational Ellipse），获取中心点（CenterX，CenterY）、偏角（Rotation）、长轴（XStdDist）、短轴（YStdDist）等数据；平均最近邻方法（Average Nearest Neighbor），获得最近邻比率（R），确定要素分布属于离散类型（R 值 >1）、随机类型（R 值 =1）或是集聚类型（R 值 <1）；核密度方法（Kernel Density），确定研究的搜索半径（Search radius）并绘制相应核密度图；缓冲区方法（Buffer Analysis），分别对福建省各类基本公共服务设施以及居住场所建立 100 米、300 米、500 米、1000 米、2000 米和 3000 米的缓冲区域，进而通过空间连接统计各缓冲区内的基本公共服务设施与居住场所分布情况。在这些初步探索的基础上，研究中较为关键的方法技术包括以下 4 种。

一、匹配协同指数

参考相关研究，本书以闫东升（2018）文献中提出的不一致指数作为基础，进一步得出福建省各类基本公共服务设施与社区生活圈的空间匹配协同指数（Cit），并用该指数来反映福建省各类基本公共服务设施与社区生活圈的空间匹配程度与均衡状况。Cit 值小于 1，属于基本公共服务设施空间匹配协同“滞后型”；Cit 值大于 1，属于空间匹配协同“超前型”；Cit 值等于 1，属于空间匹配协同“一致型”。Cit 值越大，说明各类基本公共服务设施对社区生活圈的服务能力越强，匹配协同程度越高。反之则表示此类型基本公共服务设施与社区生活圈的匹配协同程度越低。Cit 的计算如下公式（1）：

$$C_{it} = \frac{Y_{it}/Y_{qt}}{Y_{id}/Y_{qd}} \tag{1}$$

式中：C_{it}表示 i 地区 t 类型基本公共服务设施与 i 地区社区生活圈的匹配协同指数；Y_{it}表示 i 地区 t 类型基本公共服务设施分布总量，Y_{qt}表示研究区 t 类型基本公共服务设施的分布总量；Y_{id}表示 i 地区的社区生活圈分布总量，Y_{qd}表示研究区的社区生活圈分布总量。

二、空间相关分析

国内外学者基于对 ArcGIS 的应用提出探索性空间数据分析方法（ESDA），这是一种利用统计学原理和图形图表相结合对空间信息的相关性与异质性进行分析鉴别的数据分析方法，基于 ArcGIS 软件可以运用探索性空间数据分析方法进行社区生活圈基本公共服务设施的空间相关分析，包括从总体上判断各类基本公共服务设施空间数据分布状态的全局空间分析，以及用于识别各类基本公共服务设施空间数据聚类分散位置与程度的局部空间分析。

全局空间自相关分析主要使用两种指数方法：一是 Moran's I 指数，取值范围 [-1，1]；Moran's I >0 表示空间正相关性，数值越大则相关性越明显；Moran's I <0 表示空间负相关性，数值越小则空间差异越大；Moran's I =0，表示呈现空间随机性；二是 Getis-Ord General G 指数，取值范围 [0，1]；当 Z 值 >0 且 O-General G > E-General G，数据在高值区域聚类；当 Z 值 <0 且 O-General G < E-General G 指数，数据在低值区域聚类。

局部空间自相关分析主要使用 Anselin Local Moran's I 方法，其结果将呈现 4 种组合形式（Not Significant 型，为不显著类型，本书中暂不考虑该类型）：（1）高值聚类（H-H 型），观察值为正，空间滞后值为正；（2）低值被高值围绕的异常值（L-H 型），观察值为正，空间滞后值为负；（3）低值聚类（L-L 型），观察值为负，空间滞后值为负；（4）高值被低值围绕的异常值（H-L 型），观察值为负，空间滞后值为正。

三、混合程度评价

根据信息论原理，熵可以用来度量随机事件中的不确定程度。基于对熵的运用，地理学家们借鉴生物学 Shannon 信息熵提出均质度概念以及信息熵公式提出：信息熵值越高，表明不同职能类型越多，混合程度越高。信息熵公式目前与 POI 数据的结合运用很多，王波（2022）的研究结果说明信息熵可以表征为 POI 多样性测量功能混合度，数值结果可以体现服务设施类型的多样性、设施功能的均质度。运用 ArcGIS 软件将 5336 个社区生活圈公里格网与各类基本公共服务设施进行空间连接（Spatial Join），可以得到福建省社区生活圈中各类基本公共服务设施的具体数量。在此基础上，本书参考胡晓鸣（2021）研究文献所运用公式测算社区生活圈的基本公共服务设施混合度水平（Hmn）。Hmn≥0，其数值越高，则表明该社区生活圈内的基本公共服务设施类型越丰富、种类越齐全、配置差别越小、均质程度越高；反之亦然。Hmn 的计算公式如下公式（2）：

$$H_{mn} = -\sum_{i=1}^{n}(p_i \times \ln p_i) \tag{2}$$

式中：H_{mn} 表示第 m 个社区生活圈的基本公共服务设施混合度水平；i 为基本公共服务设施的分类类目；P_i 为该社区生活圈中第 i 类基本公共服务设施数量占所有基本公共服务设施数量的比重。

四、变异系数测算

统计学中常见的相对差异测算主要包括变异系数、基尼系数和泰尔指数 3 种指标。变异系数也即是标准差系数，主要考察标准差和平均数两项指标的比值情况，其能够反映总体各单位标志值的差异程度或离散程度。变异系数法目前在基本公共服务均等化与基本公共服务设施均等化研究领域均被广泛使用，变异系数指标值越大则说明均等化差异越大，指标值越小则说明基本公共服务设施均等化配置程度越高。本书借鉴林闽钢（2013）的研究公式，对福建省社区生活圈各类基本公共服务设施配置水平变异系数，或者基本公共服务设施混合度变异系数（CV）进行测算，基于对 CV 值的分析可以进一步判断社区生活圈基本公共服务设施均等化水平的空间差异，CV 计算公式如下公式（3）：

$$CV = \sqrt{\sum_{i=1}^{n}(y_i - u)^2/n/u} \tag{3}$$

式中：CV 表示 w 地区中的社区生活圈各类基本公共服务设施配置水平变异系数，或者 w 地区中的社区生活圈基本公共服务设施混合度变异系数；y_i（$i=1, 2, 3, \cdots, n$）为 w 地区中第 i 个社区生活圈的各类基本公共服务设施配置水平，或者 w 地区中第 i 个社区生活圈的基本公共服务设施混合度水平；u 为 w 地区中的社区生活圈各类基本公共服务设施配置水平的平均值，或者 w 地区中的社区生活圈基本公共服务设施混合度水平的平均值。

第二章　研究基础

作为本书的研究基础，社区生活圈视角从机理上和操作上是如何推动基本公共服务设施均等化配置，从而提升基本公共服务均等化水平这一问题，本章将从学理上进行深入讨论。

第一节　基本公共服务均等化与社区生活圈的理论概念

一、基本公共服务均等化与社区生活圈的理论渊源

我国基本公共服务均等化的理论探索主要围绕基本公共服务均等化推进中的各种现实问题展开。梳理相关文献可知，基本公共服务均等化研究中的国外理论主要包括阿瑟·瑟希尔·庇古（1920）提出的“福利经济学”理论，尼古拉斯·卡尔多（1939）、约翰·希克斯（1972）等学者提出的“补偿原则论”，亨利·柏格森（1938）、保罗·萨缪尔森（1947）等学者提出的“社会福利函数论”，以及约翰·罗尔斯（1971）提出“正义论”中的平等自由原则、机会均等原则和差别原则等。还有诸如依据福利经济学对基本公共服务均等化价值导向的探讨；以罗尔斯正义论三要素为基础，分析基本公共服务均等化的价值诉求与政策目标内在关联的研究。尚虎平（2021）的研究提出：在我国基本公共服务均等化的理论探索中，习近平新时代中国特色社会主义思想更具有奠基价值，坚持以人民为中心、实现发展成果共享、推进各方协同治理。

20 世纪 60 年代，日本最早开始研究与实践社区生活圈理论。1969 年，日本政府在“第三次全国综合开发计划”中首次提出了“地方生活圈”，以及“定住圈”概念，以解决城市化过程中出现的资源过度集中、城乡差距

拉大等问题，从而促进城乡均衡发展、实现居民安居乐业。习近平新时代中国特色社会主义思想理论则是我国社区生活圈建设的理论基石。基本公共服务均等化需要在保证社会公平正义的前提下，坚持以人民为中心，满足全体居民基本生活需求，实现全面均衡的公共物品和服务供给过程。这就需要强调以人的活动需求为核心，针对居民各项日常生活需要、规划生活所需的空间单元。社区生活圈通过对基本教育设施、基本医疗卫生设施、基本文体设施等基本公共服务设施资源的均等化配置、均等化布局，最大程度地为城乡居民提供机会均等的、品质优良的公共服务，从而最终实现基本公共服务均等化目标。

综上所述，基本公共服务均等化和社区生活圈二者均立足习近平新时代中国特色社会主义思想，始终坚持“以人为本”和“公平正义”，旨在满足城乡居民利益诉求，缩小城乡差距，维护社会和谐稳定。社区生活圈本身就秉承了基本公共服务均等化的理念，是对基本公共服务均等化在特定地域空间范围的贯彻实施。

二、基本公共服务均等化与社区生活圈的概念联系

基本公共服务均等化与社区生活圈的概念内涵密切相关。基本公共服务均等化是社区生活圈的宏观目标，社区生活圈建设是基本公共服务均等化水平提升的有效路径；基本公共服务均等化为社区生活圈发展指明了方向，而社区生活圈建设也促进了基本公共服务均等化的实现。二者相互联系、相辅相成，共同完善基本公共服务体系的构建，同步加快基本公共服务布局的优化，同等关注高质量高水平民生保障的提供。

具体来说，基本公共服务均等化是指政府在公平正义的前提下，为社会成员提供基本的、与经济社会发展水平相适应的、大致均等的公共产品和服务。曹雪彦（2021）提出这些基本公共服务主要从“幼有所育、学有所教、劳有所得、病有所医、老有所养、住有所居、弱有所扶、文体服务保障”等多方面出发，是旨在保障人们生存和发展最基本的民生服务。学界普遍认为，基本公共服务均等化并不是完全绝对的平均，而是相对的平均，均等化不是一种固定的状态，而是一个不断调整变化的过程。其对象应呈现权利与机会均等、结果也应相对公平与公正、其过程则表征为动态与漫长。从一定程度上观察，社区生活圈也体现着基本公共服务均等化的概念内核，通过多

圈层的划分，明确动态调整公共资源的地域位置，在城乡居民的日常生活中实现权利和机会均等，保证基本公共服务相对公平正义。

依据《社区生活圈规划技术指南》的概念论述，社区生活圈是指在适宜的日常步行范围内，满足城乡居民全生命周期工作、生活等各类需求的基本单元。王承慧（2022）的研究提出社区生活圈是融合“宜业、宜居、宜游、宜养、宜学”多元功能、引领面向未来健康低碳美好生活方式的居民日常生活空间、配套服务共享单元。由此可见，社区生活圈是对基本公共服务均等化这一上层建筑的基层实操，将概念问题转化为一定地域单元的具体实践。即通过引入地理学“生活圈”的概念，融合基本公共服务的均等化标准、均等化设施、均等化机制保障等规划布局，以期达到基本公共服务均等化的目标，满足居民在日常生活空间内对衣、食、住、行等基本公共服务的需求，做到远近兼顾、最优化配置和高效利用。

第二节　基本公共服务均等化与社区生活圈的发展内容

一、基本公共服务均等化与社区生活圈的发展沿革

2011 年，《我国国民经济和社会发展“十二五”规划纲要》提出，“建立健全符合国情、比较完整、覆盖城乡、可持续的基本公共服务体系，逐步缩小地区间人民生活水平和公共服务差距。十八大以来，有关基本公共服务均等化的政策不断发展完善。2017 年，第二部基本公共服务专项规划——《“十三五”推进基本公共服务均等化规划》出台，该规划将基本公共服务体系建设的任务聚焦为推进均等化，首次提出建立国家基本公共服务清单制，围绕原有 8 个领域，列出了 81 个基本公共服务项目。在共同富裕目标下，2021 年，《中华人民共和国国民经济和社会发展第十四个五年规划和 2035 年远景目标纲要》对推动城乡区域基本公共服务制度统一、质量水平提出了更高要求。其后《国家基本公共服务标准（2021 年版）》出台，从 9 个方面明确了国家基本公共服务具体保障范围与质量要求。2021 年 12 月，《“十四五”公共服务规划》发布，强调以习近平新时代中国特色社会主义思想为指导，以标准化推进基本公共服务均等化为路径，以 2025 年公共服务制度体系更加完善为目标。

根据第七次全国人口普查统计数据，我国城镇化率已从 1978 年的 17.90% 提高到 2020 年的 63.89%，城镇常住人口数量由 1.72 亿增加到 9.01 亿。城镇化进程中，服务设施的不合理配置、产业布局的不均衡发展造成了居民生活服务的不便利、不均等。当今我国城乡人居环境发展的主要问题表现为人们现实的生活需求与不完善的公共服务设施之间的失配，即人们对更高质量生活的追求与居住环境的实际服务水平之间的落差。2016 年，国务院提出“构建 15 分钟生活圈”的概念要求，这种“居民共享日常必需的教育、医疗社会保障、商业、就业、交通等生活功能的圈子”，实质上是服务设施集聚布置和公平均质的平衡。2018 年，《上海市城市总体规划（2017—2035 年）》发布，在全国率先提出打造“社区生活圈”，北京市、广州市、成都市、西安市等国内城市也积极响应并加入探索实践。2021 年 7 月《社区生活圈规划技术指南》在全国推广实施，明确以人的活动和需求为核心，实现居住、就业、养老、医疗卫生等服务功能组合。

基本公共服务均等化与社区生活圈二者的发展都旨在解决我国城乡区域公共服务发展的不平衡、不协调问题，破解民生短板，统筹城乡协调发展，推动基本公共服务资源实现普遍化、均等化。二者的未来发展趋势也符合“十四五”规划发展目标：“以常住人口规模和服务半径为基础，优化基本公共服务设施布局，把基本公共服务资源向基层延伸，实现共建共享”，具有明确地应时代所需、解民生短板的发展诉求。

二、基本公共服务均等化与社区生活圈的内容共识

基本公共服务均等化包含推进基本公共服务标准体系建设、补齐基本公共服务短板、加快提升基本公共服务均等化水平的内容。其中内含的公共服务效能要求则包括：科学规划公共服务设施布局、完善公共服务多元供给格局、提高服务便利共享水平、健全公共服务要素保障体系、强化服务国家重大战略能力。社区生活圈建设则秉持以人为本的核心，以人们生活需求为出发点组织生活空间，用以均衡社区资源分配，引导人们在地方定居，使社区成为真正的生活中心，避免生活空间的割裂与碎片化，旨在实现公共生活的修复，实现人的整体和全面发展。从配置层级、服务要素、布局指引等方面系统指导社区生活圈建设，其中核心内容是：考虑居住结构特征，在空间布局、设施配置上采取针对性举措，以满足居民基本生活需求、优化空间结

构、维护空间公正与社会公平。基于以上内容可以得出基本公共服务均等化与社区生活圈建设的3点内容共识。

(1)以人为本是二者的共同核心。在基本公共服务均等化建设中提供满足人的现代化发展的公共服务、引导民众养成现代生活方式与价值理念，这与维护人民的根本利益在本质上相一致，也为全面建设社会主义现代化国家标注高度。而社区生活圈也是基于人的视角，为更好地满足人民群众对美好生活的向往，着重回答如何解决以人为本的问题，并不断贯彻于实践之中，展开对公共服务的引导，以求实现人的整体和全面发展。

(2)维护社会公平正义是二者的共同立场。人民的公平意识和权利意识在不断增强，由此，基本公共服务均等化发展不能背离普惠性、兜底性、保基本的方向，要满足全体人民的基本需要，要“坚持社会公平正义，排除阻碍劳动者参与发展、分享发展成果的障碍”。而社区生活圈在基本公共服务均等化建设的渐进过程中，直面我国发展不平衡不充分的现实问题，合理引导公共资源布局，满足不同圈层、不同类型、不同特点的居民生活的基本需求，是维护社会公平正义的重要手段。

(3)系统提升公共服务效能是二者的共同目标。基本公共服务均等化建设要坚持全面系统的原则。国家基本公共服务制度体系对基本公共服务的内容予以明确并与时俱进地拓展，新发展阶段中，基本公共服务均等化建设要协调推进领域间、人群间、地区间服务均等化，补齐个别区域和特殊人群的服务短板。社区生活圈建设是设施与民众的时空需求匹配，其有利于公共资源配置有效性增强、社会公共服务效能系统性提升，并最终服务于完善民生社会保障和创造人民美好生活。

第三节　基本公共服务均等化水平提升中介：基本公共服务设施

一、基本公共服务均等化中基本公共服务设施的缺位

基本公共服务设施是由基本公共服务基础而产生的衍生概念，也是基本公共服务的空间载体，是从公共服务资源到服务结果的过渡，其均等化发展直接影响着基本公共服务均等化水平提升的可能。中国城乡发展差距大的缘

由之一，即二者公共服务均等化水平存在着巨大差异，公共服务因素在很大程度上影响着城乡实际收入差距，所占比重约为 30% ~40%。推进基本公共服务均等化发展，是实现统筹城乡发展、推进城乡一体化的关键。推进基本公共服务设施均等化发展，是实现基本公共服务，特别是从空间规划和基础建设两个层面上实现的关键环节和技术支持。

基本公共服务的均等化发展，反映在物质层面上，就是基本公共服务设施的均等化。近年来，我国有关基本公共服务均等化问题的研究层出不穷，专家学者们不但把基本公共服务均等化的重大意义作为重点，更深入探讨了其概念内涵和实现路径。然而关注基本公共服务在空间层面落实的相关研究则相对薄弱，对基本公共服务设施的均等化配置问题的相关研究相对不足。未来研究更需系统融合基本公共服务与基本公共服务设施，将两者对比讨论：一方面夯实对基本公共服务设施均等化问题的合理界定；另一方面增强对当前基本公共服务设施均等化发展特征以及面临问题的准确把握。将研究不限于停留在定性理论或政策建议讨论层面，更拓展至对空间问题的研究。由此可以看出，目前对基本公共服务设施均等化发展研究的理论与技术支撑尚不充足，在实践层面也存在与基本公共服务均等化研究各自为政的局面。

二、社区生活圈建设中基本公共服务设施的补位

进入新时代，城乡一体化发展迈向新时期。基本公共服务设施供给处于城乡一体化建设发展的重点位置，是居民与公共资源之间的中介。对基本公共服务设施进行均衡配置，旨在缩小城乡差异、实现城乡基本公共服务均等化。2018 年，《城市居住区规划设计标准》提出以 15 分钟、10 分钟、5 分钟生活圈形式组织公共服务设施和居住生活空间的配置模式，这于“居住区—居住小区—居住组团”配置的传统模式有很大区别。以生活圈方式组织社区生活，是城市规划逐渐重视人的生活质量和实际需求的重要转变。2021 年 5 月，《社区生活圈规划技术指南》则进一步从配置层级、服务要素、布局指引等方面系统地指导社区生活圈的相关内容规划编制，并明确给出“城镇社区生活圈基础保障型服务要素配置建议”和“品质提升型服务要素配置建议”，涵盖了基本公共服务设施的配置标准和建设标准。

在城乡尺度层面上，社区生活圈视角可以应用于基本公共服务设施配置的研究中。基本公共服务设施是组织居民生活和提供公共服务的重要组成部

分和载体。同时基本公共服务设施也是以维护社会公平正义为核心，是以稳定经济发展为目标，具有场所空间属性的、满足所有居民基础性生存和发展所必须的服务设施。社区生活圈可以理解为生活空间单元与居民实际生活相联系的地域空间概念，反映圈层内资源的分配、公共服务供给与居民需求间的互动关系，是组织一定地域范围内居民生活、维护空间公正的手段。人口分布与设施空间的不匹配制约着公共服务设施的布局，而社区生活圈建设则是从供需平衡、公平效率、空间均等视角重构城乡基本公共服务设施配置体系的新途径，是衔接技术方法与实际工作的桥梁。

社区生活圈是建立在对现状深刻认识基础上的设施配置理想模型，是基本公共服务设施均等化的空间诠释。基本公共服务设施承载了公共服务，组成了社区生活圈的一部分。作为空间组织的一种新方式，社区生活圈为基本公共服务设施配置提供了新的借鉴和创新，两者相辅相成。

第四节　基本公共服务均等化水平提升策略：社区生活圈建设

一、建立对应配套措施，完善基本公共服务设施配置

基本公共服务均等化需要基于尺度层面考虑公平可及性，此前的尺度模式存在以下问题：较高层级的配套设施不覆盖下层级的配建内容，各层级配套设施的设置为非包含关系。社区生活圈建设中对不同层级的综合配置实施，有利于基本公共服务均等化实现。于一凡（2019）的研究提出，社区生活圈根据居住情况设置相应的配套设施，且配套设施的设置在满足本级要求的同时还要满足其以下各层级的配建要求，具体操作过程应以居民获取各级、各项配套公共服务的水平为依据。不同于基本公共服务类型之间各自均等化发展的情况，基于社区生活圈建设提升基本公共服务设施均等化配置的过程中可以运用联合共建模式进行。也即是在社区生活圈建设探索中，弱化对公共服务设施独立用地的管控，鼓励用地复合功能和设施联合设置，以便促进空间资源的共享。准确把握需求结构、构建网络化的动态均衡提供技术，改变了自上而下提供基本公共服务方式，转为以居民生活需求为中心。

基于社区生活圈建设有利于完善社区基本公共服务设施配置，因此符合

以人为本的基本公共服务均等化配置正应建立在社区生活圈基础之上：一方面根据不同地区的居住结构，提出具有针对性、差异化、品质化的设施配置要求，补充完善现有的基本公共服务资源；另一方面也为规划编制与实际管理提供参考依据，将社区生活圈的要求和基本公共服务均等化建设内容结合。

二、结合规划管理单元，衔接基本公共服务设施配置

社区生活圈建设必须结合满足居民医疗、养老、教育等9种类型基本公共服务的规划需求。在测定适应本地居民实际需求的社区生活圈规模半径的基础上，优化组合实际管理单元，从而形成社区生活圈建设标准，需要考虑单元中居民的基本公共服务需求与类型。廖远涛（2018）提出这样既可以满足居民的时空特性，同时又将社区生活圈和现有规划管理体系挂钩，建立对应关系。社区生活圈与空间分布、行为特征的关联性很强，因而在开展统筹协调基本公共服务均等化供给方面的科学性、可操作性也更强。基于生活圈内居住实际分布、空间资源布局、居民日常需求与设施服务半径等要求，统筹不同基本公共服务设施配置所需的用地规划、资源供给、设施布局等建设。建立统筹单元来提高基本公共服务设施配置的整体性和协调性，例如通过构建组团、发展单元、功能板块等概念加强区域基本公共服务均等化。

为保障基本公共服务均等化水平提升的目标，在划定和建设社区生活圈时建立对应提升的衔接关系，通过衔接行政管理单元的层级管辖和具体基本公共服务的供给对象。衔接内容可以包括所划定的基本公共服务设施建设、基本公共服务设施供给的管理权责。通过社区生活圈的主体层级建设，明确基本公共服务均等化提升的主体责任，未雨绸缪地划分权责以防后患，更利于推进社区生活圈建设与基本公共服务均等化发展。

三、社区生活圈视角下基本公共服务设施均等化配置

基本公共服务均等化与社区生活圈在概念联系、理论渊源、发展沿革、内容共识4个方面均具有共性。一方面，基本公共服务均等化思想贯彻社区生活圈建设的始终，对社区生活圈建设具有指导性意义。基本公共服务均等化在主体、内容等方面保障人民美好生活需求。而立足于居民生产、生活的便利性需求的社区生活圈建设，则坚持以人为本、公平正义原则，以基本公

共服务均等化为指导，推进基本公共服务均等化水平向不断加强普惠性、基础性、兜底性民生建设方向发展，致力于使全民都能尽量公平可及地获得大致均等的基本公共服务。建设中充分考虑居民生活质量、空间公平等状况，能够满足人民对高质量美好生活的追求。另一方面，社区生活圈是基本公共服务均等化的基层实践，对基本公共服务均等化实现具有现实意义。社区生活圈建设不仅能反映居民实际生活与其空间单元的互动关系，更能刻画不同空间地域层面的设施供给、资源配置与居民需求的动态关系，结合各项规划要求均衡资源分配、维护社会公平。社区生活圈建设发挥了满足居民的就业、教育、医疗、住房等生活需要的作用，有利于破解民生短板，将基本公共服务设施向基层与大众均等化配置，无疑是实现基本公共服务均等化直接、具体、有效的举措。

通过社区生活圈建设完善落实基本公共服务设施的合理配置，有利于从空间层面和实体层面促进基本公共服务均等化水平提升。本书将基于以上理论与逻辑基础，开展社区生活圈视角下基本公共服务设施均等化配置的分析研究，以期为福建省基本公共服务均等化水平提升提供借鉴与参考。

第三章　社区生活圈视角下福建省育幼服务设施均等化配置分析

福建省对基本公共服务中的“幼有所育”工作十分重视。针对3周岁以上学龄前儿童实施保育育幼服务，幼儿园适龄儿童的年龄一般为3周岁至6周岁，主要依托各类公办、民办幼儿园开展的学前儿童的育幼服务。根据中国政府网关于全省普惠性幼儿园覆盖率的报道，截至2018年，福建全省普惠性幼儿园覆盖率达到73%左右，通过“两个允许”“三个投入”等相关政策大力扶持育幼服务建设和发展。2019年，福建省人民政府办公厅发布《福建省城镇小区配套幼儿园专项治理工作方案的通知》，育幼服务设施建设得到了进一步扶持和完善。2022年，教育部关于印发《幼儿园保育教育质量评估指南》的通知，福建省教育厅印发《福建省“十四五”学前教育发展提升行动方案》，提出到2025年普惠性幼儿园覆盖率达到90%以上，福建省的育幼服务设施不仅在总体数量上得到发展，从服务设施的质量上也得到重视，相关配套方案和评估办法也不断推进完善。[①]

本章将使用空间匹配协同分析、全局空间自相关分析、局部空间自相关分析与变异系数测算分析4种方法进行社区生活圈视角下的福建省育幼服务设施均等化配置分析。

---

① 福建出台“十四五”学前教育发展提升行动方案［EB/OL］. 2022－07－31. http://www.moe.gov.cn/jyb_xwfb/s5147/202208/t20220801_650099.html

第一节　社区生活圈视角下福建省育幼服务设施空间匹配协同分析

一、福建省区域层面社区生活圈育幼服务设施空间匹配协同分析

基于匹配协同指数公式测算可得到表3-1，福建省闽西南协同发展区的育幼服务设施与社区生活圈总量均高于闽东北，而且闽西南的匹配协同指数大于1，其育幼服务设施配置对于社区生活圈具有更好的承托与服务能力。反之，福建省闽东北协同发展区的匹配协同指数小于1，可能存在社区生活圈缺少育幼服务设施均等配置的情况。由此可知，福建省闽西南协同发展区的育幼服务设施空间匹配协同程度相对略高于闽东北区域。

表3-1　福建省区域层面的社区生活圈育幼服务设施匹配协同指标表

区域名称	育幼服务设施总量	社区生活圈总量	育幼服务设施占比	社区生活圈占比	匹配协同指数
福建省	6836	5336	100.00%	100.00%	1.00
闽西南	4498	3392	65.80%	63.57%	1.04
闽东北	2338	1944	34.20%	36.43%	0.94

二、福建省市域层面社区生活圈育幼服务设施空间匹配协同分析

根据公式测算得到表3-2，福建省闽西南协同发展区内部可以划分出两种空间匹配协同类型，并可找出相应城市加以分析：(1) 属于“滞后型”的城市有2个，三明市与泉州市：三明市育幼服务设施占比为闽西南最低的8.07%，其匹配协同指数同样为最低值0.72；泉州市的社区生活圈占比最高，育幼服务设施总量虽高，但配置仍相对滞后。(2) 属于“超前型”的城市有3个，厦门市、漳州市、龙岩市：厦门市以其占比23.10%的育幼服务设施满足占比18.22%的社区生活圈，匹配协同指数为闽西南最高值1.27，是其他城市的1.05~1.55倍；龙岩市和漳洲市匹配协同水平稍弱，两市的指标值在1.20左右。

表 3－2 福建省市域层面的社区生活圈育幼服务设施匹配协同指标表

协同发展区名称	设区市名称	育幼服务设施总量	社区生活圈总量	育幼服务设施占比	社区生活圈占比	匹配协同指数
闽东北	宁德市	405	321	17.32%	16.51%	1.05
	南平市	443	357	18.95%	18.36%	1.03
	莆田市	395	330	16.89%	16.98%	1.00
	福州市	1095	936	46.83%	48.15%	0.97
闽西南	泉州市	1522	1401	33.84%	41.30%	0.82
	漳州市	991	628	22.03%	18.51%	1.19
	厦门市	1039	618	23.10%	18.22%	1.27
	三明市	363	382	8.07%	11.26%	0.72
	龙岩市	583	363	12.96%	10.70%	1.21

福建省闽东北协同发展区内部可以划分出 3 种空间匹配协同类型，并可找出相应城市加以分析：（1）福州市属于“滞后型”，其育幼服务设施占比为闽东北最高 46.83%，远高于其他城市，但社区生活圈占比更是高达 48.15%，匹配协同指数为闽东北最低值 0.97，存在育幼服务设施配置水平与效率不足的可能性。（2）属于“超前型”的城市有 2 个，南平市与宁德市，但两市的超前水平并不明显，匹配协同指数分别仅为 1.03 和 1.05。（3）莆田市属于“一致型”，育幼服务设施与社区生活圈占比均为 16.89%，匹配协同较为均衡。

三、福建省县域层面社区生活圈育幼服务设施空间匹配协同分析

根据公式测算得到表 3－3，福建省城市内部可以划分出不同的社区生活圈育幼服务设施空间匹配协同类型，并可找出相应县市区加以分析。泉州市各县市区的社区生活圈育幼服务设施空间匹配协同指数在 0.52～1.53 之间，且“滞后型”多于“超前型”：（1）安溪县、永春县、晋江市、南安市、洛江区、泉港区，2 县 2 市 2 区属于“滞后型”；永春县育幼服务设施占比最低 2.23%，匹配协同指数为泉州市最低 0.52；南安市的匹配协同指数趋近于 1，与社区生活圈相比仍存在滞后。（2）惠安县、德化县、石狮市、鲤城区、丰泽区，2 县 1 市 2 区属于“超前型”；鲤城区和丰泽区以其占比 6.44% 和 8.94% 的育幼服务设施匹配占比 4.21% 和 5.92% 的社区生活圈，匹配协同指数分别达到 1.53 和 1.51，是其他县市区的 1.11～2.90 倍。

漳州市各县市区的社区生活圈育幼服务设施空间匹配协同指数在0.36～1.79之间，且“滞后型”多于“超前型”：（1）云霄县、漳浦县、东山县、长泰县、南靖县、平和县、华安县，7县属于“滞后型”；华安县育幼服务设施占比最低为1.21%，其匹配协同指数同为漳州市最低值0.36；东山县匹配协同指数趋近于1，两项占比分别为6.36%和6.53%。（2）诏安县、龙海市、芗城区、龙文区，1县1市2区属于“超前型”；龙海市的育幼服务设施占比最高25.03%，但其社区生活圈占比也高，匹配协同指数为1.20；龙文区的匹配协同指数值为最高1.79，是其他县市区的1.24～4.97倍，具有明显超前配置优势。

厦门市各县市区的社区生活圈育幼服务设施空间匹配协同指数在0.34～2.79之间，“滞后型”数量与“超前型”相同：（1）海沧区、同安区、翔安区，3区属于“滞后型”；翔安区育幼服务设施占比最低仅为7.60%，同时社区生活圈占比则最高达到22.49%，其匹配协同指数为厦门市最低0.34；海沧区和同安区匹配协同指数相似，但未超过0.90。（2）思明区、湖里区、集美区，3区属于“超前型”；思明区的超前优势并不明显，集美区则优势稍强；湖里区育幼服务设施占比排序第二位，社区生活圈占比仅8.74%，匹配协同指数为厦门市最高值2.79，是其他县市区的2.36～8.21倍。

三明市各县市区的社区生活圈育幼服务设施空间匹配协同指数在0.42～2.15之间，“超前型”数量与“滞后型”相同：（1）清流县、沙县、泰宁县、建宁县、永安市、梅列区，4县1市1区属于“滞后型”；沙县与梅列区的匹配协同指数均趋近于1；泰宁县的育幼服务设施占比与明溪县相同均为最低2.75%，但泰宁县社区生活圈占比较高，其匹配协同指数为三明市最低值0.42。（2）明溪县、宁化县、大田县、尤溪县、将乐县、三元区，5县1区属于“超前型”；大田县以其占比13.50%的育幼服务设施服务占比6.28%的社区生活圈，匹配协同指数为三明市最高值2.15，是其他县市区的1.48～5.12倍。

龙岩市各县市区的社区生活圈育幼服务设施空间匹配协同指数在0.58～1.22之间，“滞后型”数量略少：（1）连城县、漳平市、永定区，1县1市1区属于“滞后型”；漳平县育幼服务设施占比最低4.63%，其匹配协同指数也仅0.58；永定区育幼服务设施占比滞后型排序第1位，而匹配协同指数也为滞后型最高值 0.84。（2）长汀县、武平县、新罗区，2 县 1 区属于“超前型”；武平县与新罗区匹配协同指数均未超过 1.20；长汀县以其占比 14.07% 的育幼服务设施匹配占比 11.57% 的社区生活圈，匹配协同指数为龙岩市最高值 1.22，是其他县市区的 1.03～2.10 倍。（3）上杭县属于“一致型”，匹配协同指数为 1。

南平市各县市区的社区生活圈育幼服务设施空间匹配协同指数在 0.51～2.66 之间，“超前型”数量与“滞后型”相同：（1）顺昌县、光泽县、武夷山市、延平区、建阳区，2 县 1 市 2 区属于“滞后型”；光泽县育幼服务设施占最低为 2.71%，其匹配协同指数同样为南平市最低值 0.51；延平区和建阳区的育幼服务设施与社区生活圈占比均高，两区匹配协同指数均趋近于 1.00。（2）浦城县、松溪县、政和县、邵武市、建瓯市，3 县 2 市属于“超前型”；松溪县的社区生活圈占比为南平市最低的 2.80%，其匹配协同指数为全市最高值 2.66，是其他县市区的 1.69～5.22 倍。

宁德市各县市区的社区生活圈育幼服务设施空间匹配协同指数在 0.24～1.52 之间，且“滞后型”多于“超前型”：（1）古田县、屏南县、寿宁县、柘荣县、福鼎市、蕉城区，4 县 1 市 1 区属于“滞后型”；柘荣县育幼服务设施占比最低 0.74%，其匹配协同指数为宁德市最低值 0.24；福鼎市的社区生活圈占比最高为 22.74%，但育幼服务设施总量高，其匹配协同指数为滞后型最高值 0.98。（2）霞浦县、周宁县、福安市，2 县 1 市属于“超前型”；周宁县以其占比 5.68% 的育幼服务设施匹配占比 3.74% 的社区生活圈，匹配协同指数为宁德市最高值 1.52，是其他县市区的 1.11～6.33 倍。

福州市各县市区的社区生活圈育幼服务设施空间匹配协同指数在 0.48～2.15 之间，“滞后型”多于“超前型”：（1）闽侯县、连江县、闽清县、永泰县、福清市、鼓楼区、马尾区、长乐区，4 县 1 市 3 区属于“滞后型”；长乐区与福清市的社区生活圈占比均为 14.32%，长乐区的育幼服务设施占比较小，匹配协同指数为福州市最低值 0.48。（2）罗源县、平潭县、台江区、仓山区、晋安区，2 县 3 区属于“超前型”；台江区以其占比 5.75% 的育幼服务设施满足占比 2.67% 的社区生活圈，其匹配协同指数为福州市最高值 2.15，是其他县市区的 1.33～4.48 倍。

莆田市各县市区的社区生活圈育幼服务设施空间匹配协同指数在0.72~1.23之间，“滞后型”多于“超前型”，且县市区间指标差异较小：(1) 涵江区、城厢区和秀屿区，3区属于“滞后型”；涵江区匹配协同指数趋近于1.00；秀屿区的育幼服务设施占比为莆田市最低的12.66%，但社区生活圈占比却高于城厢区，其匹配协同指数同时为莆田市最低0.72。(2) 仙游县、荔城区，1县1区属于“超前型”；仙游县育幼服务设施占比为莆田市最高32.91%，其匹配协同指数也为莆田市最高1.23，是其他县市区的1.12~1.17倍。

表3-3　福建省县域层面的社区生活圈育幼服务设施匹配协同指标表

设区市名称	县市区名称	育幼服务设施总量	社区生活圈总量	育幼服务设施占比	社区生活圈占比	匹配协同指数
泉州市	鲤城区	98	59	6.44%	4.21%	1.53
	丰泽区	136	83	8.94%	5.92%	1.51
	洛江区	43	48	2.83%	3.43%	0.82
	泉港区	48	56	3.15%	4.00%	0.79
	惠安县	204	136	13.40%	9.71%	1.38
	安溪县	142	156	9.33%	11.13%	0.84
	永春县	34	60	2.23%	4.28%	0.52
	德化县	59	44	3.88%	3.14%	1.23
	石狮市	143	119	9.40%	8.49%	1.11
	晋江市	355	379	23.32%	27.05%	0.86
	南安市	260	261	17.08%	18.63%	0.92
漳州市	芗城区	145	64	14.63%	10.19%	1.44
	龙文区	113	40	11.40%	6.37%	1.79
	云霄县	68	48	6.86%	7.64%	0.90
	漳浦县	134	89	13.52%	14.17%	0.95
	诏安县	45	28	4.54%	4.46%	1.02
	长泰县	43	41	4.34%	6.53%	0.66
	东山县	63	41	6.36%	6.53%	0.97
	南靖县	75	64	7.57%	10.19%	0.74
	平和县	45	61	4.54%	9.71%	0.47
	华安县	12	21	1.21%	3.34%	0.36
	龙海市	248	131	25.03%	20.86%	1.20

续表

设区市名称	县市区名称	育幼服务设施总量	社区生活圈总量	育幼服务设施占比	社区生活圈占比	匹配协同指数
厦门市	思明区	155	91	14.92%	14.72%	1.01
	海沧区	127	88	12.22%	14.24%	0.86
	湖里区	253	54	24.35%	8.74%	2.79
	集美区	260	131	25.02%	21.20%	1.18
	同安区	165	115	15.88%	18.61%	0.85
	翔安区	79	139	7.60%	22.49%	0.34
三明市	梅列区	34	36	9.37%	9.42%	0.99
	三元区	33	24	9.09%	6.28%	1.45
	明溪县	10	9	2.75%	2.36%	1.17
	清流县	17	20	4.68%	5.24%	0.89
	宁化县	28	25	7.71%	6.54%	1.18
	大田县	49	24	13.50%	6.28%	2.15
	尤溪县	50	42	13.77%	10.99%	1.25
	沙县	46	49	12.67%	12.83%	0.99
	将乐县	22	21	6.06%	5.50%	1.10
	泰宁县	10	25	2.75%	6.54%	0.42
	建宁县	15	29	4.13%	7.59%	0.54
	永安市	49	78	13.50%	20.42%	0.66
龙岩市	新罗区	199	105	34.13%	28.93%	1.18
	永定区	97	72	16.64%	19.83%	0.84
	长汀县	82	42	14.07%	11.57%	1.22
	上杭县	69	43	11.84%	11.85%	1.00
	武平县	73	40	12.52%	11.02%	1.14
	连城县	36	32	6.17%	8.82%	0.70
	漳平市	27	29	4.63%	7.99%	0.58
南平市	延平区	79	71	17.83%	19.89%	0.90
	建阳区	64	56	14.45%	15.69%	0.92
	顺昌县	18	23	4.06%	6.44%	0.63
	浦城县	37	22	8.35%	6.16%	1.36
	光泽县	12	19	2.71%	5.32%	0.51
	松溪县	33	10	7.45%	2.80%	2.66
	政和县	37	19	8.35%	5.32%	1.57
	邵武市	51	32	11.51%	8.96%	1.28
	武夷山市	53	61	11.96%	17.09%	0.70
	建瓯市	59	44	13.32%	12.32%	1.08

续表

设区市名称	县市区名称	育幼服务设施总量	社区生活圈总量	育幼服务设施占比	社区生活圈占比	匹配协同指数
宁德市	蕉城区	58	60	14.32%	18.69%	0.77
	霞浦县	69	40	17.04%	12.46%	1.37
	古田县	25	29	6.17%	9.03%	0.68
	屏南县	12	16	2.96%	4.98%	0.59
	寿宁县	16	16	3.95%	4.98%	0.79
	周宁县	23	12	5.68%	3.74%	1.52
	柘荣县	3	10	0.74%	3.12%	0.24
	福安市	109	65	26.91%	20.25%	1.33
	福鼎市	90	73	22.22%	22.74%	0.98
福州市	鼓楼区	57	52	5.21%	5.56%	0.94
	台江区	63	25	5.75%	2.67%	2.15
	仓山区	206	109	18.81%	11.65%	1.62
	马尾区	48	47	4.38%	5.02%	0.87
	晋安区	115	71	10.50%	7.59%	1.38
	长乐区	75	134	6.85%	14.32%	0.48
	闽侯县	141	144	12.88%	15.38%	0.84
	连江县	76	70	6.94%	7.48%	0.93
	罗源县	33	22	3.01%	2.35%	1.28
	闽清县	31	44	2.83%	4.70%	0.60
	永泰县	35	39	3.20%	4.17%	0.77
	平潭县	75	45	6.85%	4.81%	1.42
	福清市	140	134	12.79%	14.32%	0.89
莆田市	城厢区	59	57	14.94%	17.27%	0.86
	涵江区	76	66	19.24%	20.00%	0.96
	荔城区	80	61	20.25%	18.48%	1.10
	秀屿区	50	58	12.66%	17.58%	0.72
	仙游县	130	88	32.91%	26.67%	1.23

第二节 社区生活圈视角下福建省育幼服务设施全局空间自相关分析

一、福建省区域层面社区生活圈育幼服务设施全局空间自相关分析

运用 ArcGIS 软件的全局空间自相关方法操作可得到表 3－4，福建省区域层面 Moran's I 和 Getis-Ord General G 指数方法的 P 值结果均小于0.01，同时 Z 值均大于2.58，统计学意义上达到99%的置信度，拒绝零假设，通过显著性检验。

表 3－4 福建省区域层面的社区生活圈育幼服务设施全局空间自相关指标表

区域名称	P 值	Z 值	Moran's I	P 值	Z 值	E-General G	O-General G
福建省	0.00	83.30	0.14	0.00	54.23	0.000	0.002
闽东北	0.00	36.73	0.12	0.00	32.79	0.001	0.004
闽西南	0.00	77.85	0.18	0.00	43.25	0.001	0.002

通过指标综合对比，可以分析出社区生活圈育幼服务设施全局空间自相关特征：（1）所有区域的 Moran's I 指数均大于 0，社区生活圈育幼服务设施配置整体呈现聚集态势。（2）所有区域的 O-General G 均大于 E-General G，说明福建省社区生活圈育幼服务设施总体高值区域聚类。（3）根据 Moran's I 指数排序，则有“闽西南＞福建省＞闽东北”，福建省闽西南协同发展区的社区生活圈育幼服务设施配置集聚程度高于福建省整体情况，且高于闽东北协同发展区的聚集效果。（4）考察 O-General G 与 E-General G 的数值差异，福建省整体的高值聚类效果与闽西南协同发展区相类似，但两者均弱于闽东北。

二、福建省市域层面社区生活圈育幼服务设施全局空间自相关分析

运用软件操作得到表 3－5，福建省市域层面的社区生活圈育幼服务设施两种指数方法结果均符合 99% 置信度，满足显著性检验。通过指标综合对比，可以分析出闽西南 5 市的全局空间自相关特征：（1）社区生活圈育幼服务设施 Moran's I 指数均大于 0，均呈现空间正相关聚类特性。（2）指

标数值在0.15～0.33之间，泉州市和三明市的正相关性并列为最弱；漳州市则相关性最显著。（3）与闽西南区域 Moran's I 指数相比，也仅泉州市和三明市的聚类效果低于区域整体水平。（4）5市的 O-General G 指数均大于 E-General G 指数，普遍呈现高值聚类态势。

通过指标综合对比，可以分析出闽东北4市的全局空间自相关特征：（1）社区生活圈育幼服务设施 Moran's I 指数均大于0，均呈现空间正相关聚类特性。（2）指标数值在0.07～0.20之间，莆田市趋近随机分布，宁德市则正相关性最显著。（3）与闽东北区域 Moran's I 指数相比，仅莆田市的聚类效果未超过区域整体水平。（4）4市的 O-General G 指数均大于 E-General G 指数，普遍呈现高值聚类态势。

表3-5　福建省市域层面的社区生活圈育幼服务设施全局空间自相关指标表

设区市名称	P值	Z值	Moran's I	P值	Z值	E-General G	O-General G
南平市	0.00	8.82	0.14	0.00	14.55	0.004	0.025
宁德市	0.00	10.66	0.20	0.00	15.68	0.005	0.031
福州市	0.00	41.87	0.15	0.00	23.15	0.002	0.009
莆田市	0.00	9.47	0.07	0.00	11.43	0.006	0.020
泉州市	0.00	41.96	0.15	0.00	25.82	0.002	0.005
漳州市	0.00	32.93	0.33	0.00	25.09	0.003	0.016
厦门市	0.00	28.58	0.24	0.00	10.19	0.002	0.003
三明市	0.00	9.73	0.15	0.00	13.91	0.004	0.020
龙岩市	0.00	20.09	0.28	0.00	16.64	0.004	0.021

三、福建省县域层面社区生活圈育幼服务设施全局空间自相关分析

运用软件操作，可获得福建省各县市区的社区生活圈育幼服务设施指数方法结果，如表3-6所示，并可分析县域全局空间自相关特征。泉州市：（1）排除未通过显著性检验的洛江区和鲤城区，整体社区生活圈育幼服务设施 Moran's I 指数均大于0，呈现空间正相关聚类特性。（2）指标数值在0.04～0.44之间，永春县接近随机分布，惠安县则正相关性最显著。（3）O-General G 均大于 E-General G，普遍呈现高值聚类态势。

漳州市：（1）排除未通过统计学检验的华安县、东山县与龙文区，Moran's I 指数均大于0，呈现空间正相关聚类特性。（2）指标数值在0.12～

0.79 之间，平和县正相关性最弱，漳浦县则最显著。(3) 普遍呈现高值聚类态势。

厦门市：(1) 排除未通过显著性检验的湖里区，Moran's I 指数均大于0，呈现空间正相关聚类特性。(2) 指标数值在 0.11 ~ 0.40 之间，海沧区正相关性较弱，集美区则最为显著。(3) 普遍呈现高值聚类态势。

三明市：(1) 排除 P 值大于 0.01 而未通过显著性检验的明溪县和将乐县，Moran's I 指数均大于 0，呈现空间正相关聚类特性。(2) 指标数值在 0.07 ~ 0.27 之间，泰宁县接近随机分布，清流县正相关性最显著。(3) 普遍呈现高值聚类态势。

龙岩市：(1) 排除未通过显著性检验的连城县，Moran's I 指数均大于0，呈现空间正相关聚类特性。(2) 指标数值在 0.07 ~ 0.37 之间，武平县接近随机分布，上杭县正相关性最显著。(3) 社区生活圈育幼服务设施普遍呈现高值聚类态势。

南平市：(1) 排除 P 值大于 0.01，未通过显著性检验的光泽县，社区生活圈育幼服务设施 Moran's I 指数均大于 0，呈现空间正相关聚类特性。(2) 指标数值在 0.01 ~ 0.19 之间，顺昌县非常接近随机分布，邵武市和武夷山市则正相关性最显著。(3) O-General G 均大于 E-General G，普遍呈现高值聚类态势。

宁德市：(1) 排除 P 值大于 0.01，未通过显著性检验的屏南县，寿宁县和柘荣县 Moran's I 指数小于 0，此两市呈现空间负相关离散态势；其他县市区均大于 0，呈现空间正相关聚类特性。(2) 指标数值在 0.01 ~ 0.30 之间，周宁县正相关性最弱，福安市则最显著。(3) 普遍呈现高值聚类态势。

福州市：(1) 排除未通过显著性检验的闽侯县和马尾区，Moran's I 指数均大于 0，呈现空间正相关聚类特性。(2) 指标数值在 0.09 ~ 0.64 之间，罗源县正相关性最弱，平潭县最显著。(3) 普遍呈现高值聚类态势。

莆田市：(1) 排除未通过显著性检验的荔城区，Moran's I 指数均大于0，呈现空间正相关聚类特性。(2) 指标数值在 0.04 ~ 0.14 之间，涵江区正相关性最弱，城厢区最显著。(3) 县域层面的社区生活圈育幼服务设施普遍呈现高值聚类态势。

表3-6　福建省县域层面的社区生活圈育幼服务设施全局空间自相关指标表

设区市名	县市区名	P值	Z值	Moran's I	P值	Z值	E-General G	O-General G
漳州市	东山县	0.06	1.91	0.09	0.00	3.38	0.0001	0.0003
	华安县	0.40	(0.83)	(0.13)	0.53	0.63	0.0001	0.0002
	龙海市	0.00	8.31	0.26	0.00	8.08	0.0001	0.0001
	龙文区	0.04	2.10	0.09	0.01	2.58	0.0002	0.0003
	南靖县	0.00	8.74	0.43	0.00	8.71	0.0001	0.0003
	平和县	0.01	2.80	0.12	0.00	4.25	0.0001	0.0002
	芗城区	0.00	7.82	0.24	0.00	6.01	0.0002	0.0003
	云霄县	0.00	7.54	0.36	0.00	7.83	0.0001	0.0005
	漳浦县	0.00	18.18	0.79	0.00	12.42	0.0001	0.0003
	长泰县	0.00	2.86	0.13	0.00	3.46	0.0001	0.0003
	诏安县	0.00	5.44	0.28	0.00	5.50	0.0002	0.0007
泉州市	安溪县	0.00	17.95	0.37	0.00	12.30	0.0001	0.0002
	德化县	0.00	6.34	0.13	0.00	5.27	0.0002	0.0005
	丰泽区	0.00	2.64	0.13	0.00	3.31	0.0001	0.0001
	惠安县	0.00	9.91	0.44	0.00	9.74	0.0000	0.0001
	晋江市	0.00	10.47	0.28	0.00	12.06	0.0000	0.0000
	鲤城区	0.03	2.12	0.20	0.01	2.50	0.0001	0.0001
	洛江区	1.00	0.00	(0.02)	0.89	0.14	0.0002	0.0002
	南安市	0.00	6.07	0.11	0.00	7.41	0.0000	0.0001
	泉港区	0.00	5.72	0.19	0.00	5.11	0.0002	0.0003
	石狮市	0.00	9.22	0.42	0.00	11.23	0.0000	0.0001
	永春县	0.00	1.61	0.04	0.00	3.51	0.0001	0.0003
福州市	仓山区	0.00	4.89	0.27	0.00	6.07	0.0000	0.0001
	福清区	0.00	7.86	0.13	0.00	6.35	0.0001	0.0002
	鼓楼区	0.00	4.22	0.42	0.00	3.35	0.0001	0.0001
	晋安区	0.00	4.15	0.14	0.00	4.45	0.0001	0.0002
	连江县	0.00	8.81	0.41	0.00	8.32	0.0001	0.0003
	罗源县	0.00	3.36	0.09	0.00	3.05	0.0003	0.0006
	马尾区	0.36	0.92	0.03	0.00	2.73	0.0001	0.0002
	闽侯县	0.03	2.19	0.03	0.00	3.22	0.0001	0.0001
	闽清县	0.00	6.01	0.26	0.00	6.60	0.0001	0.0006
	平潭县	0.00	11.03	0.64	0.00	9.81	0.0001	0.0006
	台江区	0.00	2.01	0.27	0.00	2.47	0.0001	0.0002
	长乐区	0.00	7.46	0.18	0.00	7.19	0.0001	0.0002
	永泰县	0.00	3.36	0.15	0.00	4.99	0.0001	0.0005

续表

设区市名	县市区名	P 值	Z 值	Moran's I	P 值	Z 值	E-General G	O-General G
厦门市	海沧区	0. 00	4. 26	0. 11	0. 00	4. 07	0. 0001	0. 0002
	集美区	0. 00	8. 14	0. 40	0. 00	8. 28	0. 0000	0. 0001
	思明区	0. 00	3. 22	0. 24	0. 00	3. 96	0. 0000	0. 0001
	同安区	0. 00	9. 30	0. 16	0. 00	7. 84	0. 0001	0. 0003
	翔安区	0. 00	8. 19	0. 19	0. 00	8. 46	0. 0001	0. 0002
	湖里区	0. 65	0. 45	0. 01	0. 05	1. 93	0. 0001	0. 0001
三明市	大田县	0. 01	2. 50	0. 12	0. 00	4. 56	0. 0002	0. 0006
	建宁县	0. 00	3. 29	0. 25	0. 00	4. 56	0. 0001	0. 0005
	将乐县	0. 02	2. 29	0. 15	0. 00	4. 33	0. 0002	0. 0008
	梅列县	0. 00	3. 86	0. 08	0. 00	3. 90	0. 0003	0. 0005
	明溪县	0. 25	1. 15	0. 00	0. 00	2. 85	0. 0004	0. 0009
	宁化县	0. 00	3. 62	0. 15	0. 00	3. 80	0. 0002	0. 0006
	清流县	0. 00	3. 49	0. 27	0. 00	4. 60	0. 0002	0. 0006
	三元区	0. 00	5. 60	0. 19	0. 00	3. 92	0. 0003	0. 0007
	沙县	0. 00	4. 29	0. 11	0. 00	3. 49	0. 0002	0. 0004
	泰宁县	0. 00	2. 54	0. 07	0. 00	4. 11	0. 0002	0. 0008
	永安市	0. 00	7. 86	0. 25	0. 00	6. 75	0. 0001	0. 0003
	尤溪县	0. 00	3. 00	0. 13	0. 00	3. 74	0. 0001	0. 0003
龙岩市	连城县	0. 18	1. 34	0. 04	0. 00	2. 83	0. 0002	0. 0003
	上杭县	0. 00	7. 45	0. 37	0. 00	6. 48	0. 0001	0. 0004
	武平县	0. 00	2. 08	0. 07	0. 00	3. 10	0. 0001	0. 0003
	新罗区	0. 00	13. 44	0. 18	0. 00	7. 53	0. 0002	0. 0003
	永定区	0. 00	7. 10	0. 36	0. 00	7. 60	0. 0001	0. 0002
	漳平市	0. 00	3. 38	0. 18	0. 00	4. 12	0. 0002	0. 0005
	长汀县	0. 00	5. 58	0. 18	0. 00	5. 14	0. 0002	0. 0004
南平市	光泽县	0. 56	0. 58	(0. 03)	0. 02	2. 40	0. 0003	0. 0006
	建瓯市	0. 00	2. 96	0. 07	0. 00	4. 46	0. 0002	0. 0005
	建阳区	0. 00	4. 09	0. 08	0. 00	3. 68	0. 0002	0. 0004
	蒲城县	0. 00	2. 88	0. 11	0. 00	3. 70	0. 0003	0. 0007
	邵武市	0. 00	5. 15	0. 19	0. 00	5. 59	0. 0002	0. 0007
	顺昌县	0. 00	0. 94	0. 01	0. 00	2. 39	0. 0003	0. 0006
	松溪县	0. 00	1. 61	0. 03	0. 00	2. 72	0. 0004	0. 0009
	武夷山市	0. 00	9. 18	0. 19	0. 00	6. 93	0. 0002	0. 0004
	延平区	0. 00	7. 32	0. 13	0. 00	6. 46	0. 0002	0. 0004
	政和县	0. 00	2. 92	0. 16	0. 00	4. 19	0. 0002	0. 0005

续表

设区市名	县市区名	P值	Z值	Moran's I	P值	Z值	E-General G	O-General G
宁德市	福安市	0.00	7.46	0.30	0.00	7.47	0.0001	0.0003
	福鼎市	0.00	6.33	0.26	0.00	6.01	0.0001	0.0003
	古田县	0.00	3.77	0.21	0.00	4.84	0.0001	0.0006
	蕉城区	0.00	6.38	0.15	0.00	5.78	0.0002	0.0005
	屏南县	0.48	0.70	(0.02)	0.02	2.40	0.0003	0.0008
	寿宁县	0.00	(0.79)	(0.14)	0.38	0.87	0.0002	0.0004
	霞浦县	0.00	4.81	0.19	0.00	4.71	0.0001	0.0004
	柘荣县	0.00	(0.52)	(0.16)	0.00	1.76	0.0004	0.0010
	周宁县	0.00	1.07	0.01	0.00	3.20	0.0003	0.0008
莆田市	城厢区	0.00	5.61	0.14	0.00	4.24	0.0002	0.0003
	涵江区	0.00	3.71	0.04	0.00	3.63	0.0003	0.0004
	荔城区	0.06	1.86	0.04	0.03	2.12	0.0002	0.0002
	仙游县	0.00	4.50	0.13	0.00	5.49	0.0001	0.0002
	秀屿区	0.00	1.45	0.06	0.00	2.95	0.0001	0.0002

第三节　社区生活圈视角下福建省育幼服务设施局部空间自相关分析

一、福建省区域层面社区生活圈育幼服务设施局部空间自相关分析

运用 ArcGIS 软件的 Anselin Local Moran's I 方法操作，可以得到福建省区域层面的社区生活圈育幼服务设施聚类和异常值结果，排除不显著类型，其他类型分布统计情况如图 3－1 所示。通过指标综合对比，可以分析出福建省整体与两大协同发展区的局部空间自相关特征：（1）福建省与两大协同发展区的 H-H 型和 L-L 型两种聚类类型均多于 H-L 型和 L-H 型两种异常类型。（2）福建省与两大协同发展区的 H-H 型高值聚类均少于 L-L 型低值聚类。（3）福建省与两大协同发展区的 H-L 型高值被低值围绕异常均最少。（4）L-H 型低值被高值围绕异常在福建省各个区域普遍较多，该类型社区生活圈属于低值亟待改善单元，呈现育幼服务设施配置“凹陷”。

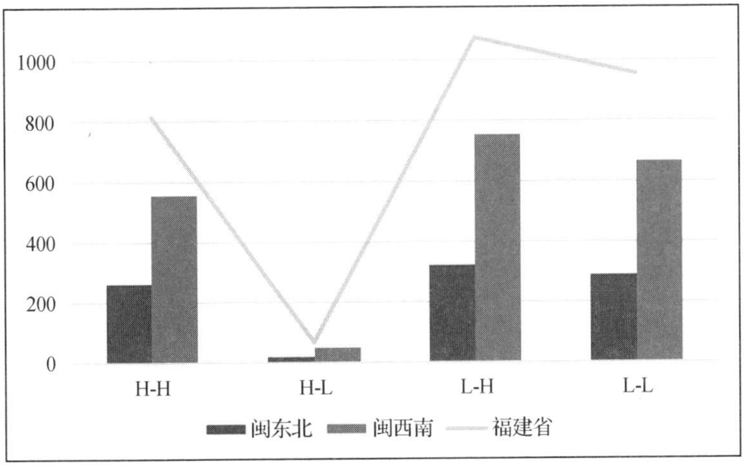

图 3－1 福建省区域层面的社区生活圈育幼服务设施聚类异常图

二、福建省市域层面社区生活圈育幼服务设施局部空间自相关分析

运用 ArcGIS 软件的局部空间自相关方法操作，可以得到市域层面的社区生活圈育幼服务设施聚类和异常值分析结果。排除不显著类型，闽东北 4 个设区市其他 4 类分布统计情况如图 3－2 所示，通过综合对比分析可知：(1) H-H 型高值聚类中，福州市占比最多达到 67.18%，其作为闽东北核心引领城市的社区生活圈育幼服务设施服务能力强劲。(2) H-L 型高值被低值围绕异常 4 设区市均较少，宁德市和南平市均仅有 1 个，说明微观尺度育幼服务设施极端高值的不均衡情况较少。(3) L-H 型低值被高值围绕异常中，福州市占比为 68.63%，这种极端低值异常主要存在于周边育幼服务设施普遍富集的情况。(4) L-L 型低值聚类中，福州市占比 62.76%，莆田市次之为 23.10%，低值聚集说明存在社区生活圈育幼服务设施配置短板，应对照所在地市查缺补漏。

闽西南 5 个设区市 4 类分布统计情况如图 3－3 所示，通过综合对比分析可知：(1) 闽西南的 H-H 型高值聚类中，厦门市占比最多达到 38.99%，泉州市次之达到 25.45%，漳州市为 22.02%，闽南金三角组团城市的社区生活圈育幼服务设施配置水平优越。(2) H-L 型高值被低值围绕异常在 5 个设区市均最少，其中厦门市为 0 个，泉州市占整个闽西南的 84.00%，具备向周边正向辐射带动的积极作用。(3) L-H 型低值被高值围绕异常中，厦门市占比达到 44.16%，漳州市为 27.19%，这种配置水平“凹陷”情况应积极填补完善。(4) L-L 型低值聚类中，泉州市占比 67.57%，漳州市次之为 15.02%，作为闽西南协同发展区的三大核心城市中的两个城市，这些社区生活圈育幼服务设施配置短板需要引起重视。

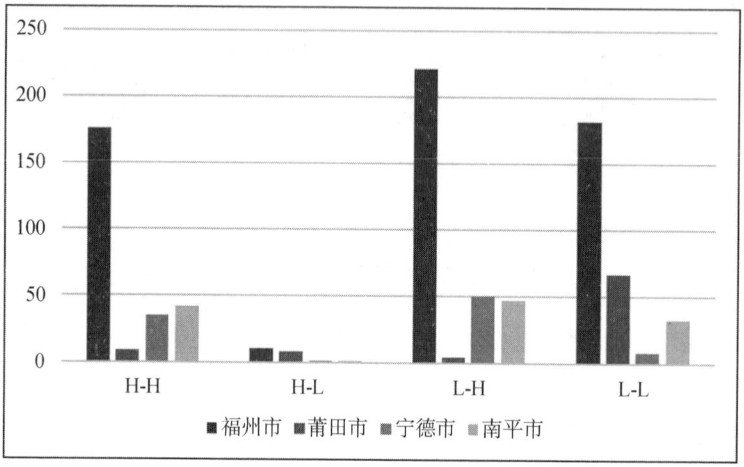

图 3－2　福建省闽东北协同发展区市域层面的社区生活圈育幼服务设施聚类异常图

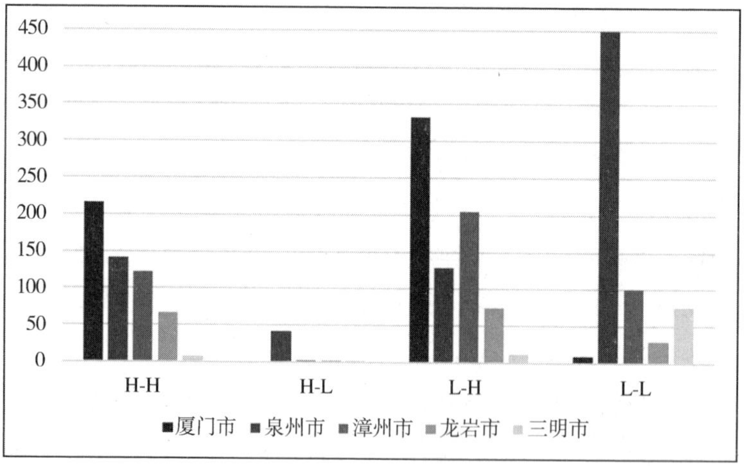

图 3－3　福建省闽西南协同发展区市域层面的社区生活圈育幼服务设施聚类异常图

三、福建省县域层面社区生活圈育幼服务设施局部空间自相关分析

运用 ArcGIS 软件可以得到县域层面社区生活圈育幼服务设施聚类和异常值结果，排除不显著类型，局部空间自相关结果如表 3－7。厦门市共涉及 559 个社区生活圈：（1）H-H 型共 216 个，湖里区和集美区的占比均超过 20.00%；H-L 型为 0 个，不存在高值被低值围绕的异常类型；L-H 型总量最多为 333 个，集美区占比最高为 24.62%；L-L 型共计 10 个，翔安区独占 90.00%。（2）厦门市各区的社区生活圈育幼服务设施异常情况明显，集美区最具配置潜力，翔安区则最需要补充短板。

泉州市共涉及 762 个社区生活圈：（1）H-H 型共 141 个，晋江市占比最高为 29.08%；H-L 型总量为 42 个，晋江市和南安市占比均超过 30.00%。L-H 型共计 129 个，晋江市和丰泽区占比均超过 30.00%；L-L 型总量最多为 450 个，南安市占比超过 33.00%。（2）泉州市县域的社区生活圈育幼服务设施低值聚类明显，晋江市和丰泽区最具优势和提升潜力，南安市则最需补充社区生活圈育幼服务设施。

漳州市共涉及 430 个社区生活圈：（1）H-H 型共 122 个，芗城区和龙海市占比均超过 25.00%；H-L 型为 3 个，平和县独占 66.67%；L-H 型共计 205 个，龙海市占比最高为 44.88%；L-L 型为 100 个，平和县占比位 35.00%。（2）漳州市县域的社区生活圈育幼服务设施聚类明显，芗城区和龙海市最具优势和提升潜力，平和县的社区生活圈育幼服务设施配置水平较弱。

龙岩市共涉及 174 个社区生活圈：（1）H-H 型共 67 个，新罗区占比均超过 60.00%；H-L 型总量为 2 个，永定区和长汀县各占 50.00%；L-H 型共计 75 个，新罗区独占 65.33%；L-L 型为 30 个，永定区占比位 30.00%。（2）龙岩市县域的社区生活圈育幼服务设施聚类明显，新罗区最具优势和提升潜力，永定区则亟待充足配置。

三明市共涉及 87 个社区生活圈：（1）H-H 型共计 8 个，大田县占比 87.50%；H-L 型 3 个，尤溪县、建宁县和永安市分别占比 33.33%；L-H 型为 0 个，不存在低值被高值围绕类型；L-L 型总量最多为 76 个，永安市占比接近 50.00%。（2）三明市县域的社区生活圈育幼服务设施低值聚类明显，其中永安市最需要补充配置。

福州市共涉及589个社区生活圈：（1）H-H型共176个，仓山区占比均最高为34.09%；H-L型仅有10个，长乐区占比为80.00%；L-H型为221个，晋安区占比最高为28.51%；L-L型共计182个，长乐区独占48.90%。（2）福州市县域的社区生活圈育幼服务设施聚类明显，长乐区配置水平较弱且亟待补充。

莆田市共涉及88个社区生活圈：（1）H-H型共9个，城厢区、荔城区和仙游县各占比33.33%；H-L型有8个，秀屿区占比37.50%；L-H型为4个，100.00%位于仙游县内部；L-L型共计67个，秀屿区占比最高为79.10%。（2）莆田市县域的社区生活圈育幼服务设施低值聚类明显，仙游县具有提升潜力，秀屿区则配置水平较弱。

宁德市共涉及94个社区生活圈：（1）H-H型共35个，福安市和福鼎市占比均超过30.00%；H-L型仅有1个，100.00%位于柘荣县内部；L-H型共计50个，福安市和福鼎市占比均超过30.00%；L-L型为8个，其中古田县独占50.00%。（2）宁德市县域的社区生活圈育幼服务设施异常情况明显，福安市和福鼎市具有配置优势和提升潜力，古田县则需要予以补充。

南平市共涉及123个社区生活圈：（1）H-H型共42个，延平区和邵武市占比均超过15.00%；H-L型总量为1个，100.00%位于武夷山市内部；L-H型共计47个，邵武市占比最高为19.15%；L-L型为33个，其中武夷山市占比超过45.00%。（2）南平市县域的社区生活圈育幼服务设施聚类明显，邵武市最具有配置优势和提升潜力，武夷山市最需补充社区生活圈育幼服务设施。

表3-7　福建省县域层面的社区生活圈育幼服务设施聚类异常指标表

设区市名称	县市区名称	H-H型	H-L型	L-H型	L-L型
泉州市	鲤城区	30	0	20	0
	丰泽区	34	0	42	0
	洛江区	0	0	4	8
	泉港区	0	1	0	21
	惠安县	8	3	2	5
	安溪县	3	5	2	89
	永春县	0	6	0	41
	德化县	7	0	5	1
	石狮市	15	1	4	2
	晋江市	41	13	48	128
	南安市	3	13	2	155

续表

设区市名称	县市区名称	H-H 型	H-L 型	L-H 型	L-L 型
漳州市	芗城区	32	0	31	0
	龙文区	24	0	25	0
	云霄县	9	0	7	5
	漳浦县	11	0	9	19
	诏安县	0	0	0	6
	长泰县	9	0	24	0
	东山县	0	0	1	0
	南靖县	4	1	12	12
	平和县	0	2	0	35
	华安县	0	0	4	18
	龙海市	33	0	92	5
厦门市	思明区	42	0	49	0
	海沧区	27	0	61	0
	湖里区	50	0	28	0
	集美区	54	0	82	0
	同安区	37	0	64	1
	翔安区	6	0	49	9
三明市	梅列区	0	0	0	0
	三元区	0	0	0	0
	明溪县	0	0	0	1
	清流县	0	0	0	1
	宁化县	0	0	0	3
	大田县	7	0	0	3
	尤溪县	0	1	0	2
	沙县	0	0	0	1
	将乐县	1	0	0	2
	泰宁县	0	0	0	13
	建宁县	0	1	0	13
	永安市	0	1	0	37
龙岩市	新罗区	42	0	49	2
	永定区	6	1	8	9
	长汀县	11	1	9	3
	上杭县	5	0	5	8
	武平县	3	0	4	2
	连城县	0	0	0	3
	漳平市	0	0	0	3

续表

设区市名称	县市区名称	H-H 型	H-L 型	L-H 型	L-L 型
南平市	延平区	7	0	4	1
	建阳区	4	0	7	2
	顺昌县	0	0	0	6
	浦城县	5	0	6	0
	光泽县	0	0	0	0
	松溪县	4	0	5	0
	政和县	5	0	4	2
	邵武市	7	0	9	6
	武夷山市	5	1	5	15
	建瓯市	5	0	7	1
宁德市	蕉城区	2	0	2	2
	霞浦县	7	0	11	0
	古田县	0	0	1	4
	屏南县	0	0	0	0
	寿宁县	0	0	0	1
	周宁县	2	0	4	0
	柘荣县	0	1	0	1
	福安市	12	0	17	0
	福鼎市	12	0	15	0
福州市	鼓楼区	27	0	24	0
	台江区	21	0	12	0
	仓山区	60	0	54	0
	马尾区	1	0	4	3
	晋安区	32	0	63	0
	长乐区	0	8	0	89
	闽侯县	13	0	46	8
	连江县	8	0	3	12
	罗源县	1	0	2	1
	闽清县	0	0	0	34
	永泰县	0	0	3	10
	平潭县	10	0	10	0
	福清市	3	2	0	25
莆田市	城厢区	3	2	0	6
	涵江区	0	0	0	0
	荔城区	3	2	0	8
	秀屿区	0	3	0	53
	仙游县	3	1	4	0

第四节　社区生活圈视角下福建省育幼服务设施变异系数测算分析

一、福建省社区生活圈育幼服务设施变异系数指标分析

运用 ArcGIS 软件操作可以得到福建省整体、两大协同发展区与 9 个设区市的社区生活圈育幼服务设施标准差与平均值，并可基于变异系数测算公式最终得出表 3－8。其中，福建省整体的社区生活圈育幼服务设施变异系数为 1.75，闽东北协同发展区的变异系数为 1.80，闽西南协同发展区的变异系数为 1.72。按变异系数由大到小排序则有"闽东北 > 福建省 > 闽西南"，说明闽西南协同发展区内部的社区生活圈育幼服务设施配置差异最小，闽东北的配置差异则高于福建省整体。市域层面按变异系数由大到小排序可知：南平市（2.01）＝宁德市（2.01）> 三明市（1.89）> 漳州市（1.82）> 福州市（1.66）> 莆田市（1.60）> 泉州市（1.59）> 厦门市（1.58）> 龙岩市（1.55），龙岩市内部的社区生活圈育幼服务设施配置差异最小，南平市和宁德市的配置差异最大。

表 3－8　福建省社区生活圈育幼服务设施变异系数指标表

地区名称	标准差	平均值	变异系数
福建省	1.85	1.06	1.75
闽东北	1.82	1.01	1.80
闽西南	1.86	1.08	1.72
福州市	1.69	1.01	1.66
莆田市	1.39	0.87	1.60
宁德市	2.24	1.12	2.01
南平市	2.07	1.03	2.01
厦门市	2.57	1.63	1.58
漳州市	1.99	1.09	1.82
泉州市	1.41	0.89	1.59
三明市	1.52	0.80	1.89
龙岩市	1.87	1.21	1.55

二、福建省社区生活圈育幼服务设施均等配置程度分析

由测算公式可知，变异系数指标值越小则说明社区生活圈育幼服务设施均等化配置程度越高。福建省闽西南的社区生活圈育幼服务设施均等化配置程度高于闽东北，且高于福建省整体层面的均等化配置情况。考察图 3 – 4 可知，市域层面社区生活圈育幼服务设施的均等化配置程度由低到高排序为南平市 = 宁德市 < 三明市 < 漳州市 < 福州市 < 莆田市 < 泉州市 < 厦门市 < 龙岩市。

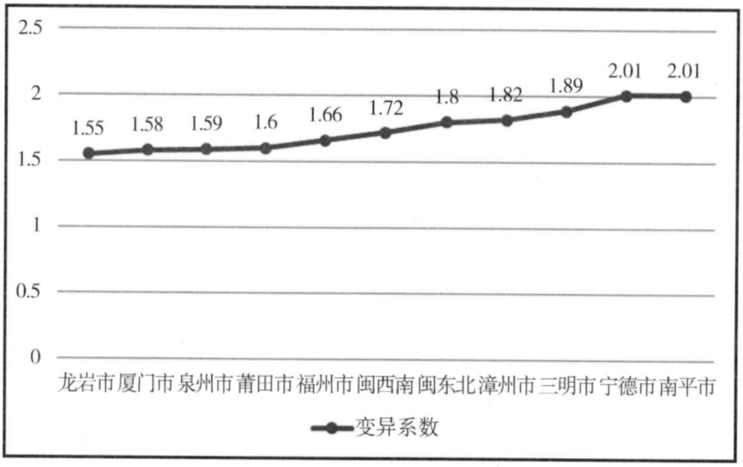

图 3 – 4　福建省社区生活圈育幼服务设施变异系数排序图

考察福建省各设区市的社区生活圈育幼服务设施均等化配置程度空间分布情况，可通过 ArcGIS 软件操作，采用自然断裂法 Natural Breaks（Jenks）依据变异系数指标值进一步划出高、中、低 3 个等级。其中，社区生活圈育幼服务设施均等化配置的“高等级市”包括龙岩市、厦门市、泉州市、莆田市和福州市，除龙岩市位于西南部山区，其他 4 市较为集中地分布于福建省中东部沿海，平均变异系数为 1. 60；社区生活圈育幼服务设施均等化配置的“中等级市”包括：漳州市和三明市，2 市分别位于福建省南部的沿海与山区，平均变异系数为 1. 86；社区生活圈育幼服务设施均等化配置的“低等级市”包括：宁德市和南平市，2 市集中连片位于福建省最北部，平均变异系数为 2. 01。

第四章　社区生活圈视角下福建省教育服务设施均等化配置分析

福建省对基本公共服务中的“学有所教”工作十分重视，为学龄人群提供同等机会的优质、全面、最低标准以上的基础教育服务。根据《国家中长期教育改革和发展规划纲要（2010—2020）》，学龄人群的主体包括15周岁至19周岁的青少年，6周岁至14周岁的儿童，针对这些学龄人群提供小学、初中、高中的教育教学服务。2021年，福建省人民政府办公厅印发《福建省“十四五”教育发展专项规划》，指明“十三五”以来福建省教育改革发展任务已全面完成，多项教育主要指标位居全国前列，九年义务教育巩固率99.36%，高中阶段毛入学率97.33%，比2015年分别增长1.16%、3.23%，教育发展迈上新台阶，总体发展水平进入全国中上行列。[①] 福建省教育厅等七部门印发《福建省“十四五”县域普通高中发展提升行动方案》，提出到2025年全省高中阶段毛入学率保持在97%以上，92%以上的公办高中完成达标创建。在全方位推进高质量发展超越、实现教育现代化的基础上，福建省也提出要继续夯实办学条件，充分认识到教育服务设施是为能够使得每个人都享有平等的受教育权利，使得人们的教育服务需求能够得到最大程度满足的基础设施，是教育过程中必备的物质载体和实体空间。

本章将使用空间匹配协同分析、全局空间自相关分析、局部空间自相关分析与变异系数测算分析4种方法进行社区生活圈视角下的福建省教育服务设施均等化配置分析。

① 《福建省“十四五”教育发展专项规划》政策解读［EB/OL］. 2021-10-10. http://jyt.fujian.gov.cn/xxgk/zcjd/qtzcwjjd/202110/t20211010_5702206.html

第一节　社区生活圈视角下福建省教育服务设施空间匹配协同分析

一、福建省区域层面社区生活圈教育服务设施空间匹配协同分析

基于匹配协同指数公式测算可得到表4－1，福建省闽西南协同发展区的教育服务设施与社区生活圈总量均高于闽东北，但闽东北匹配协同指数大于1，其教育服务设施配置对于社区生活圈具有更好的承托与服务能力。反之，闽西南协同发展区的匹配协同指数小于1，可能存在社区生活圈缺少教育服务设施均等配置的情况。由此可知，福建省闽东北协同发展区的教育服务设施空间匹配协同程度相对略高于闽西南区域。

表4－1　福建省区域层面的社区生活圈教育服务设施匹配协同指标表

区域名称	教育服务设施总量	社区生活圈总量	教育服务设施占比	社区生活圈占比	匹配协同指数
福建省	3485	5336	100.00%	100.00%	1.00
闽西南	2150	3392	61.69%	63.57%	0.97
闽东北	1335	1944	38.31 %	36.43%	1.05

二、福建省市域层面社区生活圈教育服务设施空间匹配协同分析

根据公式测算得到表4－2，福建省闽西南协同发展区内部市域可以划分出两种空间匹配协同类型：（1）属于“滞后型”的城市有2个，泉州市与漳州市；泉州市的教育服务设施和社区生活圈占比分别为40.98%和41.30%，均为闽西南排序第一位，匹配协同指数达到0.99；漳州市社区生活圈占比高于教育服务设施，呈现滞后配置态势。（2）属于“超前型”的城市有3个，厦门市、三明市和龙岩市；厦门市和三明市匹配协同指数均未超过1.10，超前优势不明显；龙岩市社区生活圈占比为最低10.70%，其匹配协同指数为闽西南最高值1.13，是其他城市的1.06～1.30倍。

表 4-2 福建省市域层面的社区生活圈教育服务设施匹配协同指标表

协同发展区名称	设区市名称	教育服务设施总量	社区生活圈总量	教育服务设施占比	社区生活圈占比	匹配协同指数
闽东北	宁德市	212	321	15.88%	16.51%	0.96
	南平市	199	357	14.91%	18.36%	0.81
	莆田市	255	330	19.10%	16.98%	1.13
	福州市	669	936	50.11%	48.15%	1.04
闽西南	泉州市	881	1401	40.98%	41.30%	0.99
	漳州市	345	628	16.05%	18.51%	0.87
	厦门市	404	618	18.79%	18.22%	1.03
	三明市	260	382	12.09%	11.26%	1.07
	龙岩市	260	363	12.09%	10.70%	1.13

福建省闽东北协同发展区内部市域可划分出两种空间匹配协同类型：(1) 属于"滞后型"的城市有2个，宁德市和南平市；此两市的教育服务设施占比均相对较低，宁德市因其社区生活圈占比低于南平市，而匹配协同指数成为滞后型的高值0.96。(2) 属于"超前型"的城市有2个，福州市和莆田市；福州市的教育服务设施与社区生活圈占比分别达到闽东北协同发展区总量的50.11%和48.15%，远超其他3个城市，但匹配协同指数小于莆田市，莆田市匹配协同指数为其他城市的1.09~1.40倍。

三、福建省县域层面社区生活圈教育服务设施空间匹配协同分析

根据公式测算得到表4-3，福建省各县市区可以划分出不同的社区生活圈教育服务设施空间匹配协同类型。泉州市各县市区的社区生活圈教育服务设施空间匹配协同指数在0.71~1.99之间，"滞后型"多于"超前型"：(1) 惠安县、安溪县、永春县、南安市、洛江区、泉港区，3县1市2区属于"滞后型"；泉港区以其占比2.84%的教育服务设施满足占比4.00%的社区生活圈，其匹配协同指数为泉州市最低0.71。(2) 德化县、晋江市、石狮市、鲤城区、丰泽区，1县2市2区属于"超前型"；鲤城区的教育服务设施占比排序为第4位，但其社区生活圈占排序第九位，匹配协同指数为最高至1.99，是其他县市区的1.66~2.80倍。

漳州市各县市区的社区生活圈教育服务设施空间匹配协同指数在0.67~

1.76之间，“滞后型”多于“超前型”：（1）云霄县、长泰县、南靖县、东山县、平和县、华安县、龙海市，6县1市属于“滞后型”；龙海市教育服务设施占比最多20.29%，匹配协同指数更趋近1.00。（2）漳浦县、诏安县、芗城区，2县1区属于“超前型”；芗城区教育服务设施占比排序第二位，其社区生活圈占比仅是漳州市第三位，匹配协同指数为漳州市最高值1.76，是其他县市区的1.42～2.63倍；诏安县的匹配协同指数值超过1.20，教育服务设施配置具有优势；（3）龙文区为“一致型”，指数为1.00。

厦门市各县市区的社区生活圈教育服务设施空间匹配协同指数在0.66～1.73之间，“滞后型”多于“超前型”：（1）海沧区、集美区、同安区、翔安区，岛外4区属于“滞后型”；海沧区教育服务设施占比最低仅为9.41%，同时社区生活圈占比则最高达到14.24%，其匹配协同指数为厦门市最低0.66；集美区的教育服务设施占比为滞后型中最高，其匹配协同指数达到滞后型最高值0.88。（2）思明区与湖里区，2区属于“超前型”；思明区教育服务设施占比最高25.50%，远高于其他各区，其匹配协同指数为厦门市最高值1.73，是其他县市区的1.20～2.62倍；湖里区社区生活圈占比最低，教育服务设施超前匹配。

三明市各县市区的社区生活圈教育服务设施空间匹配协同指数在0.56～1.71之间，“超前型”多于“滞后型”：（1）明溪县、清流县、将乐县、建宁县、永安市，4县1市属于“滞后型”；建宁县匹配协同指数较高为0.91，教育服务设施滞后程度相对较低；将乐县以其占比3.08%的教育服务设施难以满足占比5.50%的社区生活圈，匹配协同指数为三明市最低值0.56。（2）大田县、宁化县、沙县、泰宁县、尤溪县、梅列区、三元区，5县2区属于“超前型”；沙县教育服务设施占比为三明市最高的21.92%，社区生活圈占比较低，匹配协同指数为最高值1.71，是其他县市区的1.27～3.05倍。

龙岩市各县市区的社区生活圈教育服务设施空间匹配协同指数在0.63～1.17之间，“超前型”多于“滞后型”：（1）武平县、永定区，1县1区属于“滞后型”；武平县教育服务设施占比最低6.92%，其匹配协同指数也为龙岩市最低值0.63；永定区的教育服务设施占比为龙岩市最高16.54%，但因社区生活圈占比高达19.83%，呈现滞后匹配态势。（2）长汀县、上杭县、漳平市和新罗区，2县1市1区属于“超前型”；新罗区教育服务设施和社区生活圈的占比均最高，匹配协同指数达到 1.14；上杭县以其占比 13.85% 的教育服务设施满足占比 11.85% 的社区生活圈，匹配协同指数为龙岩市最高值 1.17，是其他县市区的 1.03 ~ 1.86 倍。(3) 连城县为“一致型”，指数为 1.00。

南平市各县市区的社区生活圈教育服务设施空间匹配协同指数在 0.62 ~ 1.61 之间，“超前型”多于“滞后型”：(1) 浦城县、政和县、武夷山市、建阳区，2 县 1 市 1 区属于“滞后型”；武夷山市的教育服务设施占比为 10.55%，其匹配协同指数为最低值 0.62；浦城县与政和县两县的教育服务设施与社区生活圈配置相适宜，匹配协同指数均在 0.90 以上。(2) 光泽县、顺昌县、松溪县、邵武市、建瓯市、延平区，3 县 2 市 1 区属于“超前型”；松溪县的社区生活圈占比为南平市最低的 2.80%，其匹配协同指数为全市最高值 1.61，是其他县市区的 1.19 ~ 2.60 倍。

宁德市各县市区的社区生活圈教育服务设施空间匹配协同指数在 0.61 ~ 1.19 之间，“滞后型”多于“超前型”：(1) 霞浦县、屏南县、柘荣县、福鼎市、蕉城区，3 县 1 市 1 区属于“滞后型”；柘荣县教育服务设施占比为宁德市最低 1.89%，其匹配协同指数同样为最低值 0.61；霞浦县匹配协同指数趋近于 1.00，教育服务设施与社区生活圈配置滞后程度较低。(2) 周宁县、寿宁县、古田县、福安市，3 县 1 市属于“超前型”；福安市的教育服务设施占比为宁德市最高 24.06%，其匹配协同指数为宁德市最高值 1.19，是其他县市区的 1.03 ~ 1.95 倍。

福州市各县市区的社区生活圈教育服务设施空间匹配协同指数在 0.54 ~ 2.66 之间，“滞后型”多于“超前型”：(1) 闽侯县、连江县、闽清县、永泰县、福清市、马尾区、晋安区、长乐区，4 县 1 市 3 区属于“滞后型”；闽清县教育服务设施占比最低为 2.54%，其匹配协同指数为福州市最低 0.54；福清市与晋安区的匹配协同指数均在 0.90 以上。(2) 罗源县、平潭县、鼓楼区、台江区、仓山区，2 县 3 区属于“超前型”；鼓楼区的教育服务设施占比最高为 14.80%，社区生活圈占比仅 5.56%，其匹配协同指数达到福州市最高值 2.66，是其他县市区的 1.08 ~ 4.935 倍；台江区指数也超过 2.40，具有超前配置优势。

莆田市各县市区的社区生活圈教育服务设施空间匹配协同指数在 0.78 ~ 1.17 之间，“滞后型”县市区较少：(1) 涵江区、秀屿区，2 区属于“滞后型”；秀屿区的教育服务设施占比为莆田市最低的13.73%，但社区生活圈占比却高于城厢区，其匹配协同指数同时为莆田市最低0.78；涵江区由于社区生活圈占比较高，其匹配协同指数为0.98。（2）城厢区、荔城区，2区属于“超前型”；荔城区的教育服务设施占比排序第2位，社区生活圈占比排序第三位，其匹配协同指数为莆田市最高1.17，是其他县市区的1.09～1.50倍。（3）仙游县属于“一致型”，指数为1.00。

表4-3 福建省县域层面的社区生活圈教育服务设施匹配协同指标表

设区市名称	县市区名称	教育服务设施总量	社区生活圈总量	教育服务设施占比	社区生活圈占比	匹配协同指数
泉州市	安溪县	85	156	9.65%	11.13%	0.87
	德化县	33	44	3.75%	3.14%	1.19
	丰泽区	62	83	7.04%	5.92%	1.19
	惠安县	71	136	8.06%	9.71%	0.83
	晋江市	256	379	29.06%	27.05%	1.07
	鲤城区	74	59	8.40%	4.21%	1.99
	洛江区	23	48	2.61%	3.43%	0.76
	南安市	145	261	16.46%	18.63%	0.88
	泉港区	25	56	2.84%	4.00%	0.71
	石狮市	76	119	8.63%	8.49%	1.02
	永春县	31	60	3.52%	4.28%	0.82
漳州市	东山县	15	41	4.35%	6.53%	0.67
	华安县	9	21	2.61%	3.34%	0.78
	龙海市	70	131	20.29%	20.86%	0.97
	龙文区	22	40	6.38%	6.37%	1.00
	南靖县	27	64	7.83%	10.19%	0.77
	平和县	29	61	8.41%	9.71%	0.87
	芗城区	62	64	17.97%	10.19%	1.76
	云霄县	24	48	6.96%	7.64%	0.91
	漳浦县	50	89	14.49%	14.17%	1.02
	长泰县	17	41	4.93%	6.53%	0.75
	诏安县	19	28	5.51%	4.46%	1.24
厦门市	海沧区	38	88	9.41%	14.24%	0.66
	集美区	75	131	18.56%	21.20%	0.88
	思明区	103	91	25.50%	14.72%	1.73
	同安区	63	115	15.59%	18.61%	0.84
	翔安区	74	139	18.32%	22.49%	0.81
	湖里区	51	54	12.62%	8.74%	1.44

续表

设区市名称	县市区名称	教育服务设施总量	社区生活圈总量	教育服务设施占比	社区生活圈占比	匹配协同指数
三明市	大田县	22	24	8.46%	6.28%	1.35
	建宁县	18	29	6.92%	7.59%	0.91
	将乐县	8	21	3.08%	5.50%	0.56
	梅列区	28	36	10.77%	9.42%	1.14
	明溪县	4	9	1.54%	2.36%	0.65
	宁化县	18	25	6.92%	6.54%	1.06
	清流县	11	20	4.23%	5.24%	0.81
	三元区	17	24	6.54%	6.28%	1.04
	沙县	57	49	21.92%	12.83%	1.71
	泰宁县	12	16	4.62%	4.19%	1.10
	永安市	36	78	13.85%	20.42%	0.68
	尤溪县	31	42	11.92%	10.99%	1.08
龙岩市	连城县	23	32	8.85%	8.82%	1.00
	上杭县	36	43	13.85%	11.85%	1.17
	武平县	18	40	6.92%	11.02%	0.63
	新罗区	86	105	33.08%	28.93%	1.14
	永定区	43	72	16.54%	19.83%	0.83
	漳平市	23	29	8.85%	7.99%	1.11
	长汀县	31	42	11.92%	11.57%	1.03
南平市	光泽县	11	19	5.53%	5.32%	1.04
	建瓯市	28	44	14.07%	12.32%	1.14
	建阳区	25	56	12.56%	15.69%	0.80
	浦城县	12	22	6.03%	6.16%	0.98
	邵武市	24	32	12.06%	8.96%	1.35
	顺昌县	14	23	7.04%	6.44%	1.09
	松溪县	9	10	4.52%	2.80%	1.61
	武夷山市	21	61	10.55%	17.09%	0.62
	延平区	45	71	22.61%	19.89%	1.14
	政和县	10	19	5.03%	5.32%	0.94

续表

设区市名称	县市区名称	教育服务设施总量	社区生活圈总量	教育服务设施占比	社区生活圈占比	匹配协同指数
宁德市	福安市	51	65	24.06%	20.25%	1.19
	福鼎市	46	73	21.70%	22.74%	0.95
	古田县	22	29	10.38%	9.03%	1.15
	蕉城区	33	60	15.57%	18.69%	0.83
	屏南县	10	16	4.72%	4.98%	0.95
	寿宁县	12	16	5.66%	4.98%	1.14
	霞浦县	26	40	12.26%	12.46%	0.98
	柘荣县	4	10	1.89%	3.12%	0.61
	周宁县	8	12	3.77%	3.74%	1.01
福州市	仓山区	96	109	14.35%	11.65%	1.23
	福清市	88	134	13.15%	14.32%	0.92
	鼓楼区	99	52	14.80%	5.56%	2.66
	晋安区	47	71	7.03%	7.59%	0.93
	连江县	37	70	5.53%	7.48%	0.74
	罗源县	18	22	2.69%	2.35%	1.14
	马尾区	26	47	3.89%	5.02%	0.77
	闽侯县	68	144	10.16%	15.38%	0.66
	闽清县	17	44	2.54%	4.70%	0.54
	平潭县	36	45	5.38%	4.81%	1.12
	台江区	44	25	6.58%	2.67%	2.46
	永泰县	21	39	3.14%	4.17%	0.75
	长乐区	72	134	10.76%	14.32%	0.75
莆田市	城厢区	47	57	18.43%	17.27%	1.07
	涵江区	50	66	19.61%	20.00%	0.98
	荔城区	55	61	21.57%	18.48%	1.17
	仙游县	68	88	26.67%	26.67%	1.00
	秀屿区	35	58	13.73%	17.58%	0.78

第二节 社区生活圈视角下福建省教育服务设施全局空间自相关分析

一、福建省区域层面社区生活圈教育服务设施全局空间自相关分析

运用ArcGIS软件的全局空间自相关方法操作可得到表4-4，福建省区域层面Moran's I和Getis-Ord General G指数方法的P值结果均小于0.01，同时Z值均大于2.58，统计学意义上达到99%的置信度，拒绝零假设，通过显著性检验。

表4-4 福建省区域层面的社区生活圈教育服务设施全局空间自相关指标表

区域名称	P值	Z值	Moran's I	P值	Z值	E-General G	O-General G
福建省	0.00	39.41	0.07	0.00	33.70	0.000	0.001
闽东北	0.00	32.51	0.11	0.00	24.06	0.001	0.003
闽西南	0.00	24.53	0.06	0.00	23.49	0.001	0.001

通过指标综合对比，可以分析出社区生活圈教育服务设施全局空间自相关特征：(1)所有区域的Moran's I指数均大于0，社区生活圈教育服务设施配置整体呈现聚集态势。(2)所有区域的O-General G均大于E-General G，说明福建省社区生活圈教育服务设施总体高值区域聚类。(3)根据Moran's I指数排序，则有"闽东北>福建省>闽西南"，闽东北协同发展区的社区生活圈教育服务设施配置集聚程度高于福建省整体情况，且高于闽西南协同发展区的聚集效果。(4)考察O-General G与E-General G的数值差异，福建省整体的高值聚类效果与闽西南协同发展区相一致，但两者均弱于闽东北。

二、福建省市域层面社区生活圈教育服务设施全局空间自相关分析

运用软件操作得到表4-5，福建省市域层面的社区生活圈教育服务设施两种指数方法结果均符合99%置信度，满足显著性检验。通过指标综合对比，可以分析出闽西南5市的全局空间自相关特征：(1)社区生活圈教

育服务设施 Moran's I 指数均大于0，均呈现空间正相关聚类特性。(2) 指标数值在0.06~0.16之间，泉州市正相关性最弱，接近于随机分布；三明市则相关性最显著。(3) 与闽西南区域 Moran's I 指数相比，除泉州之外的各市聚类效果均超过区域整体水平。(4) 5市的 O-General G 指数均大于 E-General G 指数，普遍呈现高值聚类态势。

通过指标综合对比，可以分析出闽东北4市的全局空间自相关特征：(1) 社区生活圈教育服务设施 Moran's I 指数均大于0，均呈现空间正相关聚类特性。(2) 指标数值在0.02~0.12之间，莆田市相关性最弱，福州市则相关性最显著。(3) 与闽东北区域 Moran's I 指数相比，仅有福州市的聚类效果超过区域整体水平。(4) 4市的 O-General G 指数均大于 E-General G 指数，普遍呈现高值聚类态势。

表4-5 福建省市域层面的社区生活圈教育服务设施全局空间自相关指标表

设区市名称	P值	Z值	Moran's I	P值	Z值	E-General G	O-General G
南平市	0.00	5.61	0.09	0.00	10.09	0.004	0.018
宁德市	0.00	5.89	0.11	0.00	10.59	0.005	0.019
福州市	0.00	33.16	0.12	0.00	18.34	0.002	0.007
莆田市	0.00	3.10	0.02	0.00	6.41	0.006	0.013
泉州市	0.00	16.17	0.06	0.00	12.55	0.002	0.003
漳州市	0.00	10.70	0.10	0.00	10.46	0.003	0.008
厦门市	0.00	15.69	0.13	0.00	8.50	0.005	0.008
三明市	0.00	9.82	0.16	0.00	11.17	0.004	0.016
龙岩市	0.00	8.79	0.12	0.00	10.84	0.004	0.015

三、福建省县域层面社区生活圈教育服务设施全局空间自相关分析

运用软件操作，可获得福建省各县市区的社区生活圈教育服务设施指数方法结果如表4-6所示，并可分析县域全局空间自相关特征。泉州市：(1) Moran's I 方法3县1市1区通过统计学检验，社区生活圈教育服务设施 Moran's I 指标数值在0.03~0.45之间，德化县正相关性最弱，趋近于随机分布，鲤城区则最显著。(2) Getis-Ord General G 方法4县2市2区通过统计学检验，高值聚类态势普遍存在。

漳州市：（1）Moran's I 方法1县1市1区通过统计学检验，指标数值在0.14～0.23之间，平和县正相关特性较弱，芗城区正相关性最显著。（2）Getis-Ord General G方法有4县1市1区通过统计学检验，各县市区普遍呈现高值聚类态势。

厦门市：（1）排除未通过显著性检验的湖里区和海沧区，整体呈现空间正相关聚类特性；思明区、集美区、同安区、翔安区的Moran's I指标数值均为0.16，正相关性突出显著。（2）Getis-Ord General G方法结果表明，各县市区均为高值聚类。

三明市：（1）Moran's I方法3县通过显著性检验，Moran's I指标数值在0.16～0.30之间，梅列县正相关性较弱，清流县正相关性最显著。（2）Getis-Ord General G方法6县1市通过统计学检验，O-General G均大于E-General G，普遍高值聚类。

龙岩市：（1）Moran's I方法1县1区通过显著性检验，Moran's I指标数值在0.11～0.12之间，新罗区与长汀县正相关性最显著。（2）Getis-Ord General G方法仅有漳平市未通过显著性检验，其他县市区则均呈现社区生活圈教育服务设施高值聚类态势。

南平市：（1）Moran's I方法2市2区通过显著性检验，社区生活圈教育服务设施Moran's I指标数值在0.06～0.16之间，建阳区与武夷山市接近随机分布，延平区正相关最显著。（2）Getis-Ord General G方法仅有浦城县、顺昌县、政和县未通过统计学检验，其他县市区均为高值聚类。

宁德市：（1）Moran's I方法有屏南县、寿宁县、柘荣县、周宁县未通过统计学检验，其他县市区指标数值在0.10～0.21之间，蕉城区正相关性最弱，霞浦县正相关性最显著。（2）Getis-Ord General G方法仅有屏南县、寿宁县、柘荣县未通过统计学检验，其他县市区均呈现高值聚类态势。

福州市：（1）Moran's I方法3县4区通过统计学检验，指标数值在0.08～0.42之间，闽清县趋于随机分布，平潭县正相关性最显著。（2）Getis-Ord General G方法仅有闽侯县、永泰县和马尾区未通过统计学检验，其他县市区均为高值聚类。

莆田市：（1）Moran's I方法仅城厢区通过统计学检验，Moran's I指标数值在为0.05，趋近于随机分布。（2）Getis-Ord General G方法涵江区与荔城区未通过统计学检验，其他县市区的社区生活圈教育服务设施均呈现高值聚类。

表 4-6 福建省县域层面的社区生活圈教育服务设施全局空间自相关指标表

设区市名	县市区名	P 值	Z 值	Moran's I	P 值	Z 值	E-General G	O-General G
漳州市	东山县	0.16	1.42	0.07	0.02	2.34	0.055	0.136
	华安县	0.98	(0.03)	(0.05)	0.55	0.59	0.038	0.065
	龙海市	0.00	5.66	0.18	0.00	5.58	0.013	0.039
	龙文区	0.20	(1.27)	(0.10)	0.51	(0.66)	0.064	0.049
	南靖县	0.55	0.60	0.16	0.15	1.43	0.019	0.045
	平和县	0.00	3.13	0.14	0.00	3.09	0.021	0.067
	芗城区	0.00	7.50	0.23	0.00	6.95	0.037	0.094
	云霄县	0.49	(0.69)	(0.05)	0.69	0.40	0.033	0.049
	漳浦县	0.66	0.44	0.01	0.00	2.87	0.012	0.033
	长泰县	0.59	0.54	0.00	0.09	1.68	0.038	0.093
	诏安县	0.47	0.72	0.01	0.05	1.99	0.048	0.174
泉州市	安溪县	0.00	5.71	0.12	0.00	6.61	0.009	0.033
	德化县	0.04	2.06	0.03	0.00	3.96	0.047	0.142
	丰泽区	0.30	1.04	0.05	0.37	0.90	0.033	0.040
	惠安县	0.00	4.47	0.20	0.00	2.96	0.013	0.025
	晋江市	0.50	0.67	0.02	0.00	4.87	0.053	0.093
	鲤城区	0.00	4.72	0.45	0.00	2.90	0.007	0.009
	洛江市	0.74	(0.33)	(0.04)	0.95	(0.06)	0.040	0.039
	南安市	0.86	(0.18)	(0.01)	0.03	2.15	0.007	0.010
	泉港区	0.11	1.62	0.04	0.03	2.17	0.034	0.073
	石狮市	0.00	3.71	0.16	0.00	4.30	0.024	0.042
	永春县	0.14	1.49	0.04	0.01	2.51	0.026	0.058
厦门市	海沧区	0.78	(0.28)	(0.02)	0.07	1.84	0.026	0.042
	集美区	0.00	3.45	0.16	0.00	3.47	0.024	0.037
	思明区	0.00	3.45	0.16	0.00	3.47	0.024	0.037
	同安区	0.00	3.45	0.16	0.00	3.47	0.024	0.037
	翔安区	0.00	3.45	0.16	0.00	3.47	0.024	0.037
	湖里区	0.90	(0.13)	(0.03)	0.61	(0.51)	0.058	0.050

续表

设区市名	县市区名	P 值	Z 值	Moran's I	P 值	Z 值	E-General G	O-General G
三明市	大田县	0.83	0.21	(0.03)	0.17	1.39	0.058	0.152
	建宁县	0.59	0.53	0.01	0.09	1.70	0.047	0.130
	将乐县	0.35	(0.94)	(0.13)	0.50	0.68	0.057	0.154
	梅列县	0.00	6.33	0.16	0.00	4.44	0.067	0.190
	明溪县	0.26	(1.12)	(0.26)	—	—	—	—
	宁化县	0.28	1.09	0.02	0.04	2.11	0.060	0.200
	清流县	0.00	3.78	0.30	0.00	5.32	0.053	0.388
	三元区	0.06	1.86	0.03	0.11	1.62	0.087	0.181
	沙县	0.00	6.57	0.18	0.00	6.40	0.042	0.153
	寿宁县	0.51	0.66	(0.01)	0.02	2.41	0.053	0.377
	永安市	0.15	1.45	0.04	0.00	3.56	0.022	0.060
	尤溪县	0.72	(0.36)	(0.04)	0.05	1.96	0.029	0.081
龙岩市	连城县	0.96	(0.06)	(0.04)	0.02	2.43	0.040	0.138
	上杭县	0.08	1.74	0.07	0.00	3.43	0.035	0.106
	武平县	0.99	(0.01)	(0.03)	0.01	2.54	0.036	0.123
	新罗区	0.00	8.96	0.11	0.00	6.66	0.023	0.069
	永定区	0.64	0.47	0.01	0.00	3.98	0.015	0.046
	漳平市	0.50	0.67	0.01	0.10	1.64	0.052	0.100
	长汀县	0.00	3.93	0.12	0.00	5.07	0.034	0.189
南平市	光泽县	0.77	0.29	(0.04)	0.02	2.29	0.105	0.317
	建瓯市	0.57	0.57	(0.01)	0.00	4.30	0.027	0.188
	建阳区	0.00	3.01	0.06	0.00	3.39	0.034	0.102
	浦城县	0.76	(0.30)	(0.07)	0.10	1.65	0.082	0.273
	邵武市	0.00	3.23	0.11	0.00	4.70	0.044	0.203
	顺昌县	0.81	(0.24)	(0.06)	0.48	0.70	0.079	0.129
	松溪县	0.84	0.20	(0.09)	0.00	2.92	0.156	0.704
	武夷山市	0.00	3.44	0.06	0.00	3.73	0.030	0.097
	延平区	0.00	8.05	0.16	0.00	7.64	0.023	0.124
	政和县	0.66	0.44	(0.02)	0.20	1.29	0.041	0.161

续表

设区市名	县市区名	P 值	Z 值	Moran's I	P 值	Z 值	E-General G	O-General G
宁德市	福安市	0.00	4.92	0.19	0.00	6.11	0.023	0.113
	福鼎市	0.00	3.73	0.15	0.00	5.45	0.019	0.083
	古田县	0.00	3.07	0.17	0.00	4.76	0.044	0.227
	蕉城区	0.00	4.54	0.10	0.00	5.07	0.034	0.113
	屏南县	0.22	(1.23)	(0.15)	0.82	0.23	0.108	0.135
	寿宁县	0.09	(1.71)	(0.24)	0.57	(0.57)	0.108	0.000
	霞浦县	0.00	5.17	0.21	0.00	6.45	0.033	0.240
	柘荣县	0.25	(1.16)	(0.22)	0.76	0.30	0.156	0.222
	周宁县	0.57	0.57	(0.04)	0.00	3.24	0.106	0.585
莆田市	城厢区	0.01	2.52	0.05	0.00	3.41	0.038	0.099
	涵江区	0.56	(0.58)	(0.02)	0.11	1.61	0.039	0.052
	荔城区	0.63	0.49	(0.00)	0.07	1.83	0.031	0.054
	仙游县	0.11	1.61	0.04	0.00	3.00	0.019	0.038
	秀屿区	0.77	0.29	(0.00)	0.03	2.13	0.019	0.046
福州市	仓山区	0.00	3.86	0.21	0.00	4.72	0.027	0.046
	福清区	0.00	8.84	0.14	0.00	7.30	0.013	0.051
	鼓楼区	0.00	4.20	0.40	0.00	4.12	0.066	0.095
	晋安区	0.00	3.80	0.13	0.00	3.98	0.036	0.079
	连江县	0.00	8.26	0.38	0.00	3.66	0.021	0.067
	罗源县	0.24	1.18	0.00	0.02	2.44	0.095	0.257
	马尾区	0.70	(0.39)	(0.05)	0.10	1.63	0.043	0.072
	闽侯县	0.35	(0.93)	(0.02)	0.17	1.38	0.016	0.023
	闽清县	0.04	2.10	0.08	0.00	3.58	0.030	0.114
	平潭县	0.00	7.31	0.42	0.00	5.78	0.035	0.132
	台江区	0.09	1.68	0.18	0.05	1.98	0.117	0.178
	长乐区	0.13	1.52	0.03	0.03	2.16	0.014	0.025
	永泰县	0.09	(1.71)	(0.12)	0.43	(0.79)	0.039	0.000

第三节　社区生活圈视角下福建省教育服务设施局部空间自相关分析

一、福建省区域层面社区生活圈教育服务设施局部空间自相关分析

运用 ArcGIS 软件的 Anselin Local Moran's I 方法操作，可以得到福建省区域层面的社区生活圈教育服务设施聚类和异常值结果。

排除不显著类型，其他四种类型分布统计情况如图 4－1 所示。通过指标综合对比，可以分析出福建省整体与两大协同发展区的局部空间自相关特征：（1）福建省与两大协同发展区的 H-H 型和 L-L 型两种聚类类型均多于 H-L 型和 L-H 型两种异常类型。（2）福建省与两大协同发展区的 H-H 型高值聚类均多于 L-L 型低值聚类。（3）福建省与两大协同发展区的 H-L 型高值被低值围绕异常均为 4 种类型中最少的。（4）L-H 型低值被高值围绕异常在福建省各个区域普遍较多，该类型社区生活圈属于低值亟待改善单元，呈现教育服务设施配置"凹陷"。

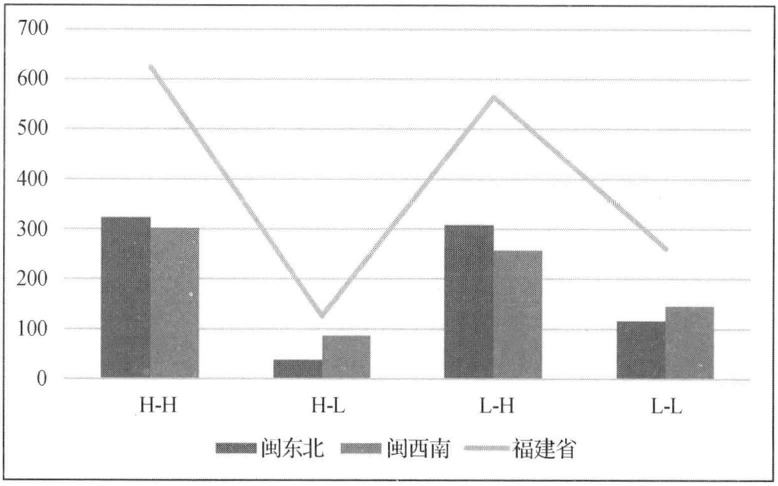

图 4－1　福建省区域层面的社区生活圈教育服务设施聚类异常图

二、福建省市域层面社区生活圈教育服务设施局部空间自相关分析

运用 ArcGIS 软件的局部空间自相关方法操作，可以得到市域层面的社区生活圈教育服务设施聚类和异常值分析结果。排除不显著类型，闽东北 4 个设区市其他 4 类分布统计情况如图 4－2 所示，通过综合对比分析可知：（1）H-H 型高值聚类中，福州市占比最多达到 66.25%，其作为闽东北核心引领城市的社区生活圈教育服务设施服务能力强劲。（2）H-L 型高值被低值围绕异常 4 设区市均较少，莆田市仅有 2 个，说明微观尺度教育服务设施极端高值的不均衡情况较少。（3）L-H 型低值被高值围绕异常中，福州市占比高达 71.52%，这种极端低值异常可能存在于周边教育服务设施普遍富集的情况下。（4）L-L 型低值聚类中，福州市占比 53.04%，南平市占比次之为 38.26%，低值聚集说明存在社区生活圈教育服务设施配置短板，应对照所在地市查缺补漏。

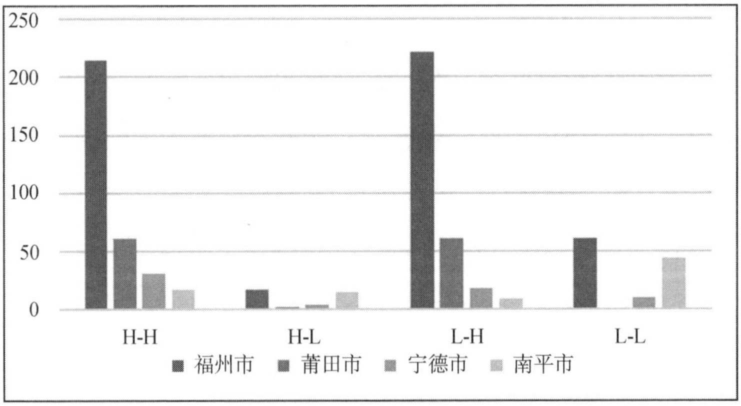

图 4－2　福建省闽东北协同发展区市域层面的社区生活圈教育服务设施聚类异常图

闽西南 5 个设区市 4 类分布统计情况如图 4－3 所示，通过综合对比分析可知：（1）闽西南的 H-H 型高值聚类中，泉州市占比最多达到 40.73%，厦门市次之达到 20.53%，闽南“厦泉”组团城市的社区生活圈教育服务设施配置水平优越。（2）H-L 型高值被低值围绕异常在五个设区市均最少，其中龙岩市仅有 2 个，泉州市占整个闽西南的 42.53%，具备向周边正向辐射带动的积极作用。（3）L-H 型低值被高值围绕异常中，泉州市占比最高

为41.25%，厦门市次之占比为21.01%，这种配置水平“凹陷”情况应积极填补完善。（4）L-L型低值聚类中，漳州市占比最高为45.52%，泉州市次之占比为39.31%，作为闽西南协同发展区的三大核心城市中的两个，这些社区生活圈教育服务设施配置短板需要引起重视。

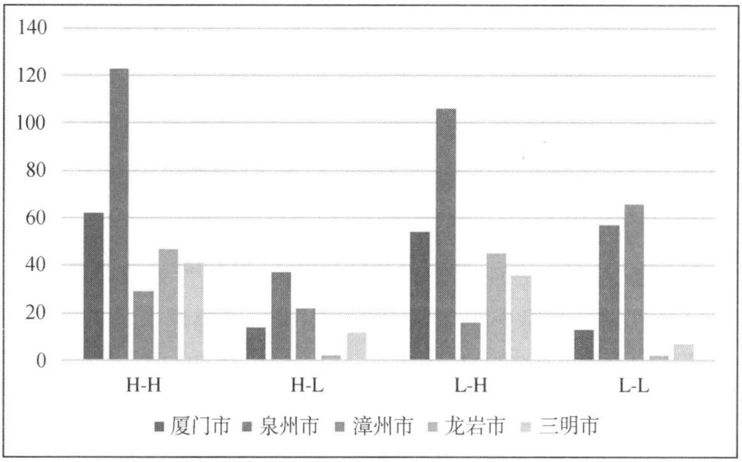

图4-3 福建省闽西南协同发展区市域层面的社区生活圈教育服务设施聚类异常图

三、福建省县域层面社区生活圈教育服务设施局部空间自相关分析

运用ArcGIS软件可以得到县域层面社区生活圈教育服务设施聚类和异常值结果，排除不显著类型，局部空间自相关结果如表4-7所示。厦门市共涉及143个社区生活圈：（1）H-H型总量最多为62个，思明区和湖里区分别占比67.74%和30.65%；H-L型为14个，集美区占比最高为42.86%；L-H型共54个，思明区和湖里区占比共计94.44%；L-L型共计13个，翔安区和同安区分别占比46.15%。（2）厦门市各区的社区生活圈教育服务设施聚类明显，思明区和湖里区最具优势，翔安区和同安区则配置水平相对较弱，需要补齐短板。

泉州市共涉及323个社区生活圈：（1）H-H型总量最多为123个，晋江市占比最高为42.28%；H-L型总量为37个，安溪县和南安市占比均超过30.00%；L-H型共计106个，晋江市占比为49.06%；L-L型共57个，南安市占比超过50.00%。（2）泉州市县域的社区生活圈教育服务设施聚类明显，晋江市最具优势和提升潜力，南安市则最需补充社区生活圈教育服务设施。

漳州市共涉及133个社区生活圈：（1）H-H型共29个，芗城区占比均超过75.00%；H-L型总量为22个，云霄县和漳浦县占比均超过15.00%；L-H型共计16个，芗城区独占50.00%；L-L型总量最多为66个，东山县和平和县占比均为24.24%。（2）漳州市县域的社区生活圈教育服务设施低值聚类明显，芗城区最具优势和提升潜力，东山县和平和县的社区生活圈教育服务设施配置水平较弱。

龙岩市共涉及96个社区生活圈：（1）H-H型总量最多为47个，新罗区占比均超过60.00%；H-L型总量为2个，长汀县和武平县分别占比50.00%；L-H型共计45个，新罗区独占62.22%；L-L型共2个，100.00%位于漳平市内部。（2）龙岩市县域的社区生活圈教育服务设施高值聚类明显，新罗区最具优势和提升潜力，漳平市则亟待充足配置。

三明市共涉及96个社区生活圈：（1）H-H型总量最多为41个，沙县占比最高为51.22%；H-L型12个，永安市占比最高为58.33%；L-H型为36个，沙县占比超过55.00%；L-L型共计7个，泰宁县占比接近60.00%。（2）三明市县域的社区生活圈教育服务设施高值聚类明显，沙县配置最具优势和潜力，泰宁县则需加强配置。

福州市共涉及469个社区生活圈：（1）H-H型共195个，仓山区和鼓楼区占比共计49.74%；H-L型仅有15个，长乐区占比53.33%；L-H型总量最多为202个，闽侯县与仓山区共占比56.44%；L-L型共计57个，其中长乐区独占52.63%。（2）福州市县域的社区生活圈教育服务设施聚类明显，仓山区具有配置优势，长乐区则配置水平较弱且亟待补充。

莆田市共涉及124个社区生活圈：（1）H-H型共61个，荔城区和城厢区占比均超过25.00%；H-L型仅有2个，全部位于秀屿区内部；L-H型为61个，城厢区和荔城区占比均超过30.00%；L-L型共0个。（2）莆田市县域的社区生活圈教育服务设施异常情况明显，城厢区和荔城区具有优势，秀屿区配置水平较弱。

宁德市共涉及63个社区生活圈：（1）H-H型共31个，福安市占比超过40.00%；H-L型总量最小仅有4个，蕉城区占比为50.00%；L-H型共计18个，福安市占比超过60.00%；L-L型为10个，蕉城区独占60.00%。（2）宁德市县域的社区生活圈教育服务设施聚类明显，蕉城区最具配置优势和提升潜力，福鼎市则需要予以补充。

南平市共涉及85个社区生活圈：（1）H-H型共17个，延平区占比为52.94%；H-L型总量为15个，建阳区和武夷山市占比均超过40.00%；L-H型共计9个，松溪县和邵武市均占比33.33%；L-L型总量最多为44个，武夷山市占比70.45%。（2）南平市县域的社区生活圈教育服务设施低值聚类明显，延平区具有相对优势力，武夷山市最需补充社区生活圈教育服务设施。

表4-7 福建省县域层面的社区生活圈教育服务设施聚类异常指标表

设区市名称	县市区名称	H-H型	H-L型	L-H型	L-L型
泉州市	鲤城区	30	0	18	0
	丰泽区	26	0	24	0
	洛江区	0	0	0	1
	泉港区	0	3	0	7
	惠安县	3	9	0	2
	安溪县	2	12	1	18
	永春县	0	0	0	0
	德化县	1	0	3	0
	石狮市	9	0	8	0
	晋江市	52	0	52	0
	南安市	0	13	0	29
漳州市	芗城区	23	0	8	0
	龙文区	1	0	3	0
	云霄县	0	4	2	4
	漳浦县	0	4	0	3
	诏安县	1	0	2	0
	长泰县	0	3	0	15
	东山县	0	3	0	16
	南靖县	0	4	0	11
	平和县	0	3	0	16
	华安县	0	0	0	1
	龙海市	4	1	1	0
厦门市	思明区	42	0	29	0
	湖里区	19	0	22	0
	海沧区	1	1	1	0
	集美区	0	6	1	1
	同安区	0	4	0	6
	翔安区	0	3	1	6

续表

设区市名称	县市区名称	H-H 型	H-L 型	L-H 型	L-L 型
三明市	梅列区	11	0	7	0
	三元区	5	0	2	0
	明溪县	0	1	0	0
	清流县	1	0	1	0
	宁化县	0	1	0	0
	大田县	3	0	4	0
	尤溪县	0	1	0	0
	沙县	21	0	20	0
	将乐县	0	1	0	0
	泰宁县	0	1	0	4
	建宁县	0	0	2	0
	永安市	0	7	0	3
龙岩市	新罗区	29	0	28	0
	永定区	0	0	2	0
	长汀县	9	1	5	0
	上杭县	7	0	5	0
	武平县	0	1	0	0
	连城县	0	0	0	0
	漳平市	2	0	5	2
南平市	延平区	9	0	2	0
	建阳区	0	7	0	13
	顺昌县	0	0	0	0
	浦城县	0	0	0	0
	光泽县	0	1	0	0
	松溪县	0	0	3	0
	政和县	0	0	0	0
	邵武市	7	1	3	0
	武夷山市	0	6	0	31
	建瓯市	1	0	1	0

续表

设区市名称	县市区名称	H-H 型	H-L 型	L-H 型	L-L 型
宁德市	蕉城区	0	2	1	6
	霞浦县	8	0	1	3
	古田县	6	0	1	0
	屏南县	0	0	0	0
	寿宁县	0	0	1	0
	周宁县	0	0	0	0
	柘荣县	0	0	0	0
	福安市	13	1	11	0
	福鼎市	4	1	3	1
福州市	鼓楼区	42	0	10	0
	台江区	16	0	9	0
	仓山区	55	0	47	0
	马尾区	4	0	14	0
	晋安区	29	0	37	0
	长乐区	6	8	9	30
	闽侯县	22	0	67	2
	连江县	6	1	3	7
	罗源县	1	0	2	0
	闽清县	0	2	0	14
	永泰县	0	3	0	4
	平潭县	13	0	3	0
	海沧区	1	1	1	0
莆田市	城厢区	17	0	20	0
	涵江区	13	0	15	0
	荔城区	18	0	21	0
	秀屿区	0	2	0	0
	仙游县	13	0	5	0

第四节　社区生活圈视角下福建省教育服务设施变异系数测算分析

一、福建省社区生活圈教育服务设施变异系数指标分析

运用 ArcGIS 软件操作可以得到福建省整体、两大协同发展区与 9 个设区市的社区生活圈教育服务设施标准差与平均值，并可基于变异系数测算公

式最终得出表4-8。其中，福建省整体的社区生活圈教育服务设施变异系数为1.54，闽东北协同发展区的变异系数为1.50，闽西南协同发展区的变异系数为1.58。按变异系数由大到小排序则有“闽西南>福建省>闽东北”，说明闽东北协同发展区内部的社区生活圈教育服务设施配置差异最小，闽西南的配置差异则高于福建省整体。市域层面按变异系数由大到小排序可知：南平市（1.75）>宁德市（1.65）>三明市（1.60）=福州市（1.60）>漳州市（1.59）>龙岩市（1.49）>厦门市（1.47）>泉州市（1.44）>莆田市（1.33），莆田市内部的社区生活圈教育服务设施配置差异最小，南平市则配置差异最大。

表4-8　福建省社区生活圈教育服务设施变异系数指标表

地区名称	标准差	平均值	变异系数
福建省	1.00	0.65	1.54
闽东北	0.95	0.63	1.50
闽西南	1.09	0.69	1.58
福州市	1.14	0.71	1.60
莆田市	1.02	0.77	1.33
宁德市	1.09	0.66	1.65
南平市	0.97	0.56	1.75
厦门市	0.96	0.65	1.47
漳州市	0.87	0.55	1.59
泉州市	0.91	0.63	1.44
三明市	1.09	0.68	1.60
龙岩市	1.07	0.72	1.49

二、福建省社区生活圈教育服务设施均等配置程度分析

由测算公式可知，变异系数指标值越小则说明社区生活圈教育服务设施均等化配置程度越高。福建省闽东北的社区生活圈教育服务设施均等化配置程度高于闽西南，且高于福建省整体层面的均等化配置情况。考察图4-4，市域层面社区生活圈教育服务设施的均等化配置程度由低到高排序为南平市<宁德市<三明市=福州市<漳州市<龙岩市<厦门市<泉州市<莆田市。

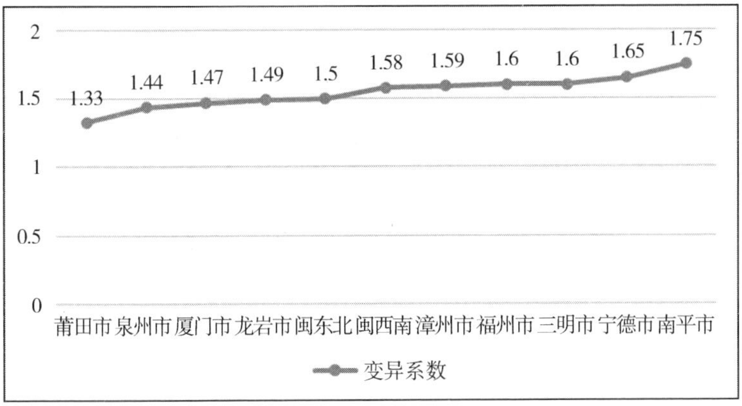

图 4-4　福建省社区生活圈教育服务设施变异系数排序图

考察福建省各设区市的社区生活圈教育服务设施均等化配置程度空间分布情况，可通过 ArcGIS 软件操作，采用自然断裂法 Natural Breaks（Jenks）依据变异系数指标值进一步划出高、中、低 3 个等级。其中，社区生活圈教育服务设施均等化配置的“高等级市”包括莆田市、泉州市、厦门市和龙岩市，除了龙岩市位于西南部山区，其他 3 市均分布于福建省东部沿海，平均变异系数为 1.43；社区生活圈教育服务设施均等化配置的“中等级市”包括漳州市、福州市、三明市和宁德市，除三明市位于西部山区，其他 3 市均位于福建省东部沿海，平均变异系数为 2.27；社区生活圈教育服务设施均等化配置的“低等级市”仅有 1 个，即南平市，位于福建省西北部山区，变异系数为 1.75。

第五章　社区生活圈视角下福建省就业服务设施均等化配置分析

福建省对基本公共服务中的“劳有所得”工作十分重视。福建省政府在2008年7月下发《关于进一步做好促进就业工作的通知》，以及《关于加强劳动保障“三基”工作的意见》，成为全国首个以省政府名义下发加强劳动就业保障“三基”工作文件的省份。2010年8月，福建省人力资源和社会保障厅开始在全省推广使用民生服务自助终端系统，福建省所有的市（县、区）全面安装自助就业机，帮助市民查找用工信息，实现就近就地找工作。党的十八大以来，福建省深入实施就业优先战略，就业质量不断提高，就业形势保持稳定。全省城镇就业人数十年增加超500万人，失业率指标长期保持在控制目标内；高校毕业生规模从2012年的18万人增加到2021年的24万人；帮扶困难人员就业，全省失业人员再就业179万人。根据福建省人力资源和社会保障厅公布的就业统计数据，福建省2022年1月至10月全省城镇新增就业51.42万人，同比增加3.67万人，增长7.69%；就业困难人员实现就业2.58万人，同比增加0.83人，增长47.43%[①]。就业服务设施的有效配置能够为公共就业服务机构，以及就业创业培训服务机构直接或间接提供就业机会服务类产品保驾护航。

本章将使用空间匹配协同分析、全局空间自相关分析、局部空间自相关分析与变异系数测算分析4种方法进行社区生活圈视角下的福建省就业服务设施均等化配置分析。

① 2022年10月福建省就业主要统计指标数据［EB/OL］. 2022-11-16. http://rst.fujian.gov.cn/zw/tjxx/tjsj/202211/t20221116_6056008.html

第一节　社区生活圈视角下福建省就业服务设施空间匹配协同分析

一、福建省区域层面社区生活圈就业服务设施空间匹配协同分析

基于匹配协同指数公式测算可得到表5-1，福建省闽西南协同发展区的就业服务设施与社区生活圈占比均超过福建省整体的60%以上，但两大协同发展区的就业类型基本公共服务设施与社区生活圈的匹配协同指数均等于1。说明就两大协同发展层面来看，就业服务设施配置比例与社区生活圈占比情况相符，也即是就业服务设施配置对社区生活圈的承托与服务呈现出"一致型"特征。由此可知，福建省闽东北协同发展区的就业服务设施空间匹配协同程度与闽西南区域相同。

表5-1　福建省区域层面的社区生活圈就业服务设施匹配协同指标表

区域名称	就业服务设施总量	社区生活圈总量	就业服务设施占比	社区生活圈占比	匹配协同指数
福建省	567	5336	100.00%	100.00%	1.00
闽东北	207	1944	36.51%	36.43%	1.00
闽西南	360	3392	63.49%	63.57%	1.00

二、福建省市域层面社区生活圈就业服务设施空间匹配协同分析

根据公式测算得到表5-2，福建省闽西南协同发展区内部可以划分出2种空间匹配协同类型，并可找出相应城市加以分析：（1）属于"滞后型"的城市有2个，漳州市与泉州市；漳州市指数最趋向于1，虽然就业服务设施占据闽西南的18.06%，社区生活圈占比也达到类似的18.51%，虽然仍有相对滞后，但匹配协同指数已达到0.98。（2）属于"超前型"的城市有3个，厦门市、三明市与龙岩市；三明市与龙岩市的匹配协同指数均超过1.20；而厦门市的就业服务设施占比整个闽西南25.83%，却仅需服务占比18.22%的社区生活圈，就业服务设施空间匹配协同指数超过闽西南其他4个城市1.16~2.00倍。

福建省闽东北协同发展区内部可以划分出两种空间匹配协同类型，并可找出相应城市加以分析：（1）属于“滞后型”的城市有2个，莆田市与宁德市；莆田市的匹配协同指数最低为0.57，就业服务设施仅占据闽东北的9.66%；宁德市与莆田市的社区生活圈占比均在16.00%左右，宁德具有更多就业服务设施，因此匹配协同指数达到0.82。（2）属于“超前型”的城市有2个，福州市与南平市；福州市的就业服务设施与社区生活圈占比分别达到闽东北协同发展区总量的57.49%和48.15%，远超其他三个城市，匹配协同指数为其他城市的1.13~2.09倍。

表5-2 福建省市域层面的社区生活圈就业服务设施匹配协同指标表

协同发展区名称	设区市名称	就业服务设施总量	社区生活圈总量	就业服务设施占比	社区生活圈占比	匹配协同指数
闽西南	泉州市	106	1401	29.44%	41.30%	0.71
	漳州市	65	628	18.06%	18.51%	0.98
	厦门市	93	618	25.83%	18.22%	1.42
	三明市	49	382	13.61%	11.26%	1.21
	龙岩市	47	363	13.06%	10.70%	1.22
闽东北	宁德市	28	321	13.53%	16.51%	0.82
	南平市	40	357	19.32%	18.36%	1.05
	莆田市	20	330	9.66%	16.98%	0.57
	福州市	119	936	57.49%	48.15%	1.19

三、福建省县域层面社区生活圈就业服务设施空间匹配协同分析

根据公式测算得到表5-3，福建省城市内部可以划分出不同的社区生活圈就业服务设施空间匹配协同类型，并可找出相应县市区加以分析。泉州市各县市区的社区生活圈就业服务设施空间匹配协同指数在0.00~4.94之间，且“滞后型”多于“超前型”：（1）安溪县、惠安县、德化县、晋江市、南安市、泉港区，3县2市1区属于“滞后型”；惠安县缺乏社区生活圈就业服务设施；泉港区就业服务设施与其社区生活圈匹配滞后型最弱，指数达到0.94。（2）永春县、石狮市、鲤城区、丰泽区、洛江区，1县1市3区属于“超前型”；丰泽区的就业服务设施占比为泉州市最高29.25%，其匹配协同指数同时为泉州市最高值4.94，1.38倍以上超过其他县市区；鲤城区的就业服务设施占比排序第2位，且社区生活圈占比较低，最终匹配协

同指数也在 3.50 以上。

漳州市各县市区的社区生活圈就业服务设施空间匹配协同指数在 0.33 ~ 4.83 之间，且“滞后型”多于“超前型”：(1) 漳浦县、东山县、云霄县、长泰县、南靖县、平和县、华安县、龙海市、龙文区，7 县 1 市 1 区属于“滞后型”；漳浦县就业服务设施进展 4.62%，其社区生活圈占比却高达 14.17%，匹配协同指数因此成为漳州市最低值 0.33。(2) 诏安县与芗城区，1 县 1 区属于“超前型”；诏安县匹配协同指数超过 2.00，配置超前性明显；芗城区的就业服务设施占比 49.23%，远高于漳州市其他县市区，匹配协同指数为最高值 4.83，2.33 ~ 14.64 倍高于其他县市区。

厦门市各县市区的社区生活圈就业服务设施空间匹配协同指数在 0.52 ~ 1.61 之间，且“滞后型”多于“超前型”：(1) 湖里区、集美区、海沧区、同安区，4 区属于“滞后型”；湖里区就业服务设施占比为厦门市最低的 8.60%；同安区由于 9.68% 的就业服务设施配置远滞后于 18.61% 的社区生活圈占比，其匹配协同指数为厦门市最低值 0.52。(2) 思明区与翔安区，2 区属于“超前型”；翔安区就业服务设施与社区生活圈占比均为厦门市排序第 1 位的 31.18% 和 22.49%，但匹配协同指数仅排第二位；思明区匹配协同指数为最高值 1.61，是其他县市区的 1.16 ~ 3.10 倍。

三明市各县市区的社区生活圈就业服务设施空间匹配协同指数在 0.00 ~ 2.00 之间，且“滞后型”多于“超前型”：(1) 明溪县、清流县、大田县、沙县、将乐县、宁化县、泰宁县、建宁县、尤溪县，9 县属于“滞后型”；明溪县、清流县、将乐县缺乏社区生活圈就业服务设施；泰宁县以其占比 2.04% 的就业服务设施匹配占比 6.54% 的社区生活圈，滞后严重，匹配协同指数为最低值 0.31。(2) 永安市、梅列区、三元区，1 市 2 区属于“超前型”；梅列区和三元区的匹配协同指数均超过 1.50；永安市的就业服务设施占比均高达 40.82%，远超其他县市区，匹配协同指数为三明市最高值 2.00，超过其他县市区的 1.16 倍以上。

龙岩市各县市区的社区生活圈就业服务设施空间匹配协同指数在 0.11 ~ 2.13 之间，“滞后型”多于“超前型”：(1) 长汀县、武平县、连城县、上杭县、永定区，4 县 1 区属于“滞后型”；永定区和连城县的就业服务设施占比均为最低 2.13%，但永宁的社区生活圈占比高达 19.83%，其匹配协同指数为龙岩市最低值 0.11。(2) 漳平市和新罗区属于“超前型”；新罗区就业服务设施与社区生活圈的占比分别61.70%和28.93%，均排名第一位，匹配协同指数为最高值2.13，是其他县市区的1.99~19.36倍。

南平市各县市区的社区生活圈就业服务设施空间匹配协同指数在0.15~2.68之间，“滞后型”数量与“超前型”相同：（1）光泽县、政和县、邵武市、武夷山市、建阳区，2县2市1区属于“滞后型”；武夷山市、邵武市、政和县的就业服务设施占比均为2.50%，但武夷山市的社区生活圈占比高达17.09%，其匹配协同指数为南平市最低值0.15。（2）顺昌县、浦城县、松溪县、建瓯市、延平区，3县1市1区属于“超前型”；延平区的就业服务设施和社区生活圈占比分别为42.50%与19.89%，均为南平市排序第一位，其匹配协同指数为2.14；松溪县为南平市最高值2.68，是其他县市区的1.25~17.87倍。

宁德市各县市区的社区生活圈就业服务设施空间匹配协同指数在0.00~1.59之间，且“滞后型”多于“超前型”：（1）古田县、屏南县、周宁县、柘荣县、福鼎市与蕉城区，4县1市1区属于“滞后型”；柘荣县缺乏社区生活圈就业服务设施配置；周宁县滞后型匹配协同指数达到最高值0.96。（2）霞浦县、寿宁县、福安市，2县1区属于“超前型”；福安市的就业服务设施占比为32.14%，排序为宁德市第一位，其匹配协同指数为宁德市最高1.59，超过其他县市区的1.11倍以上。

福州市各县市区的社区生活圈就业服务设施空间匹配协同指数在0.17~5.29之间，且“滞后型”远多于“超前型”：（1）连江县、罗源县、闽清县、永泰县、平潭县、福清市、马尾区、晋安区、长乐区，5县1市3区属于“滞后型”；马尾区与闽清县、永泰县就业服务设施占比均为最低的0.84%，但其社区生活圈占比却高于两县，匹配协同指数为福州市最低值0.17。（2）闽侯县、鼓楼区、台江区、仓山区，1县3区属于“超前型”；鼓楼区的就业服务设施占比为29.41%，为福州市排序第一位，其匹配协同指数达到福州市最高值5.29，是其他县市区的2.10~31.12倍。

莆田市各县市区的社区生活圈就业服务设施空间匹配协同指数在0.25~3.18之间，且“滞后型”多于“超前型”：（1）仙游县、涵江区和秀屿区，1县2区属于“滞后型”；涵江区与秀屿区的就业服务设施占比均为莆田市最低5.00%，涵江区社区生活圈占略高于秀屿区，其匹配协同指数为莆田市最低0.25。（2）城厢区与荔城区，2区属于“超前型”；城厢区的就业服务设施占比最高达到55.00%，其匹配协同指数也为莆田市最高3.18，是其他县市区的2.94～12.72倍。

表5－3 福建省县域层面的社区生活圈就业服务设施匹配协同指标表

设区市名称	县市区名称	就业服务设施总量	社区生活圈总量	就业服务设施占比	社区生活圈占比	匹配协同指数
泉州市	鲤城区	16	59	15.09%	4.21%	3.58
	安溪县	3	156	2.83%	11.13%	0.25
	丰泽区	31	83	29.25%	5.92%	4.94
	洛江区	7	48	6.60%	3.43%	1.93
	泉港区	4	56	3.77%	4.00%	0.94
	惠安县	0	136	0.00%	9.71%	0.00
	永春县	7	60	6.60%	4.28%	1.54
	德化县	3	44	2.83%	3.14%	0.90
	石狮市	13	119	12.26%	8.49%	1.44
	晋江市	15	379	14.15%	27.05%	0.52
	南安市	7	261	6.60%	18.63%	0.35
漳州市	芗城区	32	64	49.23%	10.19%	4.83
	龙文区	2	40	3.08%	6.37%	0.48
	云霄县	2	48	3.08%	7.64%	0.40
	漳浦县	3	89	4.62%	14.17%	0.33
	诏安县	6	28	9.23%	4.46%	2.07
	长泰县	2	41	3.08%	6.53%	0.47
	东山县	2	41	3.08%	6.53%	0.47
	南靖县	4	64	6.15%	10.19%	0.60
	平和县	4	61	6.15%	9.71%	0.63
	华安县	1	21	1.54%	3.34%	0.46
	龙海市	7	131	10.77%	20.86%	0.52
厦门市	思明区	22	91	23.66%	14.72%	1.61
	海沧区	10	88	10.75%	14.24%	0.76
	湖里区	8	54	8.60%	8.74%	0.98
	集美区	15	131	16.13%	21.20%	0.76
	同安区	9	115	9.68%	18.61%	0.52
	翔安区	29	139	31.18%	22.49%	1.39

续表

设区市名称	县市区名称	就业服务设施总量	社区生活圈总量	就业服务设施占比	社区生活圈占比	匹配协同指数
三明市	梅列区	8	36	16.33%	9.42%	1.73
	三元区	5	24	10.20%	6.28%	1.62
	明溪县	0	9	0.00%	2.36%	0.00
	清流县	0	20	0.00%	5.24%	0.00
	宁化县	2	25	4.08%	6.54%	0.62
	大田县	3	24	6.12%	6.28%	0.97
	尤溪县	2	42	4.08%	10.99%	0.37
	沙县	5	49	10.20%	12.83%	0.80
	将乐县	0	21	0.00%	5.50%	0.00
	泰宁县	1	25	2.04%	6.54%	0.31
	建宁县	3	29	6.12%	7.59%	0.81
	永安市	20	78	40.82%	20.42%	2.00
龙岩市	新罗区	29	105	61.70%	28.93%	2.13
	永定区	1	72	2.13%	19.83%	0.11
	长汀县	5	42	10.64%	11.57%	0.92
	上杭县	3	43	6.38%	11.85%	0.54
	武平县	4	40	8.51%	11.02%	0.77
	连城县	1	32	2.13%	8.82%	0.24
	漳平市	4	29	8.51%	7.99%	1.07
南平市	延平区	17	71	42.50%	19.89%	2.14
	建阳区	4	56	10.00%	15.69%	0.64
	顺昌县	3	23	7.50%	6.44%	1.16
	浦城县	3	22	7.50%	6.16%	1.22
	光泽县	2	19	5.00%	5.32%	0.94
	松溪县	3	10	7.50%	2.80%	2.68
	政和县	1	19	2.50%	5.32%	0.47
	邵武市	1	32	2.50%	8.96%	0.28
	武夷山市	1	61	2.50%	17.09%	0.15
	建瓯市	5	44	12.50%	12.32%	1.01

续表

设区市名称	县市区名称	就业服务设施总量	社区生活圈总量	就业服务设施占比	社区生活圈占比	匹配协同指数
宁德市	蕉城区	4	60	14.29%	18.69%	0.76
	霞浦县	4	40	14.29%	12.46%	1.15
	古田县	2	29	7.14%	9.03%	0.79
	屏南县	1	16	3.57%	4.98%	0.72
	寿宁县	2	16	7.14%	4.98%	1.43
	周宁县	1	12	3.57%	3.74%	0.96
	柘荣县	0	10	0.00%	3.12%	0.00
	福安市	9	65	32.14%	20.25%	1.59
	福鼎市	5	73	17.86%	22.74%	0.79
福州市	鼓楼区	35	52	29.41%	5.56%	5.29
	台江区	8	25	6.72%	2.67%	2.52
	仓山区	23	109	19.33%	11.65%	1.66
	马尾区	1	47	0.84%	5.02%	0.17
	晋安区	6	71	5.04%	7.59%	0.66
	长乐区	3	134	2.52%	14.32%	0.18
	闽侯县	23	144	19.33%	15.38%	1.26
	连江县	2	70	1.68%	7.48%	0.22
	罗源县	2	22	1.68%	2.35%	0.72
	闽清县	1	44	0.84%	4.70%	0.18
	永泰县	1	39	0.84%	4.17%	0.20
	平潭县	2	45	1.68%	4.81%	0.35
	福清市	12	134	10.08%	14.32%	0.70
莆田市	城厢区	11	57	55.00%	17.27%	3.18
	涵江区	1	66	5.00%	20.00%	0.25
	荔城区	4	61	20.00%	18.48%	1.08
	仙游县	3	88	15.00%	26.67%	0.56
	秀屿区	1	58	5.00%	17.58%	0.28

第二节 社区生活圈视角下福建省就业服务设施全局空间自相关分析

一、福建省区域层面社区生活圈就业服务设施全局空间自相关分析

运用 ArcGIS 软件的全局空间自相关方法操作可得到表 5-4，福建省区域层面 Moran's I 和 Getis-Ord General G 指数方法的 P 值结果均小于 0.01，同时 Z 值均大于 2.58，统计学意义上达到 99% 的置信度，拒绝零假设，通过显著性检验。

表 5-4 福建省区域层面的社区生活圈就业服务设施全局空间自相关指标表

区域名称	P 值	Z 值	Moran's I	P 值	Z 值	E-General G	O-General G
福建省	0.00	24.57	0.04	0.00	25.12	0.00040	0.00440
闽东北	0.00	19.37	0.06	0.00	13.64	0.00001	0.00005
闽西南	0.00	18.83	0.04	0.00	12.59	0.00001	0.00002

通过指标综合对比，可以分析出社区生活圈就业服务设施全局空间自相关特征：(1) 所有区域的 Moran's I 指数均大于 0，社区生活圈就业服务设施配置整体呈现聚集态势。(2) 所有区域的 O-General G 均大于 E-General G，说明福建省社区生活圈就业服务设施总体高值区域聚类。(3) 根据 Moran's I 指数排序，则有“闽东北 > 闽西南 = 福建省”，闽东北协同发展区的社区生活圈就业服务设施配置集聚程度高于闽西南以及福建省整体情况，其聚集效果最为明显。(4) 考察 O-General G 与 E-General G 的数值差异，福建省整体的高值聚类效果远超闽东北、闽西南两大协同发展区。

二、福建省市域层面社区生活圈就业服务设施全局空间自相关分析

运用软件操作得到表 5-5，福建省市域层面的社区生活圈就业服务设施两种指数方法结果中，存在 P 值大于 0.01 情况，未满足显著性检验，需要予以排除。通过指标综合对比，可以分析出闽西南 5 市的全局空间自相关特征：(1) 社区生活圈就业服务设施 Moran's I 指数均大于 0，均呈现空间

正相关聚类特性。(2) 指标数值在 0.04—0.18 之间，三明市相关性最弱，趋近于随机分布，龙岩市则相关性最显著。(3) 与闽西南区域社区生活圈就业服务设施 Moran's I 指数相比，也仅三明市的聚类效果未超过区域整体水平。(4) 5 市的 O-General G 指数均小于 E-General G 指数，普遍呈现低值聚类态势。

通过指标综合对比，排除未通过显著性检验的南平市和宁德市，可以分析出闽东北各市的全局空间自相关特征：(1) 社区生活圈就业服务设施 Moran's I 指数均大于 0，均呈现空间正相关聚类特性。(2) 指标数值在 0.06 ~ 0.07 之间，福州市正相关性最弱，莆田市则正相关性稍强。(3) 与闽东北区域社区生活圈就业服务设施 Moran's I 指数相比，仅有莆田市的聚类效果超过区域整体水平。(4) 闽东北 2 市的 O-General G 指数均小于 E-General G 指数，普遍呈现低值聚类态势。

表 5-5 福建省市域层面的社区生活圈就业服务设施全局空间自相关指标表

设区市名称	P 值	Z 值	Moran's I	P 值	Z 值	E-General G	O-General G
南平市	0.02	2.43	0.03	3.42	0.00	0.0001	0.0151
宁德市	0.04	2.08	0.03	4.44	0.00	0.0001	0.0372
福州市	0.00	15.96	0.06	11.41	0.00	0.0001	0.0000
莆田市	0.00	9.61	0.07	7.88	0.00	0.0002	0.0000
泉州市	0.00	13.69	0.05	12.34	0.00	0.0001	0.0000
漳州市	0.00	16.95	0.15	15.89	0.00	0.0001	0.0000
厦门市	0.00	7.27	0.05	7.95	0.00	0.0001	0.0000
三明市	0.00	4.31	0.04	6.51	0.00	0.0001	0.0000
龙岩市	0.00	13.41	0.18	12.76	0.00	0.0002	0.0000

三、福建省县域层面社区生活圈就业服务设施全局空间自相关分析

运用软件操作，可获得福建省各县市区的社区生活圈就业服务设施指数方法结果如表 5-6，并可分析县域全局空间自相关特征。泉州市：(1) Moran's I 方法有 1 县 2 市 1 区通过统计学检验，社区生活圈就业服务设施 Moran's I 指标数值在 0.14 ~ 0.77 之间，晋江市正相关性较弱，安溪县则最显著。(2) Getis-Ord General G 方法仅 1 区 2 市通过显著性检验，且整体呈现高值聚类。

漳州市：(1) Moran's I 方法有 4 县 1 区通过显著性检验，Moran's I 指标

数值在0.07～0.15之间，云霄县正相关性最弱，趋于随机分布，平和县则最显著。(2) Getis-Ord General G方法龙文区、长泰县、东山县和龙海市未通过检验，其他均整体高值聚类。

厦门市：(1) 排除未通过统计学检验的3区，其他整体呈现空间正相关聚类特性；Moran's I指标数值在0.05～0.12之间，同安区与海沧区趋近随机分布，翔安区则正相关性显著。(2) Getis-Ord General G指数结果为同安区、翔安区呈现整体高值聚类。

三明市：(1) Moran's I方法有1县1市1区通过统计学检验，Moran's I指标数值在0.03—0.18之间，永安市接近随机分布，建宁县则正相关性最显著。(2) Getis-Ord General G方法仅有宁化县、泰宁县和三元区未通过统计学检验，其他县市区的O-General G指数均大于E-General G指数，普遍呈现高值聚类。

龙岩市：(1) Moran's I方法1县1区通过显著性检验，Moran's I指标数值在0.06～0.13之间，新罗区趋近随机分布，长汀县正相关性最显著。(2) Getis-Ord General G方法有2县1区通过显著性检验，O-General G指数大于E-General G指数，其社区生活圈就业服务设施普遍呈现高值聚类态势。

南平市：(1) Moran's I方法仅有建阳区通过统计学检验，社其区生活圈就业服务设施Moran's I指标数值为0.05。(2) Getis-Ord General G方法仅有2区1市通过统计学检验，并且均呈现高值聚类。

宁德市：(1) Moran's I方法仅有福安市通过显著性检验，指标数值为0.11，具有正相关显著性。(2) Getis-Ord General G方法也仅福安市通过显著性检验，并呈现高值聚类态势。

福州市：(1) Moran's I方法有闽侯县、鼓楼区、仓山区、晋安区通过统计学检验，指标数值在0.04～0.22之间，闽侯县趋近随机分布，鼓楼区正相关性最显著。(2) Getis-Ord General G方法仅1县3区1市通过统计学检验，并且普遍为高值聚类态势。

莆田市：(1) Moran's I方法仅城厢区和仙游县通过显著性检验，社区生活圈就业服务设施的Moran's I指标数值在0.07～0.09之间，仙游县与城厢区正相关程度均较弱。(2) Getis-Ord General G方法中也仅城厢区和仙游县通过统计学检验，整体呈现高值聚类态势。

表 5-6 福建省县域层面的社区生活圈就业服务设施全局空间自相关指标表

设区市名	县市区名	P 值	Z 值	Moran's I	P 值	Z 值	E-General G	O-General G
漳州市	芗城区	0.00	4.24	0.11	0.00	6.03	0.037	0.265
	龙文区	0.73	(0.35)	(0.03)	—	—	—	—
	云霄县	0.04	2.02	0.07	0.00	5.43	0.033	1.000
	漳浦县	0.00	3.02	0.08	0.00	9.07	0.012	1.000
	诏安县	0.19	1.32	0.04	0.00	4.94	0.048	0.727
	长泰县	0.98	(0.03)	(0.03)	—	—	—	—
	东山县	0.13	(1.50)	(0.06)	—	—	—	—
	南靖县	0.00	3.09	0.12	0.00	4.60	0.019	0.400
	平和县	0.00	4.50	0.15	0.00	4.37	0.021	0.400
	龙海市	0.62	0.50	0.01	0.67	(0.43)	0.013	0.000
泉州市	鲤城区	0.03	2.24	0.18	0.04	2.05	0.053	0.136
	丰泽区	0.92	(0.10)	(0.02)	0.58	0.55	0.033	0.059
	洛江区	0.33	(0.98)	(0.06)	0.76	(0.31)	0.040	0.000
	泉港区	0.67	(0.42)	(0.03)	0.76	(0.31)	0.034	0.000
	安溪县	0.00	461.66	0.77	0.92	(0.10)	0.009	0.000
	永春县	0.12	(1.55)	(0.05)	—	—	—	—
	德化县	0.87	(0.17)	(0.03)	0.83	(0.22)	0.047	0.000
	石狮市	0.00	5.82	0.25	0.00	3.74	0.024	0.137
	晋江市	0.00	5.86	0.14	0.00	5.81	0.007	0.091
	南安市	0.30	(1.03)	(0.02)	0.76	(0.31)	0.007	0.000
厦门市	思明区	0.49	0.68	0.04	0.25	1.16	0.036	0.065
	海沧区	0.05	1.95	0.05	0.24	1.19	0.026	0.073
	湖里区	0.80	0.26	(0.00)	0.36	(0.92)	0.058	0.000
	集美区	0.29	(1.05)	(0.06)	0.55	(0.60)	0.024	0.010
	同安区	0.00	3.69	0.05	0.01	2.79	0.022	0.118
	翔安区	0.00	6.60	0.12	0.00	8.53	0.019	0.413
三明市	梅列区	0.00	3.09	0.06	0.00	4.00	0.067	0.400
	三元区	0.82	(0.23)	(0.05)	0.26	1.13	0.087	0.222
	宁化县	0.28	(1.08)	(0.10)	0.80	(0.25)	0.060	0.000
	大田县	0.69	0.39	(0.02)	0.00	4.03	0.058	1.000
	尤溪县	0.07	1.83	0.06	0.00	5.78	0.029	1.000
	沙县	0.09	1.72	0.03	0.00	3.39	0.042	0.333
	泰宁县	0.26	(1.13)	(0.09)	—	—	—	—
	建宁县	0.01	2.66	0.18	0.00	5.12	0.047	0.667
	永安市	0.05	1.97	0.03	0.00	5.06	0.022	0.327

续表

设区市名	县市区名	P 值	Z 值	Moran's I	P 值	Z 值	E-General G	O-General G
龙岩市	新罗区	0.00	4.78	0.06	0.00	6.24	0.023	0.127
	永定区	0.15	(1.45)	(0.04)	—	—	—	—
	长汀县	0.00	4.14	0.13	0.00	4.53	0.034	0.300
	上杭县	0.40	0.85	0.02	0.01	2.78	0.035	0.333
	武平县	0.41	0.83	0.01	0.15	1.45	0.036	0.200
	连城县	0.54	0.61	(0.01)	—	—	—	—
	漳平市	0.58	(0.55)	(0.07)	0.82	(0.23)	0.052	0.000
南平市	延平区	0.10	1.63	0.02	0.00	4.06	0.023	0.255
	建阳区	0.01	2.64	0.05	0.00	3.88	0.034	0.444
	顺昌县	0.28	(1.09)	(0.09)	—	—	—	—
	浦城县	0.40	(0.85)	(0.10)	0.77	(0.30)	0.082	0.000
	光泽县	0.20	(1.28)	(0.12)	0.73	(0.34)	0.105	0.000
	松溪县	0.82	(0.23)	(0.14)	0.67	(0.43)	0.156	0.000
	政和县	0.23	(1.21)	(0.13)	—	—	—	—
	邵武市	0.18	(1.36)	(0.09)	—	—	—	—
	武夷山市	0.45	(0.76)	(0.03)	—	—	—	—
	建瓯市	0.92	0.10	(0.02)	0.00	5.95	0.027	1.000
宁德市	蕉城区	0.25	1.15	0.01	0.75	(0.32)	0.034	0.000
	霞浦县	0.33	0.99	0.02	0.07	1.79	0.033	0.167
	古田县	0.16	(1.41)	(0.11)	—	—	—	—
	屏南县	0.31	(1.02)	(0.14)	—	—	—	—
	寿宁县	0.19	(1.31)	0.18	—	—	—	—
	周宁县	0.24	(1.18)	(0.21)	—	—	—	—
	福安市	0.00	3.18	0.11	0.00	3.61	0.023	0.233
	福鼎市	0.13	1.53	0.04	0.14	1.47	0.019	0.143
莆田市	城厢区	0.00	3.30	0.07	0.00	4.97	0.038	0.231
	涵江区	0.46	0.74	(0.01)	—	—	—	—
	荔城区	0.76	(0.30)	(0.02)	0.77	(0.30)	0.031	0.000
	秀屿区	0.47	0.72	0.00	—	—	—	—
	仙游县	0.00	3.70	0.09	0.00	4.02	0.019	0.333

续表

设区市名	县市区名	P 值	Z 值	Moran's I	P 值	Z 值	E-General G	O-General G
福州市	鼓楼区	0.01	2.52	0.22	0.01	2.84	0.066	0.153
	台江区	0.29	1.06	0.12	0.35	0.94	0.117	0.192
	仓山区	0.01	2.73	0.13	0.00	3.19	0.027	0.162
	马尾区	0.66	0.44	(0.01)	—	—	—	—
	晋安区	0.00	3.04	0.10	0.00	4.90	0.036	0.267
	长乐区	0.57	(0.57)	(0.02)	0.83	(0.21)	0.014	0.000
	闽侯县	0.00	3.20	0.04	0.00	5.21	0.016	0.223
	连江县	0.13	(1.52)	(0.05)	—	—	—	—
	罗源县	0.91	(0.11)	(0.05)	—	—	—	—
	闽清县	0.19	(1.32)	(0.05)	—	—	—	—
	永泰县	0.22	(1.24)	(0.07)	—	—	—	—
	平潭县	0.57	(0.57)	(0.05)	0.85	(0.19)	0.035	0.000
	福清市	0.17	0.72	0.00	0.01	2.51	0.013	0.098

第三节　社区生活圈视角下福建省就业服务设施局部空间自相关分析

一、福建省区域层面社区生活圈就业服务设施局部空间自相关分析

运用 ArcGIS 软件的 Anselin Local Moran's I 方法操作，可以得到福建省区域层面的社区生活圈就业服务设施聚类和异常值结果，排除不显著类型，其他类型分布统计情况如图 5－1 所示。

通过指标综合对比，可以分析出福建省整体与两大协同发展区的局部空间自相关特征：（1）福建省和闽东北协同发展区的 H-H 型和 L-L 型两种聚类类型均少于 H-L 型和 L-H 型两种异常类型，仅闽西南的社区生活圈就业服务设施“聚类类型 > 异常类型”。（2）福建省与两大协同发展区的 H-H 型高值聚类均少于 L-L 型低值聚类。（3）福建省与两大协同发展区的 H-L 型高值被低值围绕异常均最少。（4）L-H 型低值被高值围绕异常在福建省各个区域普遍较多，该类型社区生活圈属于低值亟待改善单元，呈现就业服

务设施配置“凹陷”。

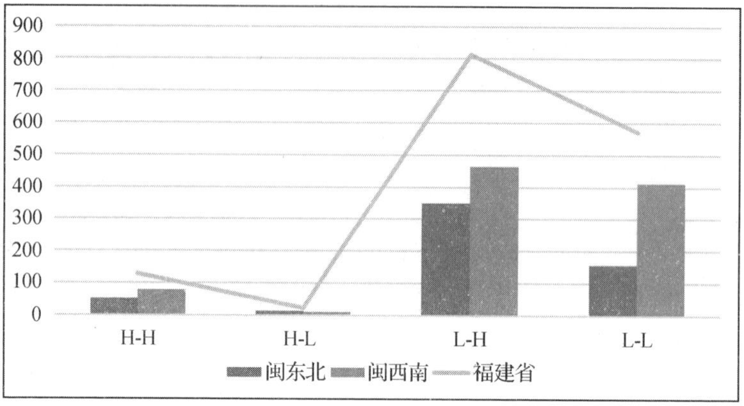

图5－1　福建省区域层面的社区生活圈就业服务设施聚类异常图

二、福建省市域层面社区生活圈就业服务设施局部空间自相关分析

运用ArcGIS软件的局部空间自相关方法操作，可以得到市域层面的社区生活圈就业服务设施聚类和异常值分析结果。排除不显著类型，闽东北4个设区市其他4类分布统计情况如图5－2所示，通过综合对比分析可知：（1）H-H型高值聚类中，福州市占比最多达到84.31%，其作为闽东北核心引领城市的社区生活圈就业服务设施服务能力强劲。（2）H-L型高值被低值围绕异常4设区市均较少，莆田市甚至仅1个，说明微观尺度就业服务设施极端高值的不均衡情况较少。（3）L-H型低值被高值围绕异常中，福州市占比高达88.32%，这种极端低值异常可能存在于周边就业服务设施普遍富集的情况下。（4）L-L型低值聚类中，福州市占比74.68%，莆田市次之为15.82%，低值聚集说明存在社区生活圈就业服务设施配置短板，应对照所在地市查缺补漏。

闽西南5个设区市4类分布统计情况如图5－3所示，通过综合对比分析可知：（1）闽西南的H-H型高值聚类中，厦门市占比最多达到25.97%，泉州市次之为23.38%，漳州市为18.18%，闽南金三角组团城市的社区生活圈就业服务设施配置水平优越。（2）H-L型高值被低值围绕异常在5个设区市均最少，其中厦门市为0个，漳州市也仅1个，泉州市占整个闽西南的63.64%，具备向周边正向辐射带动的积极作用。（3）L-H型低值被高值围绕异常中，厦门市占比最高达到33.05%，泉州市为23.54%，这种配置水平“凹陷”情况应积极填补完善。(4) L-L型低值聚类中，泉州市占比91.04%，这种自身和周边社区生活圈就业服务设施均为低值的情况，说明存在明显配置短板亟待补充。

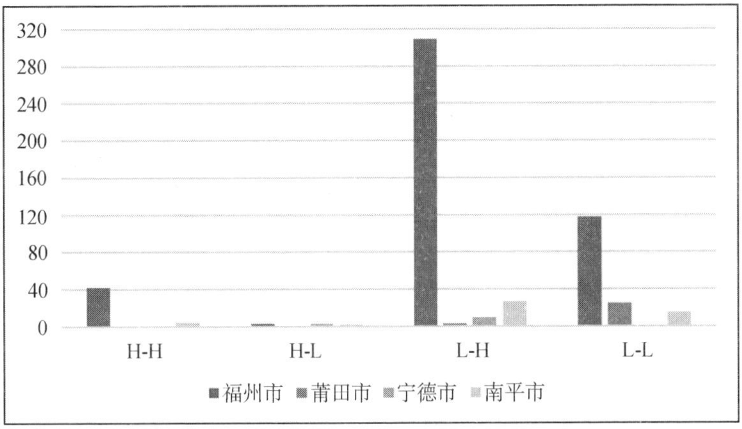

图5-2　福建省闽东北协同发展区市域层面的社区生活圈就业服务设施聚类异常图

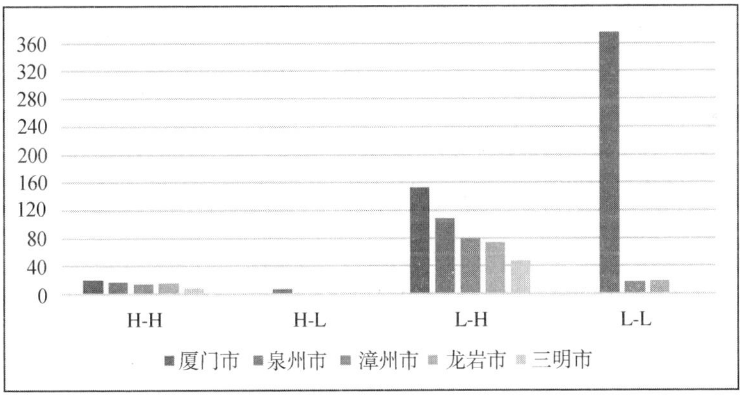

图5-3　福建省闽西南协同发展区市域层面的社区生活圈就业服务设施聚类异常图

三、福建省县域层面社区生活圈就业服务设施局部空间自相关分析

运用ArcGIS软件可以得到县域层面社区生活圈就业服务设施聚类和异

常值结果，排除不显著类型，局部空间自相关结果如表 5－7 所示。厦门市共涉及 173 个社区生活圈：（1）H-H 型共 20 个，思明区占比最高为 45.00%，翔安区次之为 30.00%；H-L 型为 0 个，不存在高值被低值围绕的异常类型；L-H 型总量最多为 153 个，翔安区占比最高为 35.29%，思明区和湖里区也均超过 20.00%；L-L 型共计 0 个，不存在低值聚类类型。（2）厦门市县域的社区生活圈就业服务设施异常情况明显，思明区和翔安区最具配置优势和提升潜力。

泉州市共涉及 510 个社区生活圈：（1）H-H 型共 18 个，鲤城区和丰泽区占比分别为 55.56% 和 44.44%；H-L 型总量为 7 个，南安市占比最高为 42.86%，安溪县次之为 28.57%；L-H 型共计 109 个，鲤城区和丰泽区占比之和超过 70.00%；L-L 型总量最多为 376 个，安溪县和晋江市占比均超过 30.00%。（2）泉州市县域的社区生活圈就业服务设施低值聚类明显，鲤城区和丰泽区最具优势和提升潜力，安溪县最需补充社区生活圈就业服务设施。

漳州市共涉及 113 个社区生活圈：（1）H-H 型共 14 个，芗城区占比高达 85.71%；H-L 型总量为 1 个，100.00% 位于华安县内部；L-H 型总量最多为 80 个，芗城区占比 50.00%；L-L 型共计 18 个，漳浦县占比超过 60.00%。（2）漳州市县域的社区生活圈就业服务设施异常情况明显，芗城区最具优势和提升潜力，漳浦县的社区生活圈就业服务设施配置水平较弱。

龙岩市共涉及 110 个社区生活圈：（1）H-H 型共 16 个，100.00% 位于新罗区内部；H-L 型总量为 2 个，永定区和连城县各占比 50.00%；L-H 型总量最多为 73 个，新罗区独占 97.26%；L-L 型共计 19 个，永定区占比超过 90.00%。（2）龙岩市县域的社区生活圈就业服务设施异常情况明显，其中新罗区最具优势和提升潜力，永定区则亟待充足配置就业服务设施。

三明市共涉及 58 区生活圈：（1）H-H 型为 9 个，永安市和梅列区占比分别为 55.56% 和 44.44%；H-L 型 1 个，100.00% 位于泰宁县；L-H 型总量最多为 48 个，永安市占比高达 60.42%；L-L 型为 0 个，不存在低值聚类情况。（2）三明市县域的社区生活圈就业服务设施异常情况明显，其中永安市最具配置优势和提升潜力，泰宁县则就业服务设施有待充足配置。

福州市共涉及 475 个社区生活圈：（1）H-H 型共 43 个，鼓楼区占比最高为 39.53%；H-L 型总量最小仅有 4 个，连江县、闽清县、永泰县和长乐区分别占比为 25.00%；L-H 型总量最多为 310 个，闽侯县与仓山区占比共计62.26%；L-L型共计118个，其中长乐区独占72.88%。（2）福州市县域的社区生活圈就业服务设施异常情况明显，闽侯县和仓山区具有配置水平提升潜力，长乐区则配置水平较弱且亟待补充。

莆田市共涉及31个社区生活圈：（1）H-H型共1个，100.00%位于城厢区内部；H-L型共1个，100.00%位于秀屿区内部；L-H型共计4个，全部位于城厢区；L-L型总量最多为25个，其中秀屿区独占76.00%。（2）莆田市县域的社区生活圈就业服务设施低值聚类明显，城厢区具有配置优势和潜力，秀屿区内部的社区生活圈就业服务设施亟待补充配置。

宁德市共涉及16个社区生活圈：（1）H-H型共2个，100.00%位于福安市内部；H-L型仅有4个古田县、屏南县、寿宁县、周宁县分别占比25.00%；L-H型总量最多为10个，福安市占比为80.00%；L-L型为0个，不存在低值聚类情况。（2）宁德市县域的社区生活圈就业服务设施异常情况明显，福安市最具社区生活圈就业服务设施配置优势和提升潜力。

南平市共涉及50个社区生活圈：（1）H-H型共5个，100.00%位于延平区内部；H-L型总量为3个，武夷山市、邵武市、顺昌县分别占比33.33%；L-H型总量最多为27个，延平区占比最高为77.78%；L-L型共计15个，其中武夷山市占比超过90.00%。（2）南平市县域的社区生活圈就业服务设施异常情况明显，延平区具有相对优势和提升潜力，武夷山市则最需补充社区生活圈就业服务设施。

表5-7 福建省县域层面的社区生活圈就业服务设施聚类异常指标表

设区市名称	县市区名称	H-H型	H-L型	L-H型	L-L型
泉州市	丰泽区	8	0	47	0
	鲤城区	10	0	30	0
	安溪县	0	2	0	122
	晋江市	0	1	12	122
	南安市	0	3	1	65
	永春县	0	1	6	2
	石狮市	0	0	3	0
	洛江区	0	0	10	8
	惠安县	0	0	0	42
	泉港区	0	0	0	15

续表

设区市名称	县市区名称	H-H 型	H-L 型	L-H 型	L-L 型
漳州市	芗城区	12	0	40	0
	诏安县	2	0	7	0
	华安县	0	1	0	0
	龙海市	0	0	14	1
	龙文区	0	0	12	0
	南靖县	0	0	6	2
	平和县	0	0	1	2
	漳浦县	0	0	0	11
	长泰县	0	0	0	2
厦门市	海沧区	1	0	8	0
	湖里区	4	0	37	0
	集美区	0	0	11	0
	思明区	9	0	41	0
	同安区	0	0	2	0
	翔安区	6	0	54	0
三明市	永安市	5	0	0	0
	梅列区	4	0	11	0
	泰宁县	0	1	0	0
	三元区	0	0	8	0
	永安市	0	0	29	0
龙岩市	新罗区	16	0	0	1
	永定区	0	1	0	18
	连城县	0	1	0	0
	新罗区	0	0	71	0
	漳平市	0	0	2	0
南平市	延平区	5	0	21	0
	武夷山市	0	1	0	14
	邵武市	0	1	0	0
	顺昌县	0	1	1	0
	松溪县	0	0	3	0
	建瓯市	0	0	2	0
	光泽县	0	0	0	1

续表

设区市名称	县市区名称	H-H 型	H-L 型	L-H 型	L-L 型
宁德市	福安市	2	0	8	0
	古田县	0	1	0	0
	屏南县	0	1	0	0
	寿宁县	0	1	0	0
	周宁县	0	1	0	0
	福鼎市	0	0	2	0
福州市	仓山区	8	0	82	0
	鼓楼区	17	0	35	0
	晋安区	6	0	61	0
	闽侯县	6	0	111	0
	台江区	6	0	19	0
	连江县	0	1	0	7
	闽清县	0	1	0	0
	永泰县	0	1	0	0
	长乐区	0	1	0	86
	永泰县	0	0	1	0
	福清市	0	0	1	19
	马尾区	0	0	0	6
莆田市	城厢区	1	0	4	0
	秀屿区	0	1	0	19
	仙游县	0	0	0	6

第四节　社区生活圈视角下福建省就业服务设施变异系数测算分析

一、福建省社区生活圈就业服务设施变异系数指标分析

运用 ArcGIS 软件操作可以得到福建省整体、两大协同发展区与 9 个设区市的社区生活圈就业服务设施标准差与平均值，并可基于变异系数测算公式最终得出表 5 -8。其中，福建省整体的社区生活圈就业服务设施变异系

数为5.45，闽东北协同发展区的变异系数为5.18，闽西南协同发展区的变异系数为5.59。按变异系数由大到小排序则有“闽西南 > 福建省 > 闽东北”，说明闽东北协同发展区内部的社区生活圈就业服务设施配置差异最小，闽西南的配置差异则高于福建省整体。市域层面按变异系数由大到小排序可知：泉州市（6.68）> 三明市（6.16）> 漳州市（5.48）> 南平市（5.12）= 福州市（5.12）> 莆田市（4.70）> 厦门市（4.68）> 宁德市（4.50）> 龙岩市（3.78），龙岩市内部的社区生活圈就业服务设施配置差异最小，泉州市则配置差异最大。

表5-8　福建省社区生活圈就业服务设施变异系数指标表

地区名称	标准差	平均值	变异系数
福建省	0.58	0.11	5.45
闽东北	0.55	0.11	5.18
闽西南	0.59	0.11	5.59
福州市	0.65	0.13	5.12
莆田市	0.28	0.06	4.70
宁德市	0.39	0.09	4.50
南平市	0.57	0.11	5.12
厦门市	0.70	0.15	4.68
漳州市	0.57	0.10	5.48
泉州市	0.51	0.08	6.68
三明市	0.79	0.13	6.16
龙岩市	0.49	0.13	3.78

二、福建省社区生活圈就业服务设施均等配置程度分析

由测算公式可知，变异系数指标值越小则说明社区生活圈就业服务设施均等化配置程度越高。福建省闽东北的社区生活圈就业服务设施均等化配置程度高于闽西南，且高于福建省整体层面的均等化配置情况。考察图5-4可知，市域层面社区生活圈就业服务设施的均等化配置程度由低到高排序为泉州市 < 三明市 < 漳州市 < 南平市 = 福州市 < 莆田市 < 厦门市 < 宁德市 < 龙岩市。

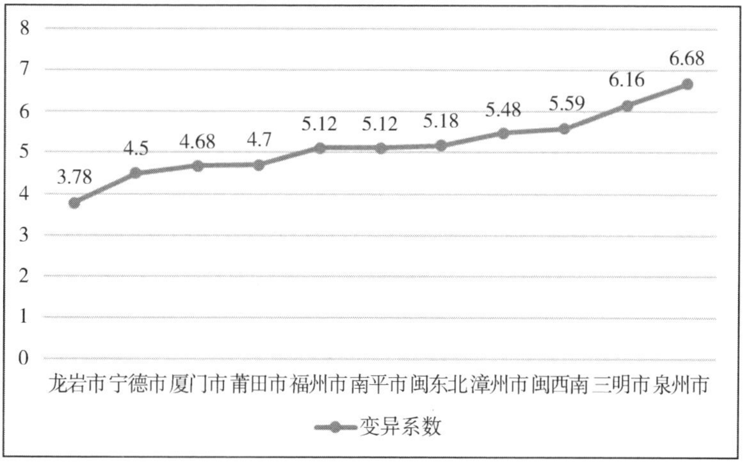

图 5－4　福建省社区生活圈就业服务设施变异系数排序图

考察福建省各设区市的社区生活圈就业服务设施均等化配置程度空间分布情况，可通过 ArcGIS 软件操作，采用自然断裂法 Natural Breaks（Jenks）依据变异系数指标值进一步划出高、中、低 3 个等级。其中，社区生活圈就业服务设施均等化配置的“高等级市”仅有 1 个，即龙岩市，位于福建省西南部山区，变异系数为 3.78；社区生活圈就业服务设施均等化配置的“中等级市”包括宁德市、厦门市、莆田市、福州市、南平市、漳州市，除南平市位于西北部山区，其他 5 市分别位于福建省的东南部沿海，平均变异系数为 4.93；社区生活圈就业服务设施均等化配置的“低等级市”包括三明市和泉州市，2 市分别位于福建省中部的山区与沿海，平均变异系数为 6.42。

第六章　社区生活圈视角下福建省医疗服务设施均等化配置分析

福建省对基本公共服务中的“病有所医”工作十分重视。经过 70 年的不懈发展，福建省医疗资源总量大幅增长，建立和完善覆盖城乡居民的医疗卫生服务体系。党的十八大以来，省委省政府相继出台《福建省深化医药卫生体制改革综合试点方案》《关于加快推进社会办医的若干意见》等一系列政策措施。2021 年习近平总书记在福建考察时强调：“现代化最重要的指标还是人民健康，这是人民幸福生活的基础”。2021 年 9 月 3 日，福建省人民政府办公厅印发了《福建省“十四五”卫生健康发展专项规划》，明确提出全省“十四五”时期卫生健康事业发展的指导思想、发展目标、主要任务和政策措施，围绕健康水平、资源配置、健康服务、健康管理、发展保障等五大发展目标，谋划部署今后 5 年卫生健康发展 10 项主要任务、16 项重点工程。① 医疗服务设施是指由定点医疗机构提供的，在诊断、治疗和护理过程中必需的服务设施，其作为公共服务设施的一个重要的组成部分，影响着居民日常生活质量。专项规划中有关医疗服务设施的配置提出“加快补齐县域医疗短板，完善周边区域医疗服务设施配套”等举措、要求。

本章将使用空间匹配协同分析、全局空间自相关分析、局部空间自相关分析与变异系数测算分析 4 种方法，进行社区生活圈视角下的福建省医疗服务设施均等化配置分析。

---

① 《福建省“十四五”深化医药卫生体制改革专项规划》政策解读［EB/OL］. 2022 - 03 - 30. http：//www. fujian. gov. cn/zwgk/ghjh/ghjhzj/202203/t20220330_ 5869843. html

第一节 社区生活圈视角下福建省医疗服务设施空间匹配协同分析

一、福建省区域层面社区生活圈医疗服务设施空间匹配协同分析

基于匹配协同指数公式测算可得到表 6 -1，福建省闽西南协同发展区的医疗服务设施与社区生活圈占比均超过福建省整体的 60% 以上，且闽西南的匹配协同指数大于 1，其医疗服务设施配置对社区生活圈具有更好的承托与服务能力。反之，福建省闽东北协同发展区的匹配协同指数小于 1，可能存在社区生活圈医疗服务设施配置不足情况。由此可知，福建省闽西南协同发展区的医疗服务设施空间匹配协同程度相对略高于闽东北区域。

表 6 -1　福建省区域层面的社区生活圈医疗服务设施匹配协同指标表

区域名称	医疗服务设施总量	社区生活圈总量	医疗服务设施占比	社区生活圈占比	匹配协同指数
福建省	6293	5336	100. 00%	100. 00%	1. 00
闽西南	4021	3392	63. 90%	63. 57%	1. 01
闽东北	2272	1944	36. 10%	36. 43%	0. 99

二、福建省市域层面社区生活圈医疗服务设施空间匹配协同分析

根据公式测算得到表 6 -2，福建省闽西南协同发展区内部可以划分出两种空间匹配协同类型，并可找出相应城市加以分析：(1) 属于“滞后型”的城市有 3 个，泉州市、三明市和龙岩市；泉州市指数最趋向于 1，虽然医疗服务设施占比第 1 位到达 39. 42%，但社区生活圈占比也高达 41. 3%，医疗服务设施配置仍相对滞后于社区生活圈；三明市与龙岩市逐项次之，匹配协同指数均低于 1. 00。(2) 属于“超前型”的城市有 2 个，厦门市与漳州市；厦门市以其占比 24. 72% 的医疗服务设施满足其占比 18. 22% 的社区生活圈，达到闽西南匹配协同指数最高值 1. 36。

福建省闽东北协同发展区内部可以划分出两种空间匹配协同类型，并可

找出相应城市加以分析：（1）属于“滞后型”的城市有 3 个，为莆田市、宁德市和南平市；此三市的医疗服务设施占比均不超过 13%，但社区生活圈占比均高于 16%，医疗服务设施配置相对滞后于社区生活圈，匹配协同指数均低于 1.00。（2）属于“超前型”的城市有 1 个，福州市的医疗服务设施与社区生活圈占比分别达到闽东北协同发展区总量的 64.79% 和 48.15%，远超其他 3 个城市，超前匹配态势表征强烈，其匹配协同指数达到闽东北最高值 1.35，是其他城市的 1.85 ~2.11 倍之间。

表 6 –2　福建省市域层面的社区生活圈医疗服务设施匹配协同指标表

协同发展区名称	设区市名称	医疗服务设施总量	社区生活圈总量	医疗服务设施占比	社区生活圈占比	匹配协同指数
闽西南	泉州市	1585	1401	39.42%	41.30%	0.95
	漳州市	794	628	19.75%	18.51%	1.07
	厦门市	994	618	24.72%	18.22%	1.36
	三明市	352	382	8.75%	11.26%	0.78
	龙岩市	296	363	7.36%	10.70%	0.69
闽东北	宁德市	274	321	12.06%	16.51%	0.73
	南平市	267	357	11.75%	18.36%	0.64
	莆田市	259	330	11.40%	16.98%	0.67
	福州市	1472	936	64.79%	48.15%	1.35

三、福建省县域层面社区生活圈医疗服务设施空间匹配协同分析

根据公式测算得到表 6 –3，福建省城市内部可以划分出不同的社区生活圈医疗服务设施空间匹配协同类型，并可找出相应县市区加以分析。泉州市各县市区的社区生活圈医疗服务设施空间匹配协同指数在 0.46 ~3.01 之间，且“滞后型”多于“超前型”：（1）安溪县、永春县、德化县、南安市、洛江区、泉港区，3 县 1 市 2 区属于“滞后型”；南安市医疗服务设施和社区生活圈占比均为滞后型中排序第 1 位，其匹配协同指数也为滞后型中最高值 0.60。（2）惠安县、石狮市、晋江市、鲤城区、丰泽区，1 县 2 市 2 区属于“超前型”；鲤城区以其占比 12.68% 的医疗服务设施匹配占比 4.21% 的社区生活圈，具有突出显著的超前优势。

漳州市各县市区的社区生活圈医疗服务设施空间匹配协同指数在0.30～3.09之间，且“滞后型”多于“超前型”：（1）云霄县、漳浦县、长泰县、诏安县、东山县、南靖县、平和县、华安县、龙海市，8县1市属于“滞后型”；华安县医疗服务设施占比最低仅为1.01%，社区生活圈占比同样最低3.34%，其匹配协同指数也为漳州市最低0.30。（2）芗城区、龙文区，2区属于“超前型”；芗城区医疗服务设施占比最高31.49%，其社区生活圈占比仅是漳州市第3位的10.19%，最终匹配协同指数为漳州市最高值3.09，是其他县市区的1.78～10.30倍。

厦门市各县市区的社区生活圈医疗服务设施空间匹配协同指数在0.30～2.89之间，且“滞后型”多于“超前型”：（1）海沧区、集美区、同安区、翔安区，岛外4区属于“滞后型”；翔安区医疗服务设施占比最低仅为6.64%，同时社区生活圈占比则最高达到22.49%，其匹配协同指数为厦门市最低0.30；集美区的匹配协同指数达到所有滞后型中最高的0.65。（2）思明区与湖里区，2区属于“超前型”，且匹配协同指数均超过2.00；思明区医疗服务设施占比最高42.56%，远高于其他各区，其匹配协同指数为2.89，是其他县市区的1.41～9.63倍。

三明市各县市区的社区生活圈医疗服务设施空间匹配协同指数在0.38～2.05之间，且“滞后型”多于“超前型”：（1）明溪县、清流县、宁化县、沙县、泰宁县、建宁县、永安市，6县1市属于“滞后型”；清流县医疗服务设施占比最低仅为1.99%，社区生活圈占比则达到5.24%，其匹配协同指数为三明市最低0.38。（2）大田县、将乐县、尤溪县、梅列区、三元区，3县2区属于“超前型”；梅列区医疗服务设施占比19.32%，为三明市排序第1位，其社区生活圈也仅9.42%，最终匹配协同指数为三明市最高值2.05，是其他县市区的1.23～5.39倍。

龙岩市各县市区的社区生活圈医疗服务设施空间匹配协同指数在0.51～1.31之间，“超前型”多于“滞后型”：（1）连城县、漳平市、永定区，1县1市1区属于“滞后型”；永定区医疗服务设施与社区生活圈占比分别10.14%和19.83%，是滞后型排序第1位，其匹配协同指数为龙岩市最低值0.51。（2）长汀县、武平县、上杭县和新罗区，3县1区属于“超前型”；新罗区医疗服务设施与社区生活圈的占比分别35.81%和28.93%，均排名第一位，其匹配协同指数为1.24，不及上杭县与长汀县的最高值1.31，最高值两县是其他县市区的 1.01 ~2.57 倍。

南平市各县市区的社区生活圈医疗服务设施空间匹配协同指数在 0.28 ~ 1.74 之间，“超前型” 多于 “滞后型”：（1）光泽县、武夷山市、延平区、建阳区，1 县 1 市 2 区属于 “滞后型”；光泽县医疗服务设施占比最低仅为 1.50%，但社区生活圈占比却高于松溪县，其匹配协同指数为南平市最低 0.28；武夷山市的匹配协同指数达到滞后型最高值 0.96。（2）顺昌县、浦城县、松溪县、政和县、建瓯市、邵武市，4 县 2 市属于 “超前型”；松溪县以其占比 4.87% 的医疗服务设施供给占比 2.80% 的社区生活圈，匹配协同指数达到南平市最高值 1.74，是其他县市区的 1.24 ~6.21 倍。

宁德市各县市区的社区生活圈医疗服务设施空间匹配协同指数在 0.78 ~ 1.52 之间，且 “滞后型” 多于 “超前型”：（1）屏南县、寿宁县、周宁县、福安市、福鼎市，3 县 2 市属于 “滞后型”；周宁县医疗服务设施占比最低仅为 2.92%，其匹配协同指数也为宁德市最低的 0.78；屏南县和寿宁县并列到达滞后型中匹配协同指数的最高值 0.95。（2）古田县、霞浦县、柘荣县、蕉城区，3 县 1 区属于 “超前型”；柘荣县以其占比 4.74% 的医疗服务设施满足占比 3.12% 的社区生活圈，达到宁德市匹配协同指数的最高值 1.52，是其他县市区的 1.35 ~1.95 倍。

福州市各县市区的社区生活圈医疗服务设施空间匹配协同指数在 0.16 ~ 4.99 之间，“滞后型” 远多于 “超前型”：（1）闽侯县、连江县、罗源县、闽清县、永泰县、平潭县、福清市、马尾区、长乐区，6 县 1 市 2 区属于 “滞后型”；闽清县医疗服务设施占比最低仅为 0.75%，但社区生活圈占比 4.70%，其匹配协同指数为福州市最低 0.16。（2）鼓楼区、台江区、仓山区、晋安区，4 区属于 “超前型”；鼓楼区的医疗服务设施占比最高为 27.72%，社区生活圈占比仅 5.56%，其匹配协同指数达到福州市最高值 4.99，是其他县市区的 1.21 ~31.19 倍。

莆田市各县市区的社区生活圈医疗服务设施空间匹配协同指数在 0.26 ~ 2.32 之间，且 “滞后型” 多于 “超前型”：（1）仙游县、涵江区、秀屿区，1 县 2 区属于 “滞后型”；秀屿区的医疗服务设施占比为莆田市最低的 4.63%，但社区生活圈占比却高于城厢区，其匹配协同指数同时为莆田市最低 0.26；仙游县与涵江区的匹配协同指数均大于 0.70。（2）城厢区和荔城区，2 区属于 “超前型”；城厢区的医疗服务设施占比最高为 40.15%，远高于莆市其他县市区，达到匹配协同指数最高值2.32，是其他县市区的2.09～8.92倍。

表6－3 福建省县域层面的社区生活圈医疗服务设施匹配协同指标表

设区市名称	县市区名称	医疗服务设施总量	社区生活圈总量	医疗服务设施占比	社区生活圈占比	匹配协同指数
泉州市	安溪县	96	156	6.06%	11.13%	0.54
	德化县	24	44	1.51%	3.14%	0.48
	丰泽区	179	83	11.29%	5.92%	1.91
	惠安县	156	136	9.84%	9.71%	1.01
	晋江市	515	379	32.49%	27.05%	1.20
	鲤城区	201	59	12.68%	4.21%	3.01
	洛江区	28	48	1.77%	3.43%	0.52
	南安市	178	261	11.23%	18.63%	0.60
	泉港区	29	56	1.83%	4.00%	0.46
	石狮市	147	119	9.27%	8.49%	1.09
	永春县	32	60	2.02%	4.28%	0.47
漳州市	东山县	30	41	3.78%	6.53%	0.58
	华安县	8	21	1.01%	3.34%	0.30
	龙海市	125	131	15.74%	20.86%	0.75
	龙文区	88	40	11.08%	6.37%	1.74
	南靖县	50	64	6.30%	10.19%	0.62
	平和县	36	61	4.53%	9.71%	0.47
	芗城区	250	64	31.49%	10.19%	3.09
	云霄县	35	48	4.41%	7.64%	0.58
	漳浦县	93	89	11.71%	14.17%	0.83
	长泰县	51	41	6.42%	6.53%	0.98
	诏安县	28	28	3.53%	4.46%	0.79
厦门市	海沧区	79	88	7.95%	14.24%	0.56
	湖里区	178	54	17.91%	8.74%	2.05
	集美区	138	131	13.88%	21.20%	0.65
	思明区	423	91	42.56%	14.72%	2.89
	同安区	110	115	11.07%	18.61%	0.59
	翔安区	66	139	6.64%	22.49%	0.30

续表

设区市名称	县市区名称	医疗服务设施总量	社区生活圈总量	医疗服务设施占比	社区生活圈占比	匹配协同指数
三明市	大田县	37	24	10.51%	6.28%	1.67
	建宁县	13	29	3.69%	7.59%	0.49
	将乐县	20	21	5.68%	5.50%	1.03
	梅列区	68	36	19.32%	9.42%	2.05
	明溪县	8	9	2.27%	2.36%	0.96
	宁化县	20	25	5.68%	6.54%	0.87
	清流县	7	20	1.99%	5.24%	0.38
	三元区	33	24	9.38%	6.28%	1.49
	沙县	35	49	9.94%	12.83%	0.78
	泰宁县	12	25	3.41%	6.54%	0.52
	永安市	58	78	16.48%	20.42%	0.81
	尤溪县	41	42	11.65%	10.99%	1.06
龙岩市	连城县	20	32	6.76%	8.82%	0.77
	上杭县	46	43	15.54%	11.85%	1.31
	武平县	34	40	11.49%	11.02%	1.04
	新罗区	106	105	35.81%	28.93%	1.24
	永定区	30	72	10.14%	19.83%	0.51
	漳平市	15	29	5.07%	7.99%	0.63
	长汀县	45	42	15.20%	11.57%	1.31
南平市	光泽县	4	19	1.50%	5.32%	0.28
	建瓯市	40	44	14.98%	12.32%	1.22
	建阳区	28	56	10.49%	15.69%	0.67
	浦城县	23	22	8.61%	6.16%	1.40
	邵武市	32	32	11.99%	8.96%	1.34
	顺昌县	20	23	7.49%	6.44%	1.16
	松溪县	13	10	4.87%	2.80%	1.74
	武夷山市	44	61	16.48%	17.09%	0.96
	延平区	44	71	16.48%	19.89%	0.83
	政和县	19	19	7.12%	5.32%	1.34

续表

设区市名称	县市区名称	医疗服务设施总量	社区生活圈总量	医疗服务设施占比	社区生活圈占比	匹配协同指数
宁德市	福安市	49	65	17.88%	20.25%	0.88
	福鼎市	57	73	20.80%	22.74%	0.91
	古田县	28	29	10.22%	9.03%	1.13
	蕉城区	56	60	20.44%	18.69%	1.09
	屏南县	13	16	4.74%	4.98%	0.95
	寿宁县	13	16	4.74%	4.98%	0.95
	霞浦县	37	40	13.50%	12.46%	1.08
	柘荣县	13	10	4.74%	3.12%	1.52
	周宁县	8	12	2.92%	3.74%	0.78
福州市	仓山区	272	109	18.48%	11.65%	1.59
	福清市	103	134	7.00%	14.32%	0.49
	鼓楼区	408	52	27.72%	5.56%	4.99
	晋安区	131	71	8.90%	7.59%	1.17
	连江县	81	70	5.50%	7.48%	0.74
	罗源县	24	22	1.63%	2.35%	0.69
	马尾区	37	47	2.51%	5.02%	0.50
	闽侯县	98	144	6.66%	15.38%	0.43
	闽清县	11	44	0.75%	4.70%	0.16
	平潭县	40	45	2.72%	4.81%	0.57
	台江区	175	25	11.89%	2.67%	4.45
	永泰县	18	39	1.22%	4.17%	0.29
	长乐区	74	134	5.03%	14.32%	0.35
莆田市	城厢区	104	57	40.15%	17.27%	2.32
	涵江区	41	66	15.83%	20.00%	0.79
	荔城区	53	61	20.46%	18.48%	1.11
	仙游县	49	88	18.92%	26.67%	0.71
	秀屿区	12	58	4.63%	17.58%	0.26

第二节 社区生活圈视角下福建省医疗服务设施全局空间自相关分析

一、福建省区域层面社区生活圈医疗服务设施全局空间自相关分析

运用 ArcGIS 软件的全局空间自相关方法操作可得到表 6－4，福建省区域层面的社区生活圈医疗服务设施 Moran's I 和 Getis-Ord General G 指数方法的 P 值结果均小于 0.01，同时 Z 值均大于 2.58，统计学意义上达到 99% 的置信度，拒绝零假设，通过显著性检验。

表 6－4 福建省区域层面的社区生活圈医疗服务设施全局空间自相关指标表

区域名称	P 值	Z 值	Moran's I	P 值	Z 值	E-General G	O-General G
福建省	0.00	137.26	0.23	0.00	72.62	0.000	0.003
闽东北	0.00	122.38	0.40	0.00	49.92	0.002	0.017
闽西南	0.00	85.64	0.19	0.00	53.09	0.001	0.004

通过指标综合对比，可以分析出社区生活圈医疗服务设施全局空间自相关特征：(1) 所有区域的 Moran's I 指数均大于 0，社区生活圈医疗服务设施配置整体呈现聚集态势。(2) 所有区域的 O-General G 均大于 E-General G，说明福建省社区生活圈医疗服务设施总体高值区域聚类。(3) 根据 Moran's I 指数排序，则有“闽东北 > 福建省 > 闽西南”，闽东北协同发展区的社区生活圈医疗服务设施配置集聚程度高于福建省整体情况，且闽东北高于闽西南的聚集效果。(4) 考察 O-General G 与 E-General G 的数值差异，福建省整体的高值聚类效果与闽西南协同发展区相一致，但两者均弱于闽东北。

二、福建省市域层面社区生活圈医疗服务设施全局空间自相关分析

运用软件操作得到表 6－5，福建省市域层面的社区生活圈医疗服务设施两种指数方法结果均符合 99% 置信度，满足显著性检验。通过指标综合对比，可以分析出闽西南 5 市的全局空间自相关特征：(1) 社区生活圈医疗服务设施 Moran's I 指数均大于 0，均呈现空间正相关聚类特性。(2) 指

标数值在 0.18 ~0.41 之间，三明市正相关性最弱，漳州市则相关性最显著。(3) 与闽西南区域 Moran's I 指数相比，仅三明市的聚类效果未能超过区域整体水平。(4) 5 市的 O-General G 指数均大于 E-General G 指数，普遍呈现高值聚类态势，龙岩市的高值聚类最明显。

通过指标综合对比，可以分析出闽东北 4 市的全局空间自相关特征：(1) 社区生活圈医疗服务设施 Moran's I 指数均大于 0，均呈现空间正相关聚类特性。(2) 指标数值在 0.11 ~0.32 之间，南平市正相关性最弱，福州市则正相关性最显著。(3) 与闽东北区域 Moran's I 指数相比，各个市域的聚类效果均未超过区域整体水平。(4) 4 市的 O-General G 指数均大于 E-General G 指数，普遍呈现高值聚类态势，莆田市的高值聚类最明显。

表 6 -5 福建省市域层面的社区生活圈医疗服务设施全局空间自相关指标表

设区市名称	P 值	Z 值	Moran's I	P 值	Z 值	E-General G	O-General G
南平市	0.00	7.31	0.11	0.00	13.83	0.005	0.035
宁德市	0.00	7.48	0.14	0.00	14.32	0.005	0.037
福州市	0.00	87.64	0.32	0.00	35.56	0.001	0.020
莆田市	0.00	20.86	0.16	0.00	18.02	0.006	0.054
泉州市	0.00	57.12	0.21	0.00	32.52	0.002	0.010
漳州市	0.00	41.39	0.41	0.00	28.71	0.003	0.025
厦门市	0.00	41.91	0.35	0.00	20.40	0.005	0.021
三明市	0.00	11.32	0.18	0.00	16.23	0.004	0.032
龙岩市	0.00	16.36	0.22	0.00	19.46	0.004	0.038

三、福建省县域层面社区生活圈医疗服务设施全局空间自相关分析

运用软件操作，可获得福建省各县市区的社区生活圈医疗服务设施指数方法结果如表 6 -6，并可分析县域全局空间自相关特征。泉州市：(1) 排除未通过显著性检验的洛江区，整体社区生活圈医疗服务设施 Moran's I 指数均大于 0，呈现空间正相关聚类特性。(2) 指标数值在 0.08 ~0.57 之间，永春县正相关性水平最低，鲤城区则正相关性最显著。(3) O-General G 均大于 E-General G，普遍呈现高值聚类态势，德化县高值聚类最显著。

漳州市：（1）排除未通过显著性检验的东山县与龙文区，Moran's I 指数均大于 0，呈现空间正相关聚类特性。（2）指标数值在 0.18 ~ 0.60 之间，长泰县正相关性最弱，漳浦县则最显著。（3）普遍呈现高值聚类态势，华安县最显著。

厦门市：（1）各区均通过显著性检验，Moran's I 指数均大于 0，呈现空间正相关聚类特性。（2）指标数值在 0.19 ~ 0.43 之间，湖里区正相关性较弱，思明区则最显著。（3）除海沧区为低值聚类态势之外，各区普遍呈现高值聚类态势。

三明市：（1）排除 P 值大于 0.01 后，共有 3 县 1 市 2 区通过显著性检验，Moran's I 指数均大于 0，呈现空间正相关聚类特性。（2）指标数值在 0.06 ~ 0.24 之间，三元区正相关性最弱，接近随机分布，尤溪县正相关性最显著。（3）普遍呈现高值聚类态势，泰宁县最显著。

龙岩市：（1）各县市区均通过显著性检验，Moran's I 指数均大于 0，呈现空间正相关聚类特性。（2）指标数值在 0.10 ~ 0.33 之间，连城县正相关性最弱，上杭县正相关性最显著。（3）普遍呈现高值聚类态势，武平县最为显著。

南平市：（1）排除 P 值大于 0.01，未通过显著性检验的 5 县，社区生活圈医疗服务设施 Moran's I 指数均大于 0，呈现空间正相关聚类特性。（2）指标数值在 0.08 ~ 0.18 之间，邵武市正相关性最弱，接近随机分布，延平区正相关性最显著。（3）O-General G 均大于 E-General G，普遍呈现高值聚类态势。

宁德市：（1）排除未通过显著性检验的 4 县，Moran's I 指数均大于 0，呈现空间正相关聚类特性。（2）指标数值在 0.09 ~ 0.35 之间，霞浦县正相关性最弱，福鼎市最显著。（3）普遍呈现高值聚类态势。

福州市。（1）排除未通过统计学检验的闽清县和马尾区，Moran's I 指数均大于 0，呈现空间正相关聚类特性。（2）指标数值在 0.03 ~ 0.60 之间，闽侯县正相关性最弱，接近随机分布，鼓楼区与台江区并列为正相关性最显著。（3）普遍呈现高值聚类态势，平潭县最为显著。

莆田市：（1）通过显著性检验的仅有仙游县和城厢区，Moran's I 指数均大于 0，呈现空间正相关聚类特性。（2）指标数值在 0.21 ~ 0.25 之间，仙游县正相关性最弱，涵江区则相对显著。（3）县域层面普遍呈现高值聚类态势。

表 6－6　福建省县域层面的社区生活圈医疗服务设施全局空间自相关指标表

设区市名	县市区名	P 值	Z 值	Moran's I	Z 值	E-General G	O-General G
漳州市	华安县	0.00	3.17	0.24	4.86	0.038	0.600
	平和县	0.00	7.50	0.29	10.21	0.021	0.503
	云霄县	0.00	6.60	0.29	8.93	0.033	0.444
	东山县	0.48	0.71	0.02	3.47	0.055	0.185
	南靖县	0.00	7.29	0.37	9.71	0.019	0.235
	龙海市	0.00	6.27	0.19	7.54	0.013	0.087
	诏安县	0.00	5.59	0.28	6.61	0.048	0.389
	漳浦县	0.00	14.48	0.60	14.82	0.012	0.186
	长泰县	0.00	4.07	0.18	4.42	0.038	0.236
	龙文区	0.07	1.84	0.08	1.71	0.064	0.104
	芗城区	0.00	11.47	0.35	8.39	0.037	0.135
泉州市	泉港区	0.00	5.12	0.16	4.89	0.034	0.158
	永春县	0.00	3.17	0.08	4.88	0.026	0.172
	德化县	0.00	4.80	0.09	6.62	0.047	0.358
	洛江区	0.64	(0.47)	(0.04)	0.77	0.040	0.060
	安溪县	0.00	13.60	0.27	13.73	0.009	0.127
	南安市	0.00	6.07	0.10	9.08	0.007	0.048
	惠安县	0.00	9.17	0.40	8.20	0.013	0.063
	石狮市	0.00	10.06	0.45	8.70	0.024	0.089
	晋江市	0.00	17.75	0.48	13.97	0.007	0.024
	丰泽区	0.00	9.59	0.49	7.44	0.033	0.130
	鲤城区	0.00	5.86	0.57	5.70	0.053	0.120
厦门市	翔安区	0.00	10.27	0.23	8.32	0.019	0.097
	海沧区	0.00	6.81	0.22	6.96	0.115	0.026
	同安区	0.00	12.23	0.21	9.93	0.022	0.104
	集美区	0.00	5.52	0.23	6.14	0.024	0.076
	湖里区	0.00	2.88	0.19	2.29	0.058	0.077
	思明区	0.00	5.70	0.43	6.51	0.036	0.077

续表

设区市名	县市区名	P值	Z值	Moran's I	Z值	E-General G	O-General G
三明市	清流县	0.67	0.42	(0.01)	2.83	0.053	0.353
	建宁县	0.32	0.99	0.02	4.97	0.047	0.605
	泰宁县	0.17	1.38	0.02	5.53	0.053	0.854
	沙县	0.00	6.79	0.18	8.15	0.042	0.287
	永安市	0.00	7.62	0.21	9.68	0.022	0.256
	宁化县	0.29	1.06	0.02	5.17	0.060	0.523
	明溪县	0.56	0.59	(0.06)	2.91	0.139	0.842
	将乐县	0.20	1.28	0.06	3.50	0.057	0.399
	尤溪县	0.00	5.29	0.24	6.28	0.029	0.248
	三元区	0.01	2.78	0.06	4.73	0.087	0.401
	大田县	0.00	3.30	0.17	3.57	0.058	0.264
	梅列区	0.00	5.17	0.11	5.79	0.067	0.343
龙岩市	永定区	0.00	3.69	0.16	6.84	0.015	0.132
	漳平市	0.00	4.71	0.25	5.84	0.052	0.402
	连城县	0.01	2.58	0.10	5.36	0.040	0.254
	武平县	0.00	5.15	0.21	8.01	0.036	0.475
	新罗区	0.00	0.18	0.18	11.06	0.023	0.136
	上杭县	0.00	6.62	0.33	7.65	0.035	0.273
	长汀县	0.00	4.00	0.12	7.05	0.034	0.352
南平市	光泽县	0.33	(0.97)	(0.10)	1.25	0.000	0.001
	建瓯市	0.00	5.08	0.14	5.44	0.000	0.001
	建阳区	0.00	4.79	0.10	4.49	0.000	0.001
	浦城县	0.03	2.24	0.08	3.68	0.000	0.001
	邵武市	0.01	2.66	0.08	5.17	0.000	0.001
	顺昌县	0.12	1.54	0.04	3.30	0.000	0.001
	松溪县	0.75	(0.32)	(0.14)	1.78	0.000	0.001
	武夷山市	0.00	7.35	0.13	6.65	0.000	0.001
	延平区	0.00	9.22	0.18	7.81	0.000	0.001
	政和县	0.59	0.54	(0.02)	4.28	0.000	0.001

续表

设区市名	县市区名	P 值	Z 值	Moran's I	Z 值	E-General G	O-General G
宁德市	周宁县	(0.09)	(0.09)	(0.08)	3.72	0.106	0.882
	福安市	0.00	5.55	0.21	8.57	0.023	0.202
	福鼎市	0.00	8.83	0.35	10.77	0.019	0.260
	屏南县	0.61	0.51	(0.03)	2.57	0.108	0.429
	寿宁县	0.39	(0.86)	(0.14)	1.05	0.108	0.278
	霞浦县	0.01	2.59	0.09	4.36	0.033	0.269
	蕉城区	0.00	5.73	0.12	7.13	0.035	0.294
	古田县	0.00	5.62	0.34	6.99	0.044	0.476
	柘荣县	0.54	(0.61)	(0.18)	2.80	0.156	0.732
莆田市	秀屿区	0.46	(0.73)	(0.05)	2.21	0.019	0.121
	仙游县	0.00	7.29	0.21	8.06	0.019	0.155
	涵江区	0.18	1.36	0.00	3.54	0.039	0.131
	荔城区	0.14	1.47	0.03	3.72	0.031	0.117
	城厢区	0.00	9.82	0.25	8.70	0.038	0.235
福州市	闽清县	0.63	(0.48)	(0.04)	1.14	0.129	0.221
	永泰县	0.01	2.48	0.11	3.70	0.138	0.410
	长乐区	0.00	8.94	0.18	8.30	0.073	0.249
	闽侯县	0.02	2.38	0.03	2.23	0.094	0.147
	福清市	0.00	9.91	0.16	8.03	0.089	0.282
	马尾区	0.37	0.90	0.03	2.22	0.125	0.250
	平潭县	0.00	7.19	0.39	8.37	0.113	0.722
	罗源县	0.00	4.82	0.16	3.75	0.336	0.793
	连江县	0.00	5.24	0.19	6.24	0.075	0.325
	晋安区	0.00	5.42	0.19	4.35	0.121	0.247
	仓山区	0.00	8.82	0.48	8.98	0.043	0.113
	台江区	0.00	4.05	0.60	4.25	0.118	0.246
	鼓楼区	0.00	6.19	0.60	5.83	0.066	0.112

第三节　社区生活圈视角下福建省医疗服务设施局部空间自相关分析

一、福建省区域层面社区生活圈医疗服务设施局部空间自相关分析

运用 ArcGIS 软件的 Anselin Local Moran's I 方法操作，可以得到福建省区域层面的社区生活圈医疗服务设施聚类和异常值结果，排除不显著类型，其他类型分布统计情况如图 6－1 所示。

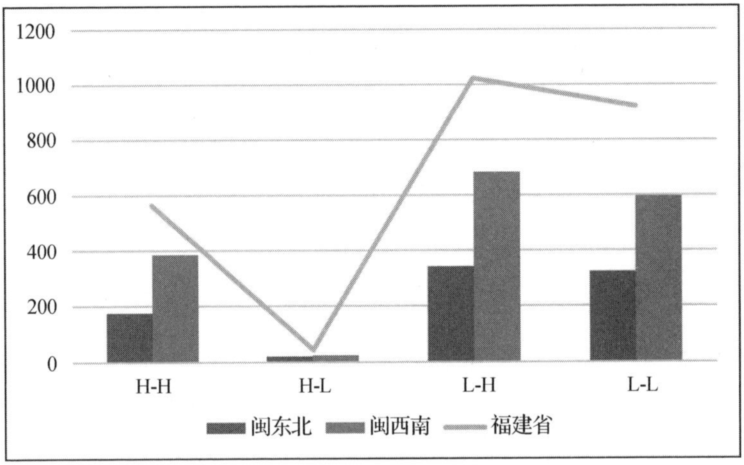

图 6－1　福建省区域层面的社区生活圈医疗服务设施聚类异常图

通过指标综合对比，可以分析出福建省整体与两大协同发展区的局部空间自相关特征：(1) 区域层面的 H-H 型和 L-L 型两种聚类类型均多于 H-L 型和 L-H 型两种异常类型。(2) 福建省与两大协同发展区的 H-H 型高值聚类均少于 L-L 型低值聚类。(3) 福建省与两大协同发展区的 H-L 型高值被低值围绕异常均最少。(4) L-H 型低值被高值围绕异常在福建省各个区域普遍较多，该类型社区生活圈属于低值亟待改善单元，呈现医疗服务设施配置“凹陷”。

二、福建省市域层面社区生活圈医疗服务设施局部空间自相关分析

运用 ArcGIS 软件的局部空间自相关方法操作，可以得到市域层面的社

区生活圈医疗服务设施聚类和异常值分析结果。排除不显著类型，闽东北4个设区市其他4类分布统计情况如图6-2所示，通过综合对比分析可知：(1) H-H型高值聚类中，福州市占比最多达到90.40%，其作为闽东北核心引领城市的社区生活圈医疗服务设施服务能力强劲。(2) H-L型高值被低值围绕异常4设区市均较少，宁德市甚至仅1个，说明微观尺度医疗服务设施极端高值的不均衡情况较少。(3) L-H型低值被高值围绕异常中，福州市占比高达96.80%，这种极端低值异常可能存在于周边医疗服务设施普遍富集的情况下。(4) L-L型低值聚类中，福州市占比42.61%，莆田市次之占比为31.28%，低值聚集说明存在社区生活圈医疗服务设施配置短板，应对照所在地市查缺补漏。

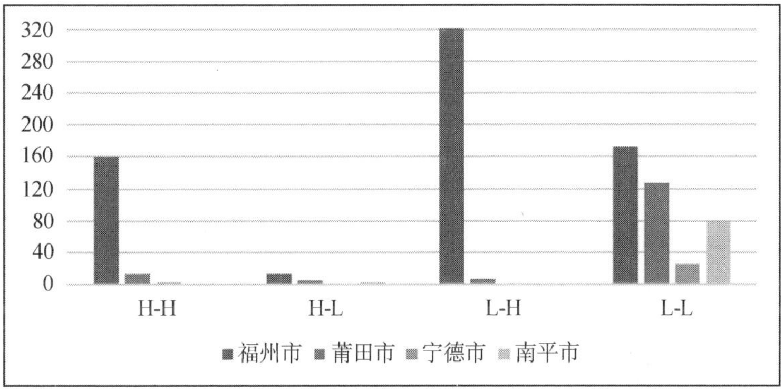

图6-2 福建省闽东北协同发展区市域层面的社区生活圈医疗服务设施聚类异常图

闽西南5个设区市4类分布统计情况如图6-3所示，通过综合对比分析可知：(1) 闽西南协同发展区的H-H型高值聚类中，泉州市占比最多达到42.12%，厦门市次之达到30.23%，漳州市为21.19%，闽南金三角组团城市的社区生活圈医疗服务设施配置水平优越。(2) H-L型高值被低值围绕异常在5个设区市均最少，其中厦门市为0个，三明市也仅1个，泉州市占整个闽西南的71.43%，具备向周边正向辐射带动的积极作用。(3) L-H型低值被高值围绕异常中，泉州市占比最高达到46.47%，厦门市和漳州市占比也均高于20.00%，这种配置水平“凹陷”情况应积极填补完善。(4) L-L型低值聚类中，泉州市占比55.06%，漳州市次之为17.90%，作为闽西南协同发展区的三大核心城市中的两个城市，其社区生活圈医疗服务设施配置短板需要引起重视。

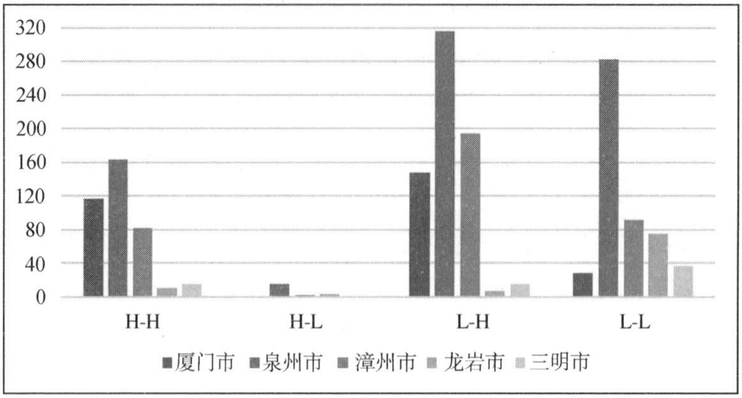

图 6－3　福建省闽西南协同发展区市域层面的社区生活圈医疗服务设施聚类异常图

三、福建省县域层面社区生活圈医疗服务设施局部空间自相关分析

运用 ArcGIS 软件可以得到县域层面社区生活圈医疗服务设施聚类和异常值结果，排除不显著类型，局部空间自相关结果见表 6－7。厦门市共涉及 290 个社区生活圈：（1）H-H 型共 116 个，思明区和湖里区的占比共计 68.10%；H-L 型为 0 个，不存在高值被低值围绕的异常类型；L-H 型总量最多为 147 个，海沧区和思明区占比均超过 30.00%；L-L 型共计 27 个，翔安区独占 51.84%，同安区次之为 48.15%。（2）厦门市各区的社区生活圈医疗服务设施异常情况明显，思明区最具优势和提升潜力，翔安区配置水平相对较弱，需要补充短板。

泉州市共涉及 777 个社区生活圈：（1）H-H 型共 163 个，晋江市和鲤城区占比均超过 20.00%；H-L 型总量为 15 个，安溪县和南安市占比均超过 33.00%；L-H 型总量最多为 316 个，晋江市占比最高为 29.43%；L-L 型共计 283 个，安溪县和南安市占比超过 30.00%。（2）泉州市县域的社区生活圈医疗服务设施聚类情况明显，晋江市最具优势和提升潜力，安溪县和南安市则最需补充社区生活圈医疗服务设施。

漳州市共涉及 352 个社区生活圈：（1）H-H 型共 81 个，芗城区和龙海市占比均超过 20.00%；H-L 型总量为 1 个，100.00% 位于长泰县内部；

L-H 型总量最多为 182 个，龙海市独占 52.75%；L-L 型共计 88 个，平和县和云霄县占比均超过 20.00%。（2）漳州市县域的社区生活圈医疗服务设施异常情况明显，芗城区和龙海市最具优势和提升潜力，平和县和云霄县的社区生活圈医疗服务设施配置水平较弱。

龙岩市共涉及 97 个社区生活圈：（1）H-H 型共 13 个，新罗区占比均超过 92.31%；H-L 型总量为 3 个，永定区独占 100.00%；L-H 型共计 6 个，长汀县占比 66.67%，新罗区占比 33.33%；L-L 型总量最多为 75 个，永定区占比超过 58.67%。（2）龙岩市县域的社区生活圈医疗服务设施低值聚类明显，新罗区最具优势和提升潜力，永定区则亟待充足配置。

三明市共涉及 62 个社区生活圈：（1）H-H 型为 14 个，梅列区占比为 64.29%；H-L 型 1 个，100.00% 位于宁化县内部；L-H 型有 14 个，梅列区占比为 50.00%；L-L 型总量最多为 33 个，建宁县占比接近 30.00%。（2）三明市县域的社区生活圈医疗服务设施低值聚类明显，梅列区最具优势和潜力，建宁县最需要充足配置。

福州市共涉及 647 个社区生活圈：（1）H-H 型共 160 个，仓山区和鼓楼区的占比共计 54.38%；H-L 型总量最小仅有 13 个，长乐区占比为 53.85%；L-H 型总量最多为 333 个，闽侯县占比为 36.04%；L-L 型共计 141 个，长乐区独占 58.87%。（2）福州市县域的社区生活圈医疗服务设施异常情况明显，长乐区配置水平较弱且亟待补充配置。

莆田市共涉及 151 个社区生活圈：（1）H-H 型共 13 个，其中城厢区占比为 84.62%；H-L 型总量最小仅有 6 个，秀屿区、仙游县和涵江区各占比 33.33%；L-H 型共计 7 个，城厢区占比 57.14%；L-L 型总量最多为 125 个，秀屿区独占 43.20%。（2）莆田市县域的社区生活圈医疗服务设施低值聚类明显，城厢区具有配置优势，秀屿区则配置水平较弱。

宁德市共涉及 30 个社区生活圈：（1）H-H 型共 2 个，蕉城区和福鼎市各占比 50.00%；H-L 型总量最小仅有 1 个，全部位于福鼎市内部；L-H 型共计 3 个，蕉城区、霞浦县和福鼎市分别占比为 33.33%；L-L 型总量最多为 24 个，福鼎市独占 50.00%。（2）宁德市县域的社区生活圈医疗服务设施配置低值聚类明显，蕉城区具有优势和潜力，福鼎市则需要予以充足配置。

南平市共涉及 86 个社区生活圈：（1）H-H 型共 0 个；H-L 型总量为

3个，光泽县占比66.67%；L-H型共计1个，全部位于邵武市内部；L-L型总量最多为82个，建阳区和武夷山市占比均超过30.00%。（2）南平市县域的社区生活圈医疗服务设施配置低值聚类明显，建阳区和武夷山市均需补充社区生活圈医疗服务设施。

表6-7 福建省县域层面的社区生活圈医疗服务设施聚类异常指标表

设区市名称	县市区名称	H-H型	H-L型	L-H型	L-L型
泉州市	泉港区	0	1	0	32
	永春县	0	2	0	36
	德化县	0	0	0	19
	洛江区	4	1	18	7
	安溪县	0	5	0	99
	南安市	9	6	32	86
	惠安县	12	0	47	0
	石狮市	17	0	42	0
	晋江市	63	0	93	4
	丰泽区	24	0	59	0
	鲤城区	34	0	25	0
漳州市	华安县	0	0	1	7
	平和县	2	0	3	25
	云霄县	0	0	0	18
	东山县	0	0	0	7
	南靖县	0	0	10	16
	龙海市	19	0	96	0
	诏安县	0	0	0	6
	漳浦县	9	0	12	8
	长泰县	7	1	0	1
	龙文区	15	0	25	0
	芗城区	29	0	35	0
厦门市	翔安区	0	0	2	14
	海沧区	17	0	50	0
	同安区	2	0	1	13
	集美区	18	0	28	0
	湖里区	33	0	21	0
	思明区	46	0	45	0

续表

设区市名称	县市区名称	H-H 型	H-L 型	L-H 型	L-L 型
三明市	清流县	0	0	0	3
	建宁县	0	0	0	9
	泰宁县	0	0	0	1
	沙县	0	0	0	6
	永安市	0	0	0	1
	宁化县	0	1	0	2
	明溪县	0	0	0	1
	将乐县	0	0	0	0
	尤溪县	0	0	1	6
	三元区	4	0	2	0
	大田县	1	0	4	4
	梅列区	9	0	7	0
龙岩市	永定区	0	3	0	44
	漳平市	0	0	0	7
	连城县	0	0	0	3
	武平县	0	0	0	3
	新罗区	12	0	2	4
	上杭县	1	0	0	10
	长汀县	0	0	4	4
南平市	光泽县	0	2	0	2
	建瓯市	0	0	0	1
	建阳区	0	0	0	28
	浦城县	0	0	0	0
	邵武市	0	0	1	3
	顺昌县	0	0	0	0
	松溪县	0	0	0	0
	武夷山市	0	1	0	27
	延平区	0	0	0	20
	政和县	0	0	0	1

续表

设区市名称	县市区名称	H-H 型	H-L 型	L-H 型	L-L 型
宁德市	周宁县	0	0	0	0
	福安市	0	0	0	5
	福鼎市	1	1	1	12
	屏南县	0	0	0	0
	寿宁县	0	0	0	0
	霞浦县	0	0	1	2
	蕉城区	1	0	1	3
	古田县	0	0	0	2
	柘荣县	0	0	0	0
福州市	闽清县	0	2	1	35
	永泰县	0	0	1	10
	长乐区	5	7	22	83
	闽侯县	16	0	120	2
	福清市	1	4	0	0
	马尾区	6	0	31	2
	平潭县	0	0	0	2
	罗源县	0	0	0	1
	连江县	9	0	24	6
	晋安区	21	0	50	0
	仓山区	48	0	61	0
	台江区	15	0	10	0
	鼓楼区	39	0	13	0
莆田市	秀屿区	0	2	0	54
	仙游县	0	2	0	47
	涵江区	0	2	0	1
	荔城区	2	0	3	8
	城厢区	11	0	4	15

第四节 社区生活圈视角下福建省医疗服务设施变异系数测算分析

一、福建省社区生活圈医疗服务设施变异系数指标分析

运用 ArcGIS 软件操作可以得到福建省整体、两大协同发展区与 9 个设区市的社区生活圈医疗服务设施标准差与平均值，并可基于变异系数测算公式最终得出表 6-8。其中，福建省整体的社区生活圈医疗服务设施变异系数为 2.41，闽东北协同发展区的变异系数为 2.59，闽西南协同发展区的变异系数为 2.31。按变异系数由大到小排序则有“闽东北 > 福建省 > 闽西南”，说明闽西南协同发展区内部的社区生活圈医疗服务设施配置差异最小，闽东北的配置差异则高于福建省整体。市域层面按变异系数由大到小排序可知：莆田市（2.65）> 南平市（2.63）> 宁德市（2.45）> 三明市（2.42）> 福州市（2.39）> 漳州市（2.34）> 龙岩市（2.31）> 泉州市（2.25）> 厦门市（2.17），厦门市内部的社区生活圈医疗服务设施配置差异最小，莆田市则配置差异最大。

表 6-8 福建省社区生活圈医疗服务设施变异系数指标表

地区名称	标准差	平均值	变异系数
福建省	2.85	1.18	2.41
闽东北	3.02	1.17	2.59
闽西南	2.74	1.19	2.31
福州市	3.76	1.57	2.39
莆田市	2.08	0.78	2.65
宁德市	2.09	0.85	2.45
南平市	1.97	0.75	2.63
厦门市	3.49	1.61	2.17
漳州市	2.96	1.26	2.34
泉州市	2.55	1.13	2.25
三明市	2.23	0.92	2.42
龙岩市	1.88	0.82	2.31

二、福建省社区生活圈医疗服务设施均等配置程度分析

由测算公式可知，变异系数指标值越小则说明社区生活圈医疗服务设施均等化配置程度越高。福建省闽西南的社区生活圈医疗服务设施均等化配置程度高于闽东北，且高于福建省整体层面的均等化配置情况。考察图 6 – 4 可知，市域层面社区生活圈医疗服务设施的均等化配置程度由低到高排序为莆田市 < 南平市 < 宁德市 < 三明市 < 福州市 < 漳州市 < 龙岩市 < 泉州市 < 厦门市。

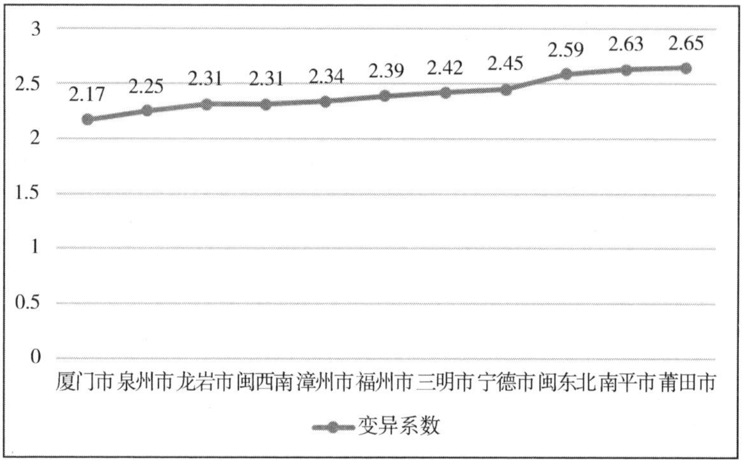

图 6 – 4　福建省社区生活圈医疗服务设施变异系数排序图

考察福建省各设区市的社区生活圈医疗服务设施均等化配置程度空间分布情况，可通过 ArcGIS 软件操作，采用自然断裂法 Natural Breaks（Jenks）依据变异系数指标值进一步划出高、中、低 3 个等级。其中，社区生活圈医疗服务设施均等化配置的“高等级市”包括厦门市和泉州市，2 市集中连片分布于福建省东南部沿海，平均变异系数为 2. 21；社区生活圈医疗服务设施均等化配置的“中等级市”包括龙岩市、漳州市、福州市、三明市、宁德市，除龙岩市和三明市位于西部山区，其他 3 市均位于福建省东南部沿海，平均变异系数为 2. 38；社区生活圈医疗服务设施均等化配置的“低等级市”包括南平市和莆田市，2 市分别位于福建省北部的山区与沿海，平均变异系数为 2. 64。

第七章 社区生活圈视角下福建省养老服务设施均等化配置分析

福建省对基本公共服务中的“老有所养”工作十分重视。党的十八大以来，出台了加快发展养老服务业、全面放开养老服务市场等政策措施，养老服务体系建设取得显著成效。2015 年，福建省住房和城乡建设厅印发《福建省城乡养老服务设施规划及配置导则（试行）》，明确了老年人和养老服务设施的概念定义：专为老年人提供生活照料、康复护理、文体娱乐、精神慰藉、日间照料、短期托养、紧急救援等服务的居住建筑和公共建筑，包括居家和社区养老服务设施、各类养老机构。2022 年，福建省委省政府印发《福建省贯彻〈中共中央 国务院关于加强新时代老龄工作的意见〉实施方案》，提出“构建幸福养老服务体系”，推动构建城区 15 分钟居家养老服务圈工作。《规划》提出到 2025 年，乡镇（街道）范围具备综合功能的养老服务机构覆盖率达到 60%、65 岁以上老年人城乡社区规范健康管理服务率达到 73%、建有老年学校的乡镇街道比例达到 70% 等 22 项主要发展指标，围绕老年社会保障体系、养老服务供给体系、老年健康服务体系等五大体系，谋划部署 11 项主要任务、8 项建设工程①。

本章将使用空间匹配协同分析、全局空间自相关分析、局部空间自相关分析与变异系数测算分析 4 种方法进行社区生活圈视角下的福建省养老服务设施均等化配置分析。

---

① 《福建省“十四五”老龄事业发展和养老服务体系规划》发布［EB/OL］. 2022－08－24. https：//www. cn-healthcare. com/articlewm/20220823/content－1422802. html

第一节　社区生活圈视角下福建省养老服务设施空间匹配协同分析

一、福建省区域层面社区生活圈养老服务设施空间匹配协同分析

基于匹配协同指数公式测算可得到表7-1，福建省闽西南协同发展区的养老服务设施与社区生活圈占比均超过福建省整体的60%以上，但闽东北协同发展区整体的养老服务设施配置比例超出社区生活圈，匹配协同指数大于1说明养老服务设施配置对社区生活圈具有更好的承托与服务能力。反之，福建省闽西南协同发展区匹配协同指数小于1，此时可能存在社区生活圈缺少养老服务设施均等配置的情况。由此可知，福建省闽东北协同发展区的养老服务设施空间匹配协同程度相对略高于闽西南区域。

表7-1　福建省区域层面的社区生活圈养老服务设施匹配协同指标表

区域名称	养老服务设施总量	社区生活圈总量	养老服务设施占比	社区生活圈占比	匹配协同指数
福建省	732	5336	100.00%	100.00%	1.00
闽西南	460	3392	62.84%	63.57%	0.99
闽东北	272	1944	37.16%	36.43%	1.02

二、福建省市域层面社区生活圈养老服务设施空间匹配协同分析

根据公式测算得到表7-2，福建省闽西南协同发展区内部可以划分出两种空间匹配协同类型，并可找出相应城市加以分析：(1) 属于“滞后型”的城市有2个，漳州市和三明市；漳州市的养老服务设施占比为闽西南最低5.00%，其匹配协同指数同样为最低值0.27。(2) 属于“超前型”的城市有3个，厦门市、泉州市和龙岩市；泉州市的养老服务设施和社区生活圈占比分别为56.52%和41.30%，均排序第一位，其匹配协同指数为闽西南最高值1.37；厦门市和龙岩市的养老服务设施占比分别为21.74%和10.87%，匹配协同指数均大于1.00，相较各自社区生活圈占比具有超前配置优势。

福建省闽东北协同发展区内部可以划分出两种空间匹配协同类型，并可

找出相应城市加以分析：（1）属于“滞后型”的城市有 3 个，为莆田市、宁德市和南平市；南平市为闽东北匹配协同水平最低城市，其养老服务设施占比也为最低的 9.56%；莆田市养老服务设施仅占据闽东北的 15.07%，与其社区生活圈占比 16.98% 的差距较小，匹配协同指数成为滞后型中最高值 0.89。（2）属于“超前型”的城市有 1 个，福州市的养老服务设施与社区生活圈占比分别达到闽东北协同发展区总量的 65.07% 和 48.15%，远超其他 3 个城市，超前匹配态势表征强烈，但其匹配协同指数为其他 3 个城市的 1.15 ~5.07 倍之间。

表 7－2　福建省市域层面的社区生活圈养老服务设施匹配协同指标表

协同发展区名称	设区市名称	养老服务设施总量	社区生活圈总量	养老服务设施占比	社区生活圈占比	匹配协同指数
闽西南	泉州市	260	1401	56.52%	41.30%	1.37
	漳州市	23	628	5.00%	18.51%	0.27
	厦门市	100	618	21.74%	18.22%	1.19
	三明市	27	382	5.87%	11.26%	0.52
	龙岩市	50	363	10.87%	10.70%	1.02
闽东北	宁德市	28	321	10.29%	16.51%	0.62
	南平市	26	357	9.56%	18.36%	0.52
	莆田市	41	330	15.07%	16.98%	0.89
	福州市	177	936	65.07%	48.15%	1.35

三、福建省县域层面社区生活圈养老服务设施空间匹配协同分析

根据公式测算得到表 7－3，福建省各县市区可以划分出不同的社区生活圈养老服务设施空间匹配协同类型。泉州市各县市区的社区生活圈养老服务设施空间匹配协同指数在 0.31 ~4.75 之间，且“滞后型”多于“超前型”：（1）惠安县、安溪县、永春县、德化县、南安市、洛江区、泉港区，4 县 1 市 2 区属于“滞后型”；安溪县养老服务设施占比与惠安县相同为 3.46%，但社区生活圈占比却高达 11.13%，其匹配协同指数为泉州市最低值 0.31。（2）石狮市、晋江市、鲤城区、丰泽区，2 市 2 区属于“超前型”；鲤城区的养老服务设施占比排序第 2 位，但社区生活圈占比较低，最终匹配协同指数高达 4.75，是泉州市其他县市区的 2.81 ~13.19 倍。

漳州市各县市区的社区生活圈养老服务设施空间匹配协同指数在0.00～3.41之间，且“滞后型”多于“超前型”：（1）漳浦县、诏安县、长泰县、东山县、南靖县、龙海市、龙文区，5县1市1区属于“滞后型”；长泰县缺乏社区生活圈养老服务设施配置；诏安县的养老服务设施和社区生活圈占差距较小，匹配协同指数达到滞后型中最高值0.98。（2）云霄县、平和县、华安县、芗城区，3县1区属于“超前型”；芗城区养老服务设施占比最高34.78%，但其社区生活圈占比仅是漳州市第三位的10.19%，匹配协同指数为3.41，超过其他县市区2.50倍以上，养老服务设施配置优势突出。

厦门市各县市区的社区生活圈养老服务设施空间匹配协同指数在0.36～2.44之间，且“滞后型”多于“超前型”：（1）海沧区、集美区、同安区、翔安区，岛外4区属于“滞后型”；翔安区养老服务设施占比最低仅为8.00%，同时社区生活圈占比则最高达到22.49%，其匹配协同指数为厦门市最低0.36；海沧区的社区生活圈占比为滞后型中最低14.24%，其匹配协同指数达到滞后型中最高值0.84。（2）思明区与湖里区，2区属于“超前型”；思明区养老服务设施占比最高36.00%，远高于其他各区，其匹配协同指数为厦门市最高值2.44，是其他县市区的1.07～6.78倍；湖里区的社区生活圈占比为厦门市最低8.74%，养老服务设施具有超前匹配基础。

三明市各县市区的社区生活圈养老服务设施空间匹配协同指数在0.00～3.14之间，且“滞后型”多于“超前型”：（1）清流县、宁化县、沙县、将乐县、泰宁县、建宁县、永安市，6县1市属于“滞后型”；宁化县、将乐县缺乏社区生活圈养老服务设施配置；永安市养老服务设施与社区生活圈的占比分别14.81%和20.42%，均为滞后型排序第一位，匹配协同指数为滞后型最高值0.73。（2）明溪县、大田县、尤溪县、梅列区、三元区，3县2区属于“超前型”；梅列区养老服务设施占比29.63%，为三明市第1位，但社区生活圈占比仅9.42%，其匹配协同指数为最高值3.14，超过其他县市区1.33倍以上。

龙岩市各县市区的社区生活圈养老服务设施空间匹配协同指数在0.68～1.38之间，“滞后型”多于“超前型”：（1）长汀县、上杭县、武平县、连城县、漳平市，4县1市属于“滞后型”；上杭县和连城县的匹配协同指数并列为龙岩市最低值0.68；武平县与长汀县的养老服务设施占比均为10.00%，但武平县社区生活圈占比略低于长汀县，故其匹配协同指数为滞后型最高值0.91。(2) 新罗区和永定区，2区属于“超前型”；新罗区养老服务设施与社区生活圈的占比分别40.00%和28.93%，均排名第一位，其社区生活圈养老服务设施的匹配协同指数为最高值1.38，是其他县市区的1.37~2.02倍。

南平市各县市区的社区生活圈养老服务设施空间匹配协同指数在0.00~2.13之间，“滞后型”与“超前型”的县市区数量相同：(1) 光泽县、松溪县、邵武市、武夷山市、建阳区，2县2市1区属于“滞后型”；光泽县、松溪县、武夷山市缺乏社区生活圈养老服务设施配置。(2) 顺昌县、浦城县、政和县、建瓯市、延平区，3县1市1区属于“超前型”；延平区的养老服务设施和社区生活圈占比均为南平市排序第1位，匹配协同指数为南平市最高值2.13，超过其他县市区的1.47倍以上。

宁德市各县市区的社区生活圈养老服务设施空间匹配协同指数在0.00~2.87之间，且“滞后型”多于“超前型”：(1) 霞浦县、古田县、屏南县、寿宁县、柘荣县、福安市、福鼎市，5县2市属于“滞后型”；古田县、屏南县、柘荣县缺乏社区生活圈养老服务设施配置；霞浦县匹配协同指数达到滞后型中最高值0.86。(2) 周宁县与蕉城区，1县1区属于“超前型”；蕉城区的养老服务设施占比为53.57%，排序为宁德市第一位，但社区生活圈占比18.69%，为宁德市排序第三位，其社区生活圈养老服务设施的匹配协同指数为宁德市最高2.87，超过其他县市区的1.50倍以上。

福州市各县市区的社区生活圈养老服务设施空间匹配协同指数在0.14~2.75之间，“滞后型”远多于“超前型”：(1) 闽侯县、连江县、罗源县、闽清县、永泰县、平潭县、晋安区、长乐区，6县2区属于“滞后型”；永泰县养老服务设施占比最低仅为0.56%，但社区生活圈占比却高于罗源县和台江区，其匹配协同指数为福州市最低0.14。(2) 福清市、鼓楼区、台江区、仓山区、马尾区，1市4区属于“超前型”；鼓楼区养老服务设施占比为15.25%，虽然低于仓山区和福清市，但由于自身社区生活圈占比更低，其匹配协同指数达到福州市最高值2.75，是其他县市区的1.72~19.64倍。

莆田市各县市区的社区生活圈养老服务设施空间匹配协同指数在0.14~2.20之间，且“滞后型”多于“超前型”：(1) 仙游县、荔城区和秀屿区，1县2区属于“滞后型”；秀屿区的养老服务设施占比为莆田市最低的

2.44%，但社区生活圈占比却高于城厢区，其匹配协同指数同时为莆田市最低0.14。(2) 城厢区与涵江区，2 区属于“超前型”；涵江区的养老服务设施占比最高达到43.90%，其匹配协同指数也为莆田市最高2.20，是其他县市区的1.73～15.71 倍。

表 7-3 福建省县域层面的社区生活圈养老服务设施匹配协同指标表

设区市名称	县市区名称	养老服务设施总量	社区生活圈总量	养老服务设施占比	社区生活圈占比	匹配协同指数
泉州市	鲤城区	52	59	20.00%	4.21%	4.75
	丰泽区	26	83	10.00%	5.92%	1.69
	洛江区	4	48	1.54%	3.43%	0.45
	泉港区	5	56	1.92%	4.00%	0.48
	惠安县	9	136	3.46%	9.71%	0.36
	安溪县	9	156	3.46%	11.13%	0.31
	永春县	8	60	3.08%	4.28%	0.72
	德化县	6	44	2.31%	3.14%	0.73
	石狮市	34	119	13.08%	8.49%	1.54
	晋江市	80	379	30.77%	27.05%	1.14
	南安市	27	261	10.38%	18.63%	0.56
漳州市	芗城区	8	64	34.78%	10.19%	3.41
	龙文区	1	40	4.35%	6.37%	0.68
	云霄县	2	48	8.70%	7.64%	1.14
	漳浦县	2	89	8.70%	14.17%	0.61
	诏安县	1	28	4.35%	4.46%	0.98
	长泰县	0	41	0.00%	6.53%	0.00
	东山县	1	41	4.35%	6.53%	0.67
	南靖县	2	64	8.70%	10.19%	0.85
	平和县	3	61	13.04%	9.71%	1.34
	华安县	1	21	4.35%	3.34%	1.30
	龙海市	2	131	8.70%	20.86%	0.42
厦门市	思明区	36	91	36.00%	14.72%	2.44
	海沧区	12	88	12.00%	14.24%	0.84
	湖里区	20	54	20.00%	8.74%	2.29
	集美区	14	131	14.00%	21.20%	0.66
	同安区	10	115	10.00%	18.61%	0.54
	翔安区	8	139	8.00%	22.49%	0.36

续表

设区市名称	县市区名称	养老服务设施总量	社区生活圈总量	养老服务设施占比	社区生活圈占比	匹配协同指数
三明市	梅列区	8	36	29.63%	9.42%	3.14
	三元区	4	24	14.81%	6.28%	2.36
	明溪县	1	9	3.70%	2.36%	1.57
	清流县	1	20	3.70%	5.24%	0.71
	宁化县	0	25	0.00%	6.54%	0.00
	大田县	2	24	7.41%	6.28%	1.18
	尤溪县	3	42	11.11%	10.99%	1.01
	沙县	2	49	7.41%	12.83%	0.58
	将乐县	0	21	0.00%	5.50%	0.00
	泰宁县	1	25	3.70%	6.54%	0.57
	建宁县	1	29	3.70%	7.59%	0.49
	永安市	4	78	14.81%	20.42%	0.73
龙岩市	新罗区	20	105	40.00%	28.93%	1.38
	永定区	10	72	20.00%	19.83%	1.01
	长汀县	5	42	10.00%	11.57%	0.86
	上杭县	4	43	8.00%	11.85%	0.68
	武平县	5	40	10.00%	11.02%	0.91
	连城县	3	32	6.00%	8.82%	0.68
	漳平市	3	29	6.00%	7.99%	0.75
南平市	延平区	11	71	42.31%	19.89%	2.13
	建阳区	3	56	11.54%	15.69%	0.74
	顺昌县	2	23	7.69%	6.44%	1.19
	浦城县	2	22	7.69%	6.16%	1.25
	光泽县	0	19	0.00%	5.32%	0.00
	松溪县	0	10	0.00%	2.80%	0.00
	政和县	2	19	7.69%	5.32%	1.45
	邵武市	2	32	7.69%	8.96%	0.86
	武夷山市	0	61	0.00%	17.09%	0.00
	建瓯市	4	44	15.38%	12.32%	1.25

续表

设区市名称	县市区名称	养老服务设施总量	社区生活圈总量	养老服务设施占比	社区生活圈占比	匹配协同指数
宁德市	蕉城区	15	60	53.57%	18.69%	2.87
	霞浦县	3	40	10.71%	12.46%	0.86
	古田县	0	29	0.00%	9.03%	0.00
	屏南县	0	16	0.00%	4.98%	0.00
	寿宁县	1	16	3.57%	4.98%	0.72
	周宁县	2	12	7.14%	3.74%	1.91
	柘荣县	0	10	0.00%	3.12%	0.00
	福安市	4	65	14.29%	20.25%	0.71
	福鼎市	3	73	10.71%	22.74%	0.47
福州市	鼓楼区	27	52	15.25%	5.56%	2.75
	台江区	6	25	3.39%	2.67%	1.27
	仓山区	33	109	18.64%	11.65%	1.60
	马尾区	10	47	5.65%	5.02%	1.13
	晋安区	11	71	6.21%	7.59%	0.82
	长乐区	18	134	10.17%	14.32%	0.71
	闽侯县	23	144	12.99%	15.38%	0.84
	连江县	5	70	2.82%	7.48%	0.38
	罗源县	2	22	1.13%	2.35%	0.48
	闽清县	2	44	1.13%	4.70%	0.24
	永泰县	1	39	0.56%	4.17%	0.14
	平潭县	4	45	2.26%	4.81%	0.47
	福清市	35	134	19.77%	14.32%	1.38
莆田市	城厢区	9	57	21.95%	17.27%	1.27
	涵江区	18	66	43.90%	20.00%	2.20
	荔城区	6	61	14.63%	18.48%	0.79
	秀屿区	1	58	2.44%	17.58%	0.14
	仙游县	7	88	17.07%	26.67%	0.64

第二节 社区生活圈视角下福建省养老服务设施全局空间自相关分析

一、福建省区域层面社区生活圈养老服务设施全局空间自相关分析

运用 ArcGIS 软件的全局空间自相关方法操作可得到表 7-4，福建省区域层面的社区生活圈养老服务设施 Moran's I 和 Getis-Ord General G 指数方法 P 值结果均小于 0.01，同时 Z 值均大于 2.58，统计学意义上达到 99% 的置信度，拒绝零假设，通过显著性检验。

表 7-4 福建省区域层面的社区生活圈养老服务设施全局空间自相关指标表

区域名称	P 值	Z 值	Moran's I	P 值	Z 值	E-General G	O-General G
福建省	0.00	66.68	0.11	0.00	31.74	0.000	0.002
闽东北	0.00	28.54	0.09	0.00	15.04	0.001	0.005
闽西南	0.00	63.70	0.14	0.00	28.08	0.001	0.005

通过指标综合对比，可以分析出社区生活圈养老服务设施全局空间自相关特征：(1) 所有区域的 Moran's I 指数均大于 0，社区生活圈养老服务设施配置整体呈现聚集态势。(2) 所有区域的 O-General G 均大于 E-General G，说明福建省社区生活圈养老服务设施总体高值区域聚类。(3) 根据 Moran's I 指数排序，则有“闽西南 > 福建省 > 闽东北”，闽西南协同发展区的社区生活圈养老服务设施配置集聚程度高于福建省整体情况，且闽西南强于闽东北的聚集效果。(4) 考察 O-General G 与 E-General G 的数值差异，闽东北协同发展区高值聚类效果与闽西南相统一，但两者均强于福建省整体情况。

二、福建省市域层面社区生活圈养老服务设施全局空间自相关分析

运用软件操作得到表 7-5，福建省市域层面的社区生活圈养老服务设施两种指数方法结果均符合 99% 置信度，满足显著性检验。通过指标综合对比，可以分析出闽西南 5 市的全局空间自相关特征：(1) 社区生活圈养

老服务设施 Moran's I 指数均大于 0，均呈现空间正相关聚类特性。(2) 指标数值在 0.04 ~ 0.16 之间，龙岩市相关性最弱，接近于随机分布，泉州市则相关性最显著。(3) 与闽西南区域 Moran's I 指数相比，仅泉州市的聚类效果超过区域整体水平。(4) 闽西南 5 市的 O-General G 指数均大于 E-General G 指数，普遍呈现高值聚类态势，且以三明市最为显著。

通过指标综合对比，可以分析出闽东北 4 市的全局空间自相关特征：(1) 社区生活圈养老服务设施 Moran's I 指数均大于 0，均呈现空间正相关聚类特性。(2) 指标数值在 0.05 ~ 0.18 之间，莆田市相关性最弱，宁德市则相关性最显著。(3) 与闽东北区域 Moran's I 指数相比，除宁德市和南平市，其他城市的聚类效果均未超过区域整体水平。 (4) 闽东北 4 市的 O-General G 指数均大于 E-General G 指数，普遍呈现高值聚类态势，并以宁德市最显著。

表 7-5 福建省市域层面的社区生活圈养老服务设施全局空间自相关指标表

设区市名称	P 值	Z 值	Moran's I	P 值	Z 值	E-General G	O-General G
南平市	0.00	8.89	0.14	0.00	6.50	0.004	0.034
宁德市	0.00	10.74	0.18	0.00	7.98	0.005	0.049
福州市	0.00	15.24	0.06	0.00	9.13	0.002	0.008
莆田市	0.00	7.04	0.05	0.00	6.07	0.006	0.032
泉州市	0.00	44.10	0.16	0.00	20.03	0.002	0.010
漳州市	0.00	8.35	0.08	0.00	9.08	0.003	0.035
厦门市	0.00	14.22	0.12	0.00	7.80	0.005	0.016
三明市	0.00	3.84	0.05	0.00	5.99	0.004	0.040
龙岩市	0.00	2.98	0.04	0.00	6.54	0.004	0.023

三、福建省县域层面社区生活圈养老服务设施全局空间自相关分析

运用软件操作，可获得福建省各县市区的社区生活圈养老服务设施指数方法结果见表 7-6，并可分析县域全局空间自相关特征。泉州市：(1) 排除未通过统计学检验的 3 县 2 区，其他县市区的社区生活圈养老服务设施 Moran's I 指数均大于 0，呈现空间正相关聚类特性。(2) 指标数值在 0.05 ~

0.35 之间，南安市正相关性最弱，晋江市则正相关性最显著。（3）O-General G 均大于 E-General G，普遍呈现高值聚类态势。

漳州市：（1）通过统计学检验的云霄县、平和县和芗城区，Moran's I 指数均大于 0，呈现空间正相关聚类特性。（2）指标数值在 0.06 ~ 0.15 之间，平和县正相关性最弱，云霄县最显著。（3）考察 Getis-Ord General G 指数情况，普遍呈现高值聚类态势。

厦门市：（1）通过统计学检验的湖里区与同安区，Moran's I 指数均大于 0，呈现空间正相关聚类特性。（2）指标数值在 0.09 ~ 0.16 之间，同安区正相关性较弱，湖里区则最显著。（3）O-General G 指数均大于 E-General G 指数，普遍呈现高值聚类态势。

三明市：（1）排除 Moran's I 指数方法和 Getis-Ord General G 指数方法最终结果指标缺失、P 值大于 0.05 而不满足统计学意义等情况，三明市各县市区均缺乏社区生活圈养老服务设施的显著正相关性以及聚类特性表现，整体分布缺乏明显规律性。

龙岩市：（1）通过显著性检验的新罗区和长汀县，Moran's I 指数均大于 0，呈现空间正相关聚类特性。（2）指标数值在 0.03 ~ 0.07 之间，新罗区正相关性最弱，接近随机分布，长汀县正相关性最显著。（3）O-General G 指数大于E-General G 指数，普遍呈现高值聚类态势。

南平市：（1）P 值小于 0.01，通过显著性检验的延平区，社区生活圈养老服务设施 Moran's I 指数大于 0，呈现空间正相关聚类特性。（2）指标数值为 0.14，延平区具备正相关显著性。（3）O-General G 大于 E-General G，呈现高值聚类态势。

宁德市：（1）通过显著性检验的蕉城区，Moran's I 指数大于 0，呈现空间正相关聚类特性。（2）指标数值为 0.09，蕉城区具有较弱的正相关显著性。（3）呈现高值聚类态势。

福州市：（1）通过显著性检验的平潭县、福清市和台江区，Moran's I 指数均大于 0，呈现空间正相关聚类特性。（2）指标数值在 0.05 ~ 0.27 之间，福清市接近随机分布，台江区正相关性最显著。（3）普遍呈现高值聚类态势。

莆田市：（1）仅有城厢区通过显著性检验，Moran's I 指数大于 0，呈现空间正相关聚类特性。（2）指标数值为 0.17，城厢区具有正相关显著性。

（3）考察 Getis-Ord General G 指数差异，则可见呈现高值聚类态势。

表7－6 福建省县域层面的社区生活圈养老服务设施全局空间自相关指标表

设区市名	县市区名	P值	Z值	Moran's I	Z值	E-General G	O-General G
漳州市	芗城区	0.00	3.87	0.11	4.11	0.037	0.179
	龙文区	0.74	0.33	(0.02)	—	—	—
	云霄县	0.00	3.97	0.15	5.43	0.033	1.000
	漳浦县	0.88	(0.15)	(0.02)	(0.11)	0.012	0.000
	诏安县	0.38	0.87	0.01	—	—	—
	东山县	0.17	(1.36)	(0.05)	—	—	—
	南靖县	0.22	(1.24)	(0.07)	(0.14)	0.019	0.000
	平和县	0.05	1.91	0.06	3.31	0.021	0.500
	华安县	0.33	(0.97)	(0.11)	—	—	—
	龙海市	0.83	(0.22)	(0.01)	(0.12)	0.013	0.000
泉州市	鲤城区	0.03	2.16	0.20	2.55	0.053	0.090
	丰泽区	0.02	2.28	0.10	1.64	0.033	0.077
	洛江区	0.90	(0.13)	(0.03)	(0.51)	0.040	0.000
	泉港区	0.16	1.40	0.03	1.16	0.034	0.100
	惠安县	0.31	(1.02)	(0.04)	(0.30)	0.013	0.000
	安溪县	0.00	3.28	0.06	2.47	0.009	0.057
	永春县	0.85	(0.19)	(0.02)	2.31	0.026	0.150
	德化县	0.77	0.30	(0.02)	2.59	0.047	0.381
	石狮市	0.00	6.03	0.27	4.78	0.024	0.059
	晋江市	0.00	13.25	0.35	11.06	0.007	0.033
	南安市	0.00	2.99	0.05	3.30	0.007	0.023
厦门市	思明区	0.19	1.30	0.09	1.67	0.036	0.052
	海沧区	0.32	0.99	0.02	3.01	0.026	0.111
	湖里区	0.02	2.42	0.16	1.56	0.058	0.092
	集美区	0.40	0.84	0.03	1.67	0.024	0.056
	同安区	0.00	5.78	0.09	5.41	0.022	0.208
	翔安区	0.43	(0.78)	(0.02)	(0.48)	0.019	0.000

续表

设区市名	县市区名	P 值	Z 值	Moran's I	Z 值	E-General G	O-General G
三明市	梅列区	0.13	1.50	0.00	4.50	0.067	0.611
	三元区	0.85	(0.19)	(0.05)	0.70	0.087	0.167
	明溪县	0.37	(0.89)	(0.23)	—	—	—
	清流县	0.13	(1.53)	(0.17)	—	—	—
	大田县	0.28	1.08	0.03	4.03	0.058	1.000
	尤溪县	0.53	(0.63)	(0.06)	(0.17)	0.029	0.000
	沙县	0.96	0.05	(0.02)	(0.21)	0.042	0.000
	泰宁县	0.26	(1.14)	(0.09)	—	—	—
	建宁县	0.27	(1.11)	(0.09)	—	—	—
	永安市	0.52	(0.64)	(0.03)	(0.25)	0.022	0.000
龙岩市	新罗区	0.01	2.69	0.03	4.21	0.023	0.085
	永定区	0.65	(0.45)	(0.04)	1.53	0.015	0.066
	长汀县	0.01	2.47	0.07	1.13	0.034	0.100
	上杭县	0.28	1.09	0.03	3.27	0.035	0.400
	武平县	0.64	0.46	(0.01)	3.39	0.036	0.667
	连城县	0.37	0.90	0.01	2.34	0.040	0.500
	漳平市	0.21	(1.26)	(0.11)	(0.40)	0.052	0.000
南平市	延平区	0.00	7.55	0.14	6.02	0.023	0.189
	建阳区	0.54	0.62	(0.00)	2.83	0.034	0.333
	顺昌县	0.32	(1.00)	(0.10)	(0.29)	0.079	0.000
	浦城县	0.27	(1.10)	(0.11)	(0.30)	0.082	0.000
	政和县	0.22	(1.22)	(0.14)	(0.21)	0.041	0.000
	邵武市	0.85	(0.18)	(0.04)	(0.22)	0.044	0.000
	建瓯市	0.28	(1.09)	(0.06)	(0.28)	0.027	0.000
宁德市	蕉城区	0.00	4.48	0.09	3.51	0.034	0.131
	霞浦县	0.77	0.29	(0.01)	2.87	0.033	0.333
	寿宁县	0.23	(1.19)	(0.17)	—	—	—
	周宁县	0.86	0.18	(0.07)	2.90	0.106	1.000
	福安市	0.24	1.17	0.02	6.58	0.023	1.000
	福鼎市	0.22	1.22	0.03	(0.24)	0.019	0.000
莆田市	城厢区	0.00	7.02	0.17	7.06	0.038	0.353
	涵江区	0.49	(0.69)	(0.02)	0.44	0.039	0.051
	荔城区	0.63	0.48	(0.00)	0.71	0.031	0.071
	秀屿区	0.06	(1.90)	(0.07)	—	—	—
	仙游县	0.48	0.70	0.01	2.68	0.019	0.133

续表

设区市名	县市区名	P值	Z值	Moran's I	Z值	E-General G	O-General G
福州市	鼓楼区	0.28	1.08	0.09	1.58	0.066	0.097
	台江区	0.05	1.94	0.27	2.07	0.117	0.267
	仓山区	0.56	0.58	0.02	1.26	0.027	0.036
	马尾区	0.97	(0.03)	(0.02)	1.55	0.043	0.122
	晋安区	0.99	0.01	(0.01)	1.36	0.036	0.074
	长乐区	0.07	1.84	0.04	3.23	0.014	0.068
	闽侯县	0.14	1.49	0.02	2.96	0.016	0.044
	连江县	0.48	0.71	0.01	2.59	0.021	0.250
	罗源县	0.35	(0.94)	(0.09)	(0.32)	0.095	0.000
	闽清县	0.19	(1.32)	(0.05)	—	—	—
	永泰县	0.16	(1.39)	(0.08)	—	—	—
	平潭县	0.00	3.38	0.15	5.08	0.035	0.600
	福清市	0.00	3.15	0.05	2.71	0.013	0.037

第三节　社区生活圈视角下福建省养老服务设施局部空间自相关分析

一、福建省区域层面社区生活圈养老服务设施局部空间自相关分析

运用ArcGIS软件的Anselin Local Moran's I方法操作，可以得到福建省区域层面的社区生活圈养老服务设施聚类和异常值结果，排除不显著类型，其他类型分布统计情况如图7－1所示。

通过指标综合对比，可以分析出福建省整体与两大协同发展区的局部空间自相关特征：（1）福建省和闽东北协同发展区的H-H型和L-L型两种聚类类型均少于H-L型和L-H型两种异常类型，仅闽西南的社区生活圈养老服务设施则“聚类类型>异常类型”。（2）福建省与两大协同发展区的H-H型高值聚类均少于L-L型低值聚类。（3）福建省与两大协同发展区的H-L型高值被低值围绕异常均最少。（4）L-H型低值被高值围绕异常在福建省各个区域普遍较多，该类型社区生活圈属于低值亟待改善单元，呈现养老服务设施配置“凹陷”。

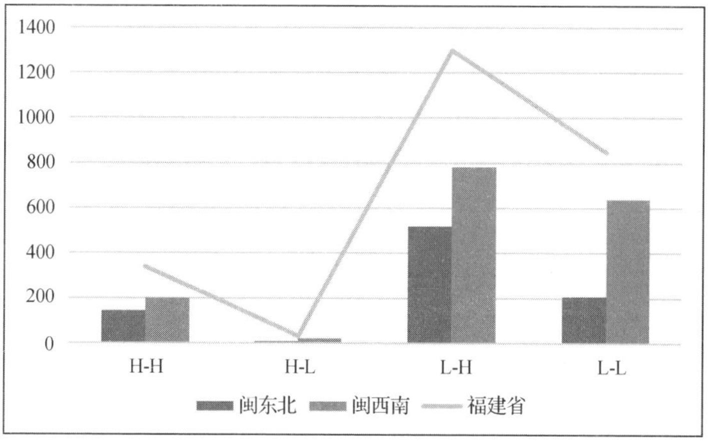

图 7 –1　福建省区域层面的社区生活圈养老服务设施聚类异常图

二、福建省市域层面社区生活圈养老服务设施局部空间自相关分析

运用 ArcGIS 软件的局部空间自相关方法操作，可以得到市域层面的社区生活圈养老服务设施聚类和异常值分析结果。排除不显著类型，闽东北 4 个设区市其他 4 种类型的分布统计情况如图 7 –2 所示，通过综合对比分析可知：（1）H-H 型高值聚类中，福州市占比最多达到 77.62%，其作为闽东北核心引领城市的社区生活圈养老服务设施服务能力强劲。（2）H-L 型高值被低值围绕异常 4 设区市均较少，宁德市甚至仅 1 个，说明微观尺度养老服务设施极端高值的不均衡情况较少。（3）L-H 型低值被高值围绕异常中，福州市占比高达 84.94%，这种极端低值异常可能存在于周边养老服务设施普遍富集的情况下。（4）L-L 型低值聚类中，宁德市和南平市占比均超过 30.00%，莆田市占比为 22.71%，低值聚集说明存在社区生活圈养老服务设施配置短板，应对照所在地市查缺补漏。

闽西南 5 个设区市 4 类分布统计情况如图 7 –3 所示，通过综合对比分析可知：（1）闽西南的 H-H 型高值聚类中，泉州市占比最多达到 69.70%，厦门市次之达到 24.75%，闽南“厦泉”组团城市的社区生活圈养老服务设施配置水平优越。（2）H-L 型高值被低值围绕异常在 5 个设区市均最少，其中龙岩市为 0 个，漳州市占整个闽西南的 40.91%，具备向周边正向辐射带动的积极作用。（3）L-H 型低值被高值围绕异常中，泉州市占比高达

78.21%，厦门市为16.03%，这种配置水平“凹陷”情况具有提升潜力，应积极填补完善。(4) L-L型低值聚类中，漳州市占比最多为56.72%，泉州市次之为24.53%，作为闽西南协同发展区的三大核心城市中的两个城市，其社区生活圈养老服务设施配置短板需要引起重视。

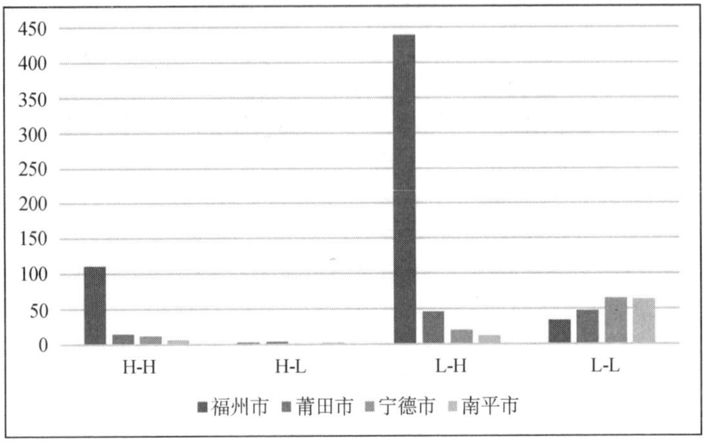

图7-2 福建省闽东北协同发展区市域层面的社区生活圈养老服务设施聚类异常图

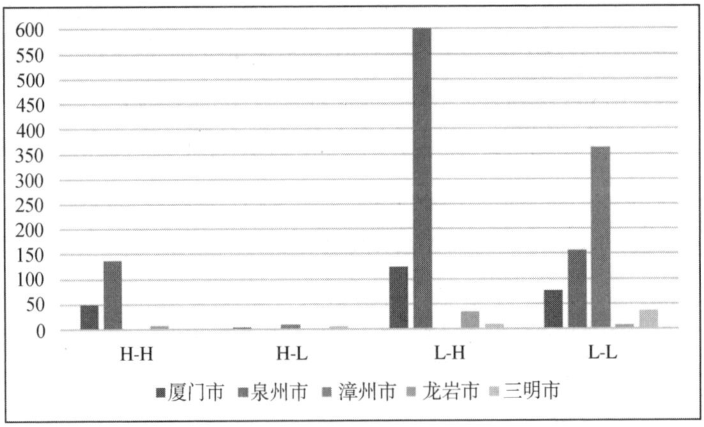

图7-3 福建省闽西南协同发展区市域层面的社区生活圈养老服务设施聚类异常图

三、福建省县域层面社区生活圈养老服务设施局部空间自相关分析

运用ArcGIS软件可以得到县域层面社区生活圈养老服务设施聚类和异

常值结果，排除不显著类型，局部空间自相关结果如表 7－7。厦门市共涉及 255 个社区生活圈：（1）H-H 型共 49 个，思明区和集美区的占比共计 87.76%；H-L 型为 4 个，其中翔安区占比为 75.00%；L-H 型总量最多为 125 个，思明区占比最多为 43.20%；L-L 型共计 77 个，翔安区独占 62.34%。（2）厦门市县域的社区生活圈养老服务设施异常值较为明显，思明区最具优势和提升潜力，翔安区的配置水平相对最弱，需要补充短板。

泉州市共涉及 908 个社区生活圈：（1）H-H 型共 138 个，晋江市占比最高为 37.68%；H-L 型总量为 3 个，永春县、德化县和南安市各自占比为 33.33%；L-H 型总量最多为 610 个，晋江市独占 37.38%，石狮市和南安市占比均在 15.00% 左右；L-L 型共计 157 个，安溪县占比超过 55.00%。（2）泉州市县域的社区生活圈养老服务设施异常值较为明显，晋江市最具优势和提升潜力，安溪县则最需补充社区生活圈养老服务设施。

漳州市共涉及 374 个社区生活圈：（1）H-H 型共 0 个，并不存在社区生活圈养老服务设施的高值聚类；H-L 型总量为 9 个，芗城区和龙海市占比均超过 20.00%；L-H 型共计 2 个，100.00% 位于龙海市内部；L-L 型总量最多为 363 个，霞浦县和龙海市占比均超过 15.00%。（2）漳州市县域的社区生活圈养老服务设施低值聚类情况明显，龙海市最提升潜力，应着力提高其社区生活圈养老服务设施供给。

龙岩市共涉及 49 个社区生活圈：（1）H-H 型共 8 个，100.00% 位于新罗区内部；H-L 型总量为 0 个，不存在高值被低值围绕情况；L-H 型总量最多为 34 个，新罗区独占 91.18%；L-L 型共计 7 个，上杭县占比最高为 71.43%。（2）龙岩市县域的社区生活圈养老服务设施异常情况明显，其中新罗区最具优势和提升潜力，上杭县的社区生活圈养老服务设施则亟待充足配置。

三明市共涉及 54 个社区生活圈：（1）H-H 型 3 个，全部位于梅列区内部；H-L 型 6 个，永安市占比最多为 33.33%；L-H 型为 9 个，全部位于梅列区内部；L-L 型总量最多为 36 个，永安区占比最高为 55.56%。（2）三明市县域的社区生活圈养老服务设施低值聚类较为明显，梅列区最具提升优势，永安区则最需要充足配置。

福州市共涉及 586 个社区生活圈：（1）H-H 型共 111 个，仓山区占比最高为 23.42%，鼓楼区和闽侯县的占比均超过 15.00%；H-L 型总量最小仅有 2 个，闽清县和永泰县各自占比 50.00%；L-H 型总量最多为 440 个，闽侯县占比最高为 28.18%，仓山区占比次之为 18.18%；L-L 型共计 33 个，闽清县独占 51.52%。(2) 福州市县域的社区生活圈养老服务设施异常情况突出，闽侯县和仓山区具有配置优势，闽清县则亟待补充养老服务设施。

莆田市共涉及 110 个社区生活圈：(1) H-H 型共 14 个，城厢区占比为 57.14%；H-L 型总量最小仅有 3 个，66.67% 位于仙游县内部；L-H 型共计 46 个，涵江区占比为 73.91%；L-L 型为 47 个，秀屿区与仙游县共计占比 91.49%。(2) 莆田市县域的社区生活圈养老服务设施低值聚类明显，城厢区和涵江区具有配置优势，秀屿区与仙游县则配置水平较弱。

宁德市共涉及 96 个社区生活圈：(1) H-H 型共 12 个，100.00% 位于蕉城区内部；H-L 型为 0 个；L-H 型共计 20 个，蕉城区占比最高为 95.00%；L-L 型总量最多为 64 个，福鼎市独占 48.44%。(2) 宁德市县域的社区生活圈养老服务设施低值聚类明显，蕉城区具有相对优势和提升潜力，福鼎市则需要充足配置。

南平市共涉及 83 个社区生活圈：(1) H-H 型共 6 个，100.00% 位于延平区内部；H-L 型总量为 2 个，建阳区和顺昌县分别占比 50.00%；L-H 型共计 12 个，仍然全部位于延平区内部；L-L 型总量最多为 63 个，武夷山独占 93.65%。(2) 南平市县域的社区生活圈养老服务设施低值聚类明显，仅延平区具有优势和提升潜力，武夷山市最需补充社区生活圈养老服务设施。

表 7-7 福建省县域层面的社区生活圈养老服务设施聚类异常指标表

设区市名称	县市区名称	H-H 型	H-L 型	L-H 型	L-L 型
泉州市	鲤城区	26	0	35	0
	丰泽区	14	0	64	0
	洛江区	4	0	37	6
	泉港区	0	0	0	22
	惠安县	1	0	64	16
	安溪县	0	0	0	90
	永春县	0	1	0	1
	德化县	0	1	0	0
	石狮市	27	0	94	0
	晋江市	52	0	228	0
	南安市	14	1	88	22

续表

设区市名称	县市区名称	H-H 型	H-L 型	L-H 型	L-L 型
漳州市	芗城区	0	2	0	31
	龙文区	0	0	0	33
	云霄县	0	0	0	38
	漳浦县	0	1	0	67
	诏安县	0	1	0	5
	长泰县	0	0	0	41
	东山县	0	1	0	25
	南靖县	0	1	0	33
	平和县	0	1	0	22
	华安县	0	0	0	4
	龙海市	0	2	2	64
厦门市	思明区	26	0	54	0
	海沧区	6	0	21	3
	湖里区	17	0	47	0
	集美区	0	0	3	0
	同安区	0	1	0	26
	翔安区	0	3	0	48
三明市	梅列区	3	0	9	0
	明溪县	0	1	0	0
	清流县	0	1	0	0
	宁化县	0	0	0	6
	沙县	0	0	0	9
	泰宁县	0	1	0	0
	建宁县	0	1	0	1
	永安市	0	2	0	20
龙岩市	新罗区	8	0	31	1
	永定区	0	0	2	0
	上杭县	0	0	1	5
	漳平市	0	0	0	1
南平市	延平区	6	0	12	0
	建阳区	0	1	0	4
	顺昌县	0	1	0	0
	武夷山市	0	0	0	59

续表

设区市名称	县市区名称	H-H 型	H-L 型	L-H 型	L-L 型
宁德市	蕉城区	12	0	19	0
	霞浦县	0	0	0	6
	古田县	0	0	1	13
	柘荣县	0	0	0	1
	福安市	0	0	0	13
	福鼎市	0	0	0	31
福州市	鼓楼区	19	0	31	0
	台江区	7	0	25	0
	仓山区	26	0	80	0
	马尾区	6	0	30	0
	晋安区	9	0	53	0
	长乐区	6	0	28	0
	闽侯县	19	0	124	0
	连江县	0	0	4	12
	闽清县	0	1	0	17
	永泰县	0	1	1	4
	平潭县	0	0	1	0
	福清市	19	0	63	0
莆田市	城厢区	8	0	8	4
	涵江区	6	0	34	0
	荔城区	0	0	4	0
	秀屿区	0	1	0	25
	仙游县	0	2	0	18

第四节　社区生活圈视角下福建省养老服务设施变异系数测算分析

一、福建省社区生活圈养老服务设施变异系数指标分析

运用 ArcGIS 软件操作可以得到福建省整体、两大协同发展区与 9 个设区市的社区生活圈养老服务设施标准差与平均值，并可基于变异系数测算公

式最终得出表7-8。其中，福建省整体的社区生活圈养老服务设施变异系数为3.32，闽东北协同发展区的变异系数为3.44，闽西南协同发展区的变异系数为3.13。按变异系数由大到小排序则有“闽东北>福建省>闽西南”，说明闽西南协同发展区内部的社区生活圈养老服务设施配置差异最小，闽东北的配置差异则高于福建省整体。市域层面按变异系数由大到小排序可知：漳州市（5.13）>三明市（4.97）>宁德市（4.22）>南平市（3.99）>莆田市（3.31）>泉州市（3.10）>厦门市（2.90）>龙岩市（2.88）>福州市（2.66），福州市内部的社区生活圈养老服务设施配置差异最小，漳州市则配置差异最大。

表7-8 福建省社区生活圈养老服务设施变异系数指标表

地区名称	标准差	平均值	变异系数
福建省	0.46	0.14	3.32
闽东北	0.47	0.14	3.44
闽西南	0.44	0.14	3.13
福州市	0.50	0.19	2.66
莆田市	0.41	0.12	3.31
宁德市	0.37	0.09	4.22
南平市	0.29	0.07	3.99
厦门市	0.47	0.16	2.90
漳州市	0.19	0.04	5.13
泉州市	0.58	0.19	3.10
三明市	0.35	0.07	4.97
龙岩市	0.40	0.14	2.88

二、福建省社区生活圈养老服务设施均等配置程度分析

由测算公式可知，变异系数指标值越小则说明社区生活圈养老服务设施均等化配置程度越高。福建省闽西南的社区生活圈养老服务设施均等化配置程度高于闽东北，且高于福建省整体层面的均等化配置情况。考察图7-4可知，市域层面社区生活圈养老服务设施的均等化配置程度由低到高排序为漳州市<三明市<宁德市<南平市<莆田市<泉州市<厦门市<龙岩市<福州市。

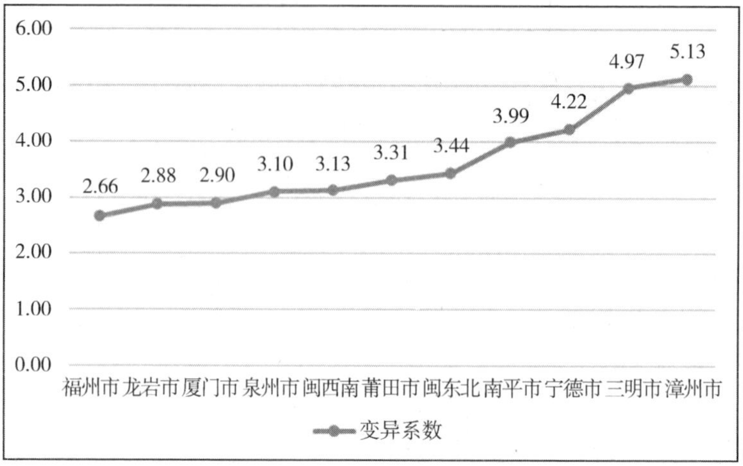

图7-4　福建省社区生活圈养老服务设施变异系数排序图

考察福建省各设区市的社区生活圈养老服务设施均等化配置程度空间分布情况，可通过ArcGIS软件操作，采用自然断裂法Natural Breaks（Jenks）依据变异系数指标值进一步划出高、中、低3个等级。其中，社区生活圈养老服务设施均等化配置的“高等级市”包括福州市、龙岩市和厦门市，除龙岩市位于西南部山区，其他2市均分布于福建省东部沿海，平均变异系数为2.81；社区生活圈养老服务设施均等化配置的“中等级市”包括泉州市和莆田市，2市也均位于福建省东南部沿海，平均变异系数为3.21；社区生活圈养老服务设施均等化配置的“低等级市”包括南平市、宁德市、三明市、漳州市，4市分别位于福建省最北部与中南部，平均变异系数为4.58。

第八章　社区生活圈视角下福建省住房服务设施均等化配置分析

福建省对基本公共服务中的“住有所居”工作十分重视。20 世纪 90 年代以来，《关于进一步深化城镇住房制度改革加快住房建设的通知》《关于解决城市低收入家庭住房困难的若干意见》《关于保障性安居工程建设和管理的指导意见》等规定相继出台，住房保障制度体系初步建立。住房保障制度是国家或政府利用社会力量，通过国民收入再分配等形式在住房领域实施的一种保障居民基本居住的制度。住房服务设施主要包含保障性住房等类型，是保护社会成员最基本居住权利的具有社会保障性质和社会福利性质的房屋设施。党的十八大以来，福建省累计建设各类保障房、棚改安置房 100 多万套，为近 300 万群众解决了住房困难问题；改造城镇老旧小区 62.40 万户①。2022 年，福建省住建厅发布《关于加快发展保障性租赁住房的实施意见》通知，提出到 2025 年，全省计划新建改建保障性租赁住房 36.50 万套（间）以上。同时，福建省特别注意住房服务设施的空间布局，强调“统筹规划、合理布局、配套建设”，优化空间布局和人居环境。

本章将使用空间匹配协同分析、全局空间自相关分析、局部空间自相关分析与变异系数测算分析 4 种方法进行社区生活圈视角下的福建省住房服务设施均等化配置分析。

① 福建这十年：解决 300 万人住房困难［EB/OL］. 2022 - 09 - 29. https：//new. qq. com/rain/a/20220929A09RVM00

第一节 社区生活圈视角下福建省住房服务设施空间匹配协同分析

一、福建省区域层面社区生活圈住房服务设施空间匹配协同分析

基于匹配协同指数公式测算可得到表 8-1，福建省闽西南协同发展区的住房服务设施与社区生活圈占比均超过福建省整体的60%以上，但闽东北协同发展区住房类型基本公共服务设施与社区生活圈的匹配协同指数大于1，住房服务设施配置对于社区生活圈具有更好的承托与服务能力。反之，福建省闽西南协同发展区匹配协同指数小于1，说明闽西南整体的社区生活圈相对滞后于住房服务设施配置。由此可知，福建省闽东北协同发展区的住房服务设施空间匹配协同程度相对略高于闽西南区域。

表 8-1 福建省区域层面的社区生活圈住房服务设施匹配协同指标表

区域名称	住房服务设施总量	社区生活圈总量	住房服务设施占比	社区生活圈占比	匹配协同指数
福建省	760	5336	100.00%	100.00%	1.00
闽西南	461	3392	60.66%	63.57%	0.95
闽东北	299	1944	39.34%	36.43%	1.08

二、福建省市域层面社区生活圈住房服务设施空间匹配协同分析

根据公式测算得到表 8-2，福建省闽西南协同发展区内部可以划分出两种空间匹配协同类型，并可找出相应城市加以分析：（1）属于“滞后型”的城市有 2 个，为漳州市与三明市；三明市住房服务设施占比最低仅4.12%，其匹配协同指数也最低为 0.37；漳州市次之，其住房服务设施占比为 11.28%，但社区生活圈占比较高，因而相对滞后。（2）属于“超前型”的城市有 3 个，厦门市、泉州市和龙岩市；泉州市与厦门市的住房服务设施与社区生活圈占比均排序闽西南前位，因而匹配协同超前并不明显；龙岩市则由于其最低的社区生活圈占比 10.70%，达到最具超前优势的匹配协同指数 1.78。

表 8－2 福建省市域层面的社区生活圈住房服务设施匹配协同指标表

协同发展区名称	设区市名称	住房服务设施总量	社区生活圈总量	住房服务设施占比	社区生活圈占比	匹配协同指数
闽西南	泉州市	207	1401	44.90%	41.30%	1.09
	漳州市	52	628	11.28%	18.51%	0.61
	厦门市	95	618	20.61%	18.22%	1.13
	三明市	19	382	4.12%	11.26%	0.37
	龙岩市	88	363	19.09%	10.70%	1.78
闽东北	宁德市	18	321	6.02%	16.51%	0.36
	南平市	79	357	26.42%	18.36%	1.44
	莆田市	96	330	32.11%	16.98%	1.89
	福州市	106	936	35.45%	48.15%	0.74

福建省闽东北协同发展区内部可以划分出两种空间匹配协同类型，并可找出相应城市加以分析：（1）属于“滞后型”的城市有 2 个，宁德市与福州市；宁德市住房服务设施占比为闽东北最低的 6.02%，其匹配协同指数也为最低值 0.36；福州市住房服务设施最多，但其社区生活圈占比过高，因而匹配协同呈现滞后态势。（2）属于“超前型”的城市有 2 个，莆田市与南平市；莆田市的住房服务设施占比排序第 2 位，但社区生活圈占比排序第 4 位，因而匹配协同指数为闽东北最高值 1.89；南平市则次之，匹配协同指数达到 1.44。

三、福建省县域层面社区生活圈住房服务设施空间匹配协同分析

根据公式测算得到表 8－3，福建省城市内部可以划分出不同的社区生活圈住房服务设施空间匹配协同类型，并可找出相应县市区加以分析。泉州市各县市区的社区生活圈住房服务设施空间匹配协同指数在 0.00～4.24 之间，且“滞后型”多于“超前型”：（1）惠安县、永春县、德化县、石狮市、晋江市、南安市、丰泽区、洛江区、泉港区，3 县 3 市 3 区属于“滞后型”；德化县缺乏社区生活圈住房服务设施；丰泽区住房服务设施与其社区生活圈匹配滞后差距较小，指数达到 0.90。（2）安溪县、鲤城区，1 县 1 区属于“超前型”；鲤城区的住房服务设施占比排序第二位，且社区生活圈占比较低，最终匹配协同指数高达 4.24，4.50 倍以上超过其他县市区。

漳州市各县市区的社区生活圈住房服务设施空间匹配协同指数在 0.00～

2.72之间，且“超前型”多于“滞后型”：（1）漳浦县、东山县、南靖县、平和县，4县属于“滞后型”；南靖县缺乏社区生活圈住房服务设施；东山县的社区生活圈占比为滞后型中最低6.53%，其匹配协同指数为滞后型中最高值0.88。（2）云霄县、长泰县、诏安县、华安县、龙海市、芗城区、龙文区，4县1市2区属于“超前型”；龙海市住房服务设施与社区生活圈占比均为最高25.00%和20.86%，匹配协同指数为1.20；龙文区住房服务设施占比排序第2位，但社区生活圈占比较低，其匹配协同指数为最高值2.72，1.35倍以上超过其他县市区。

厦门市各县市区的社区生活圈住房服务设施空间匹配协同指数在0.22～1.93之间，“滞后型”数量与“超前型”相同：（1）湖里区、海沧区、同安区，3区属于“滞后型”；湖里区和海沧区住房服务设施均为厦门市最低的3.16%；同安区由于住房服务设施配置滞后于社区生活圈，匹配协同指数仅为0.74。（2）思明区、集美区、翔安区，3区属于“超前型”；思明区住房服务设施占比最高28.42%，远高于其他各区，其匹配协同指数为1.93，是其他县市区的1.50～8.77倍；集美区和翔安区的住房服务设施总量排序均靠前，匹配协同指数均超过1.00。

三明市各县市区的社区生活圈住房服务设施空间匹配协同指数在0.00～3.83之间，且“超前型”多于“滞后型”：（1）明溪县、清流县、大田县、沙县、泰宁县、建宁县、尤溪县、永安市，7县1市属于“滞后型”；明溪县、清流县、泰宁县和尤溪县内部缺乏社区生活圈住房服务设施有效配置；永安市社区生活圈的占比三明市最高20.42%，匹配协同相对滞后，指数为0.77。（2）将乐县、宁化县、梅列区、三元区，2县2区属于“超前型”；将乐县和宁化县的住房服务设施占比均超过21.00%，其社区生活圈占比均小于7.00%，匹配协同指数均在3.00以上，是其他县市区的1.92～5.55倍。

龙岩市各县市区的社区生活圈住房服务设施空间匹配协同指数在0.00～2.83之间，“滞后型”多于“超前型”：（1）长汀县、武平县、连城县、上杭县、漳平市、永定区，4县1市1区属于“滞后型”；武平县缺乏社区生活圈住房服务设施；永定区的住房服务设施数量为滞后型中最高，其匹配协同指数为滞后型最高值0.46。（2）仅新罗区属于“超前型”；新罗区住房服务设施与社区生活圈的占比分别81.82%和28.93%，均排名第一位，匹配协同指数为最高值2.83，是其他县市区的6.00倍以上，具有突出的超前配置优势。

南平市各县市区的社区生活圈住房服务设施空间匹配协同指数在 0.00 ~ 4.22 之间，“滞后型”多于“超前型”：(1) 浦城县、松溪县、政和县、顺昌县、光泽县、建瓯市、邵武市、延平区、建阳区，5 县 2 市 2 区属于“滞后型”；浦城县、松溪县、顺昌县、光泽县缺乏社区生活圈住房服务设施；延平区住房服务设施和社区生活圈占比分别为 12.66% 与 19.89%，均为滞后型排序第一位，其匹配协同指数位滞后型最高值 0.64。(2) 仅武夷山市属于“超前型”；武夷山市的住房服务设施占比为 72.15%，排序是南平市第一位，匹配协同指数也达到最高值 4.22，超过其他县市区 6.00 倍以上。

宁德市各县市区的社区生活圈住房服务设施空间匹配协同指数在 0.00 ~ 1.78 之间，且“滞后型”多于“超前型”：(1) 古田县、屏南县、寿宁县、周宁县、福鼎市、蕉城区，4 县 1 市 1 区属于“滞后型”；屏南县、寿宁县、周宁县缺乏社区生活圈住房服务设施；福鼎市和蕉城区的住房服务设施并列滞后型的最高占比 16.67%，匹配协同指数分别为 0.73 和 0.89。(2) 霞浦县、柘荣县、福安市，2 县 1 市属于“超前型”；福安市的住房服务设施占比为宁德市最高 33.33%，但其社区生活圈占比略高，最终匹配协同指数为 1.65，不及霞浦县和柘荣县的最高值 1.78。

福州市各县市区的社区生活圈住房服务设施空间匹配协同指数在 0.00 ~ 5.89 之间，“滞后型”多于“超前型”：(1) 连江县、罗源县、闽清县、永泰县、福清市、马尾区、晋安区、长乐区，4 县 1 市 3 区属于“滞后型”；罗源县缺乏社区生活圈住房服务设施；长乐区住房服务设施和社区生活圈占比均为滞后型第一位，其匹配协同指数 0.59。(2) 闽侯县、平潭县、鼓楼区、台江区、仓山区，2 县 3 区属于“超前型”；平潭县的住房服务设施占比最高为 28.30%，社区生活圈占比仅 4.81%，其匹配协同指数达到福州市最高值 5.89，超过其他县市区的 3.50 倍以上，配置优势突出显著。

莆田市各县市区的社区生活圈住房服务设施空间匹配协同指数在 0.16 ~ 2.14 之间，且“超前型”多于“滞后型”：(1) 仙游县与秀屿区，1 县 1 区属于“滞后型”；仙游县的住房服务设施占比为莆田市最低的 4.17%，同时社区生活圈占比莆田市最高 26.67%，其匹配协同指数为最低值 0.16。(2) 城厢区、涵江区与荔城区，3 区属于“超前型”；荔城区的住房服务设施占比为莆田市最高 39.58%，其匹配协同指数也为最高值 2.14，是其他县市区的 1.54 ~ 13.38 倍，城厢区与涵江区的住房服务设施占比均超过 20.00%，相对超前于其社区生活圈配置情况。

表 8－3　福建省县域层面的社区生活圈住房服务设施匹配协同指标表

设区市名称	县市区名称	住房服务设施总量	社区生活圈总量	住房服务设施占比	社区生活圈占比	匹配协同指数
泉州市	安溪县	34	156	16.43%	11.13%	1.48
	德化县	0	44	0.00%	3.14%	0.00
	丰泽区	11	83	5.31%	5.92%	0.90
	惠安县	10	136	4.83%	9.71%	0.50
	晋江市	45	379	21.74%	27.05%	0.80
	鲤城区	37	59	17.87%	4.21%	4.24
	洛江区	5	48	2.42%	3.43%	0.71
	南安市	34	261	16.43%	18.63%	0.88
	泉港区	4	56	1.93%	4.00%	0.48
	石狮市	14	119	6.76%	8.49%	0.80
	永春县	4	60	1.93%	4.28%	0.45
漳州市	东山县	3	41	5.77%	6.53%	0.88
	华安县	2	21	3.85%	3.34%	1.15
	龙海市	13	131	25.00%	20.86%	1.20
	龙文区	9	40	17.31%	6.37%	2.72
	南靖县	0	64	0.00%	10.19%	0.00
	平和县	1	61	1.92%	9.71%	0.20
	芗城区	6	64	11.54%	10.19%	1.13
	云霄县	8	48	15.38%	7.64%	2.01
	漳浦县	3	89	5.77%	14.17%	0.41
	长泰县	4	41	7.69%	6.53%	1.18
	诏安县	3	28	5.77%	4.46%	1.29
厦门市	海沧区	3	88	3.16%	14.24%	0.22
	湖里区	3	54	3.16%	8.74%	0.36
	集美区	26	131	27.37%	21.20%	1.29
	思明区	27	91	28.42%	14.72%	1.93
	同安区	13	115	13.68%	18.61%	0.74
	翔安区	23	139	24.21%	22.49%	1.08

续表

设区市名称	县市区名称	住房服务设施总量	社区生活圈总量	住房服务设施占比	社区生活圈占比	匹配协同指数
三明市	大田县	1	24	5.26%	6.28%	0.84
	建宁县	1	29	5.26%	7.59%	0.69
	将乐县	4	21	21.05%	5.50%	3.83
	梅列区	2	36	10.53%	9.42%	1.12
	明溪县	0	9	0.00%	2.36%	0.00
	宁化县	4	25	21.05%	6.54%	3.22
	清流县	0	20	0.00%	5.24%	0.00
	三元区	2	24	10.53%	6.28%	1.68
	沙县	2	49	10.53%	12.83%	0.82
	泰宁县	0	25	0.00%	6.54%	0.00
	永安市	3	78	15.79%	20.42%	0.77
	尤溪县	0	42	0.00%	10.99%	0.00
龙岩市	连城县	1	32	1.14%	8.82%	0.13
	上杭县	4	43	4.55%	11.85%	0.38
	武平县	0	40	0.00%	11.02%	0.00
	新罗区	72	105	81.82%	28.93%	2.83
	永定区	8	72	9.09%	19.83%	0.46
	漳平市	1	29	1.14%	7.99%	0.14
	长汀县	2	42	2.27%	11.57%	0.20
南平市	光泽县	0	19	0.00%	5.32%	0.00
	建瓯市	2	44	2.53%	12.32%	0.21
	建阳区	7	56	8.86%	15.69%	0.56
	浦城县	0	22	0.00%	6.16%	0.00
	邵武市	1	32	1.27%	8.96%	0.14
	顺昌县	0	23	0.00%	6.44%	0.00
	松溪县	0	10	0.00%	2.80%	0.00
	武夷山市	57	61	72.15%	17.09%	4.22
	延平区	10	71	12.66%	19.89%	0.64
	政和县	2	19	2.53%	5.32%	0.48

续表

设区市名称	县市区名称	住房服务设施总量	社区生活圈总量	住房服务设施占比	社区生活圈占比	匹配协同指数
宁德市	福安市	6	65	33.33%	20.25%	1.65
	福鼎市	3	73	16.67%	22.74%	0.73
	古田县	1	29	5.56%	9.03%	0.61
	蕉城区	3	60	16.67%	18.69%	0.89
	屏南县	0	16	0.00%	4.98%	0.00
	寿宁县	0	16	0.00%	4.98%	0.00
	霞浦县	4	40	22.22%	12.46%	1.78
	柘荣县	1	10	5.56%	3.12%	1.78
	周宁县	0	12	0.00%	3.74%	0.00
福州市	仓山区	13	109	12.26%	11.65%	1.05
	福清市	3	134	2.83%	14.32%	0.20
	鼓楼区	7	52	6.60%	5.56%	1.19
	晋安区	6	71	5.66%	7.59%	0.75
	连江县	4	70	3.77%	7.48%	0.50
	罗源县	0	22	0.00%	2.35%	0.00
	马尾区	2	47	1.89%	5.02%	0.38
	闽侯县	25	144	23.58%	15.38%	1.53
	闽清县	1	44	0.94%	4.70%	0.20
	平潭县	30	45	28.30%	4.81%	5.89
	台江区	4	25	3.77%	2.67%	1.41
	永泰县	2	39	1.89%	4.17%	0.45
	长乐区	9	134	8.49%	14.32%	0.59
莆田市	城厢区	23	57	23.96%	17.27%	1.39
	涵江区	21	66	21.88%	20.00%	1.09
	荔城区	38	61	39.58%	18.48%	2.14
	仙游县	4	88	4.17%	26.67%	0.16
	秀屿区	10	58	10.42%	17.58%	0.59

第二节 社区生活圈视角下福建省住房服务设施全局空间自相关分析

一、福建省区域层面社区生活圈住房服务设施全局空间自相关分析

运用 ArcGIS 软件的全局空间自相关方法操作可得到表 8－4，福建省区域层面 Moran's I 和 Getis-Ord General G 指数方法的 P 值结果均小于 0.01，同时 Z 值均大于 2.58，统计学意义上达到 99% 的置信度，拒绝零假设，通过显著性检验。

表 8－4 福建省区域层面的社区生活圈住房服务设施全局空间自相关指标表

区域名称	P 值	Z 值	Moran's I	P 值	Z 值	E-General G	O-General G
福建省	0.00	9.85	0.01	0.00	5.22	0.000	0.002
闽东北	0.00	4.46	0.01	0.00	1.49	0.001	0.003
闽西南	0.00	12.58	0.03	0.00	7.33	0.001	0.004

通过指标综合对比，可以分析出社区生活圈住房服务设施全局空间自相关特征：（1）所有区域的 Moran's I 指数均大于 0，社区生活圈住房服务设施配置整体呈现较弱的聚集态势。（2）所有区域的 O-General G 均大于 E-General G，说明福建省社区生活圈住房服务设施总体高值区域聚类。（3）根据 Moran's I 指数排序，则有“闽西南 > 闽东北 = 福建省”，福建省闽西南协同发展区的社区生活圈住房服务设施配置集聚程度高于福建省整体情况，且闽西南的聚集效果超过闽东北。（4）考察 O-General G 与 E-General G 的数值差异，福建省整体的高值聚类效果与闽东北协同发展区相类似，但两者均弱于闽西南协同发展区。

二、福建省市域层面社区生活圈住房服务设施全局空间自相关分析

运用软件操作得到表 8－5，福建省市域层面的社区生活圈住房服务设施两种指数方法结果中存在不满足显著性检验和统计学检验的情况，对于 P 值大于 0.05 的需要予以排除。通过指标综合对比，可以分析出闽西南 5 市

的全局空间自相关特征：（1）社区生活圈住房服务设施 Moran's I 指数方法中，泉州市、三明市和龙岩市均能够通过统计学检验，呈现空间正相关聚类特性。（2）指标数值在 0.02 ~ 0.18 之间，泉州市和三明市相关性最弱，接近于随机分布；龙岩市则正相关性稍明显。（3）与闽西南区域 Moran's I 指数相比，仅龙岩市的社区生活圈住房服务设施聚类效果超过区域整体水平。（4）考察 Getis-Ord General G 指数差异，O-General G 大于 E-General G，此三市普遍呈现高值聚类态势。

通过指标综合对比，可以分析出闽东北 4 市的全局空间自相关特征：（1）社区生活圈住房服务设施 Moran's I 指数中，宁德市和莆田市通过统计学检验，呈现空间正相关聚类特性。（2）指标数值在 0.04 ~ 0.09 之间，两市普遍显示出较弱的正相关态势，整体趋近于随机分布。（3）与闽东北区域 Moran's I 指数相比，宁德市和莆田市的社区生活圈住房服务设施聚类效果均超过区域整体水平。（4）考察 Getis-Ord General G 指数差异，则有 O-General G 小于 E-General G，宁德市呈现低值聚类；O-General G 大于 E-General G，莆田市呈现高值聚类态势。

表 8-5 福建省市域层面的社区生活圈住房服务设施全局空间自相关指标表

设区市名称	P 值	Z 值	Moran's I	P 值	Z 值	E-General G	O-General G
南平市	0.52	(0.65)	(0.01)	0.00	(0.13)	0.0045	0.0024
宁德市	0.01	2.50	0.04	0.00	6.12	0.0522	0.0047
福州市	0.07	1.78	0.00	0.00	0.01	0.0025	0.0024
莆田市	0.00	12.40	0.09	0.00	5.07	0.0060	0.0285
泉州市	0.00	6.22	0.02	0.00	3.36	0.0016	0.0068
漳州市	0.26	1.12	0.01	0.00	2.86	0.0026	0.0112
厦门市	0.79	(0.26)	(0.00)	0.00	1.14	0.0000	0.0004
三明市	0.03	2.17	0.03	0.00	3.56	0.0000	0.0001
龙岩市	0.00	14.28	0.18	0.00	7.40	0.0044	0.0528

三、福建省县域层面社区生活圈住房服务设施全局空间自相关分析

运用软件操作，可获得福建省各县市区的社区生活圈住房服务设施指数

方法结果见表 8 -6，并可分析县域全局空间自相关特征。由于社区生活圈住房服务设施本身总量偏低，且在各县市区空间分布不均，指数方法结果中存在不满足显著性检验和统计学检验的情况，需要予以剔除。

泉州市：(1) Moran's I 指数方法中仅有 2 市通过显著性检验，社区生活圈住房服务设施 Moran's I 指标数值在 0.03 ~0.11 之间，南安市接近随机分布，晋江市正相关最显著。(2) Getis-Ord General G 指数方法中，则有 O-General G 大于 E-General G，结果整体呈现高值聚类。

漳州市：(1) Moran's I 方法 1 县 1 市通过显著性检验，Moran's I 指标数值在 0.05 ~1.00 之间，龙海市正相关性最弱，华安县的社区生活圈住房服务设施配置正相关显著性最突出。(2) Getis-Ord General G 指数方法中，结果总体呈现高值聚类。

厦门市：(1) Moran's I 方法仅有同安区通过显著性检验，呈现空间正相关聚类特性；Moran's I 指标数值也仅为 0.03，趋近随机分布。(2) Getis-Ord General G 指数结果显示高值聚类情况。

三明市：(1) Moran's I 方法仅有三元区通过显著性检验，Moran's I 指标数值为 0.07，三元区具有社区生活圈住房服务设施配置的正相关特性。(2) Getis-Ord General G 指数结果显示高值聚类情况。

龙岩市：(1) Moran's I 方法仅有新罗区通过统计学检验，Moran's I 指标数值为 0.02，趋近于随机分布，正相关显著性不明显。(2) Getis-Ord General G 指数方法结果为 O-General G 大于 E-General G，新罗区的社区生活圈住房服务设施配置呈现高值聚类态势。

南平市：排除 Moran's I 指数方法和 Getis-Ord General G 指数方法最终结果指标缺失、P 值大于 0.05 而不满足统计学意义等情况，南平市各县市区均缺乏社区生活圈住房服务设施的显著正相关性以及聚类特性表现，整体分布缺乏明显规律性。

宁德市：(1) Moran's I 方法仅有霞浦县通过统计学检验，指标数值为 0.09，正相关性较弱，且非常趋近于随机分布。(2) Getis-Ord General G 指数方法中，结果呈现为高值聚类态势。

福州市：(1) Moran's I 方法仅有长乐区通过统计学检验并符合显著性检验，指标数值为 0.07，具有一定的正相关集聚性。(2) Getis-Ord General G 指数方法中，结果呈现高值聚类。

莆田市：（1）Moran's I 方法仅城厢区通过显著性检验，社区生活圈住房服务设施的 Moran's I 指标数值在为 0.10，具有正相关显著性。（2）Getis-Ord General G 方法中，最终结果呈现为高值聚类态势。

表 8－6　福建省县域层面的社区生活圈住房服务设施全局空间自相关指标表

设区市名	县市区名	P 值	Z 值	Moran's I	Z 值	E-General G	O-General G
漳州市	东山县	0.25	(1.16)	(0.08)	(0.24)	0.055	0.000
	华安县	0.00	3.88	1.00	5.02	0.038	1.000
	龙海市	0.05	1.99	0.05	1.60	0.013	0.043
	龙文区	0.93	0.09	(0.02)	2.69	0.064	0.267
	平和县	0.46	(0.74)	(0.03)	—	—	—
	芗城区	0.27	1.11	0.02	1.42	0.037	0.154
	云霄县	0.34	(0.95)	(0.05)	(0.18)	0.033	0.000
	漳浦县	0.71	0.37	0.00	(0.11)	0.012	0.000
	长泰县	0.45	(0.75)	(0.06)	(0.34)	0.038	0.000
	诏安县	0.87	(0.16)	(0.05)	(0.22)	0.048	0.000
泉州市	安溪县	0.82	0.23	(0.00)	0.70	0.009	0.022
	德化县	0.20	(1.29)	(0.05)	(0.48)	0.047	0.000
	丰泽区	0.06	1.85	0.08	1.06	0.033	0.000
	惠安县	0.56	0.58	0.02	2.06	0.013	0.082
	晋江市	0.00	4.57	0.11	6.02	0.007	0.050
	鲤城区	0.55	0.60	0.03	0.98	0.053	0.115
	洛江区	0.65	(0.45)	(0.08)	(0.51)	0.040	0.000
	南安市	0.00	3.45	0.03	4.87	0.0000	0.0003
	泉港区	0.53	0.63	0.00	2.98	0.034	0.571
	石狮市	0.74	0.33	0.01	0.62	0.024	0.051
	永春县	0.94	(0.07)	(0.02)	(0.27)	0.026	0.000
厦门市	思明区	0.70	0.39	0.02	0.78	0.036	0.055
	翔安区	0.62	(0.50)	(0.01)	(0.24)	0.019	0.000
	集美区	0.57	(0.57)	(0.02)	(0.34)	0.024	0.005
	海沧区	0.31	(1.02)	(0.04)	(0.28)	0.026	0.000
	湖里区	0.44	0.77	0.03	(0.44)	0.058	0.000
	同安区	0.00	3.21	0.03	5.11	0.022	0.300

续表

设区市名	县市区名	P 值	Z 值	Moran's I	Z 值	E-General G	O-General G
三明市	大田县	0.31	(1.01)	(0.11)	—	—	—
	建宁县	0.28	(1.09)	(0.09)	—	—	—
	将乐县	0.74	(0.33)	(0.08)	(0.25)	0.057	0.000
	梅列区	0.80	0.25	(0.02)	(0.27)	0.067	0.000
	宁化县	0.77	0.29	(0.03)	2.35	0.060	0.400
	三元区	0.00	2.81	0.07	2.41	0.000	0.001
	沙县	0.23	(1.21)	(0.05)	(0.21)	0.042	0.000
	永安市	0.33	0.98	0.02	(0.26)	0.022	0.000
龙岩市	上杭县	0.40	0.85	0.02	1.48	0.035	0.200
	新罗区	0.03	2.14	0.02	3.02	0.023	0.081
	永定区	0.12	(1.55)	(0.05)	(0.34)	0.000	0.000
	长汀县	0.24	(1.17)	(0.07)	(0.19)	0.034	0.000
南平市	建瓯市	0.26	(1.13)	(0.06)	(0.17)	0.027	0.000
	建阳区	0.56	(0.58)	(0.03)	(0.39)	0.034	0.000
	武夷山市	0.96	(0.05)	(0.02)	(0.29)	0.030	0.000
	延平区	0.98	0.02	(0.01)	1.85	0.0002	0.0003
宁德市	福安市	0.83	0.21	(0.01)	2.87	0.023	0.133
	蕉城区	0.13	1.50	0.02	1.40	0.509	1.000
	霞浦县	0.01	2.67	0.09	5.39	0.033	1.000
莆田市	城厢区	0.00	3.96	0.10	4.01	0.038	0.123
	涵江区	0.84	(0.20)	(0.02)	(0.12)	0.039	0.034
	荔城区	0.73	(0.35)	(0.03)	1.50	0.031	0.058
	仙游县	0.46	(0.72)	(0.03)	(0.23)	0.019	0.000
	秀屿区	0.37	0.89	0.03	0.16	0.019	0.023
福州市	仓山区	0.39	(0.87)	(0.04)	(0.19)	0.027	0.018
	福清市	0.30	(1.03)	(0.02)	(0.20)	0.013	0.000
	鼓楼区	0.69	0.40	0.02	0.60	0.066	0.095
	晋安区	0.39	(0.86)	(0.04)	(0.58)	0.036	0.000
	连江县	0.52	(0.64)	(0.04)	(0.15)	0.021	0.000
	马尾区	0.29	(1.05)	(0.07)	(0.21)	0.043	0.000
	闽侯县	0.88	(0.15)	(0.01)	(0.13)	0.016	0.014
	平潭县	0.55	0.59	0.00	(0.39)	0.035	0.000
	台江区	0.44	(0.77)	(0.14)	(0.62)	0.117	0.000
	永泰县	0.13	1.50	0.05	4.95	0.039	1.000
	长乐区	0.00	3.03	0.07	2.16	0.014	0.064

第三节 社区生活圈视角下福建省住房服务设施局部空间自相关分析

一、福建省区域层面社区生活圈住房服务设施局部空间自相关分析

运用 ArcGIS 软件的 Anselin Local Moran's I 方法操作，可以得到福建省区域层面的社区生活圈住房服务设施聚类和异常值结果，排除不显著类型，其他类型分布统计情况如图 8－1 所示。通过指标综合对比，可以分析出福建省整体与两大协同发展区的局部空间自相关特征：（1）区域层面的 H-H 型和 L-L 型两种聚类类型均少于 H-L 型和 L-H 型两种异常类型。（2）福建省和两大协同发展区的 H-H 型高值聚类均少于 L-L 型低值聚类。（3）福建省与两大协同发展区的 H-L 型高值被低值围绕异常均最少，且有闽西南协同发展区的 H-L 型总量小于闽东北，此类异常值社区生活圈具有向周边辐射带动作用。（4）L-H 型低值被高值围绕异常总体最多，且在福建省各个区域普遍较多，该类型社区生活圈属于低值亟待改善单元，呈现住房服务设施配置“凹陷”。

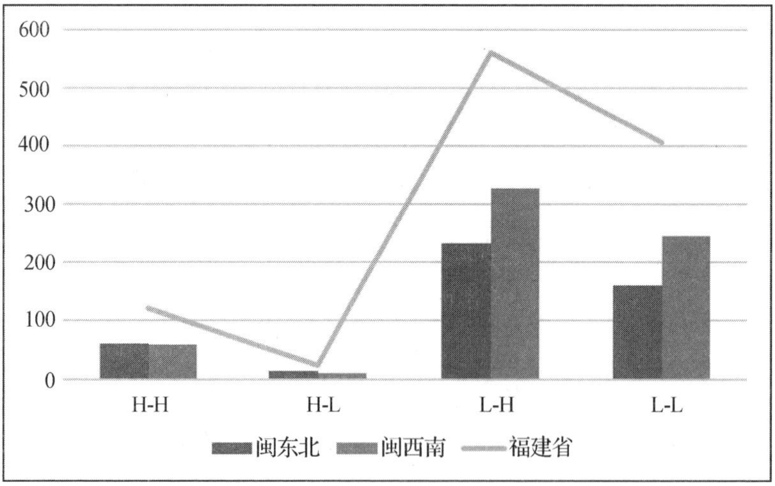

图 8－1 福建省区域层面的社区生活圈住房服务设施聚类异常图

二、福建省市域层面社区生活圈住房服务设施局部空间自相关分析

运用 ArcGIS 软件的局部空间自相关方法操作，可以得到市域层面的社区生活圈住房服务设施聚类和异常值分析结果。排除不显著类型，闽东北 4 个设区市其他 4 类分布统计情况如图 8－2 所示，通过综合对比分析可知：（1）H-H 型高值聚类中，莆田市占比最多达到 91.80%，其社区生活圈住房服务设施服务能力强劲。（2）H-L 型高值被低值围绕异常 4 设区市均较少，莆田市甚至仅有 1 个，宁德市和福州市的占比均超过 30.00%，说明微观尺度住房服务设施极端高值的不均衡情况较少，且主要分布与宁德市与福州市内部。（3）L-H 型低值被高值围绕异常中，莆田市占比高达 60.68%，南平市和福州市分别占比超过 15.00%，这种极端低值异常可能存在于周边住房服务设施普遍富集的情况下。（4）L-L 型低值聚类中，福州市占比 97.52%，低值聚集说明存在社区生活圈住房服务设施配置短板，应对照所在地市查缺补漏。

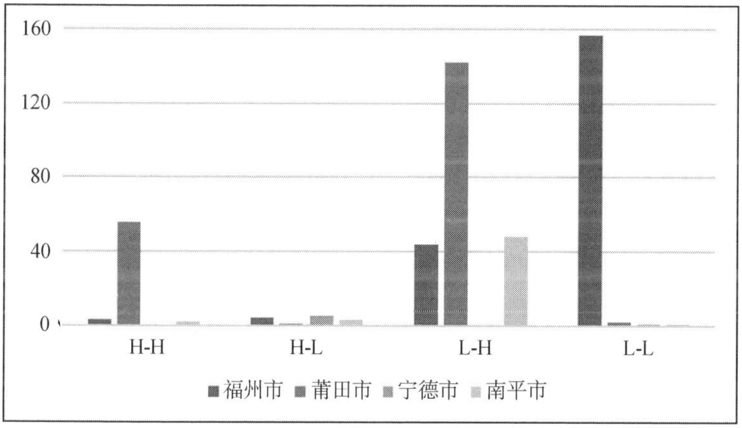

图 8－2　福建省闽东北协同发展区市域层面的社区生活圈住房服务设施聚类异常图

排除不显著类型，闽西南 5 个设区市 4 类分布统计情况如图 8－3 所示，通过综合对比分析可知：（1）闽西南的 H-H 型高值聚类中，泉州市占比最多达到 56.67%，龙岩市次之达到 38.33%，此两城市显示内部社区生活圈住房服务设施配置水平优越。（2）H-L 型高值被低值围绕异常在五个设区市均最少，其中厦门市为 0 个，泉州市占整个闽西南的 40.00%，龙岩市占

比为 30.00%，这些社区生活圈具备向周边正向辐射带动的积极作用。(3) L-H 型低值被高值围绕异常中，泉州市占比达到 61.47%，龙岩市为 30.89%，这种配置水平“凹陷”的社区生活圈，应积极与周边差距进行完善配置。(4) L-L 型低值聚类中，泉州市占比 52.44%，漳州市次之为 41.46%，作为闽西南协同发展区的三大核心城市中的两个城市，其社区生活圈住房服务设施配置的明显短板情况需要引起重视。

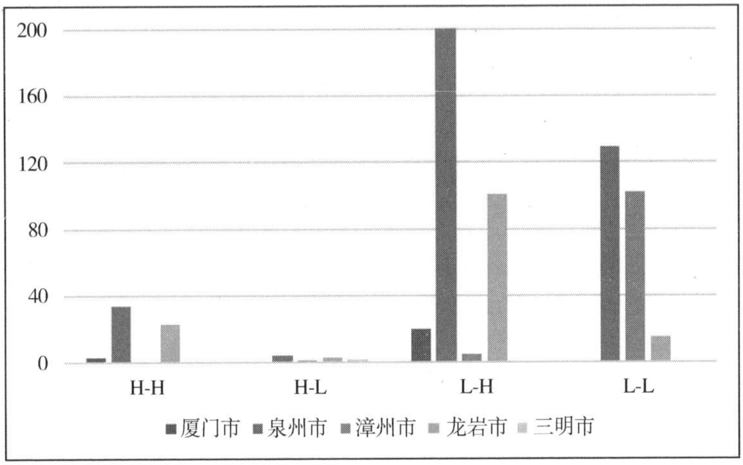

图 8－3　福建省闽西南协同发展区市域层面的社区生活圈住房服务设施聚类异常图

三、福建省县域层面社区生活圈住房服务设施局部空间自相关分析

运用 ArcGIS 软件可以得到县域层面社区生活圈住房服务设施聚类和异常值结果，排除不显著类型，局部空间自相关结果见表 8－7。厦门市共涉及 23 个社区生活圈：(1) H-H 型共 3 个，思明区占比为 66.67%，翔安区占比为 33.33%；H-L 型为 0 个，不存在高值被低值围绕的异常类型；L-H 型总量最多为 20 个，集美区占比最高为 35.00%，思明区和翔安区各占比超过 25.00%；L-L 型共计 0 个，不存在低值聚类的社区生活圈。(2) 厦门市县域的社区生活圈住房服务设施配置整体优势突出，思明区与翔安区的高值聚类突出，集美区则应相应补充配置短板。

泉州市共涉及 368 个社区生活圈：(1) H-H 型共 34 个，鲤城区占比最高为 32.35%，安溪县次之占比为 20.59%；H-L 型总量最少仅有 4 个，其中晋江市占比均超过 70.00%；L-H 型总量最多为 201 个，南安市和鲤城区占比均超过 20.00%，安溪县与丰泽区也占比超过 15.00%；L-L 型共计 129 个，晋江市占比超过 45.00%，南安市占比为 33.33%。（2）泉州市县域的社区生活圈住房服务设施配置水平有待提升，鲤城区和安溪县最具优势和提升潜力，晋江市则最需及时补充社区生活圈住房服务设施。

漳州市共涉及 108 个社区生活圈：（1）H-H 型共 0 个，不存在社区生活圈住房服务设施高值聚类情况；H-L 型总量为 1 个，100.00% 位于平和县内部；L-H 型共计 5 个，全部位于云霄县内部；L-L 型总量最多为 102 个，南靖县占比最高为 42.16%，平和县占比也超过 35.00%。（2）漳州市县域的社区生活圈住房服务设施低值聚类情况突出，云霄县低值被高值围绕的社区生活圈最具提升潜力，南靖县和平和县的社区生活圈住房服务设施配置亟待补充。

龙岩市共涉及 142 个社区生活圈：（1）H-H 型共 23 个，100.00% 位于新罗区内部；H-L 型总量为 3 个，连城县、漳平市和永定区各占 33.33%；L-H 型总量最多为 101 个，新罗区独占 76.24%；L-L 型共计 15 个，永定区占比位 80.00%。（2）龙岩市县域的社区生活圈住房服务异常值表现显著，其中新罗区最具优势和提升潜力，永定区则亟待充足配置住房服务设施。

三明市共涉及 2 个社区生活圈：（1）H-H 型、L-H 型和 L-L 型均为 0 个，H-L 型 2 个，大田县和建宁县分别占比 50.00%。（2）三明市县域的社区生活圈住房服务设施聚类情况不明显，存在高值被低值围绕异常情况，大田县和建宁县具备配置水平提升潜力。

福州市共涉及 208 个社区生活圈：（1）H-H 型总量最小仅有 3 个，100.00% 位于平潭县内部；H-L 型共 4 个，福清市占比最高为 50.00%，其他则分别位于闽清县和长乐区内部；L-H 型共计 44 个，平潭县独占 88.64%；L-L 型总量最多为 157 个，其中福清市独占 42.04%，长乐区次之占比为 23.57%。（2）福州市县域的社区生活圈住房服务设施低值聚类情况明显，平潭县具有配置优势和提升潜力，福清市则配置水平较弱且亟待补充住房服务设施。

莆田市共涉及 201 个社区生活圈：（1）H-H 型共 56 个，荔城区占比最高为 41.07%，城厢区和涵江区次之，占比均超过 20.00%；H-L 型总量最小仅有 1 个，100.00% 位于仙游县内部；L-H 型总量最多为 142 个，涵江区占比最高为 33.80，城厢区和荔城区占比均超过 25.00%；L-L 型共计 2 个，

100.00%位于仙游县内部。（2）莆田市县域的社区生活圈住房服务设施存在明显异常值，荔城区、城厢区和涵江区具有配置优势与潜力，仙游县则配置水平较弱。

宁德市共涉及6个社区生活圈：（1）H-H型与L-H型均为0个，不存明显具备配置优势和提升潜力的社区生活圈；H-L型总量最多为5个，其中福鼎市占比最高为60.00%，古田县和柘荣县分别占比20.00%；L-L型共1个，100.00%位于古田县内部。（2）宁德市古田县的社区生活圈住房服务设施最需要予以充足供给。

南平市共涉及54个社区生活圈：（1）H-H型共2个，100.00%位于武夷山市内部；H-L型总量为3个，政和县占比最高为66.67%；L-H型总量最多为48个，仍然全部位于武夷山市内部；L-L型共计1个，全部位于延平区。（2）南平市县域的社区生活圈住房服务设施具备提升潜力，武夷山市最具优势，延平区则最需补充社区生活圈住房服务设施。

表8－7　福建省县域层面的社区生活圈住房服务设施聚类异常指标表

设区市名称	县市区名称	H-H型	H-L型	L-H型	L-L型
泉州市	安溪县	7	0	35	3
	丰泽区	5	0	37	0
	晋江市	5	3	21	63
	鲤城区	11	0	48	0
	南安市	6	0	59	43
	洛江区	0	1	1	2
	惠安县	0	0	0	18
漳州市	平和县	0	1	0	36
	云霄县	0	0	5	5
	南靖县	0	0	0	43
	漳浦县	0	0	0	18
厦门市	思明区	2	0	6	0
	翔安区	1	0	5	0
	集美区	0	0	7	0
	同安区	0	0	2	0
三明市	大田县	0	1	0	0
	建宁县	0	1	0	0

续表

设区市名称	县市区名称	H-H 型	H-L 型	L-H 型	L-L 型
龙岩市	新罗区	23	0	77	1
	连城县	0	1	0	0
	漳平市	0	1	0	0
	永定区	0	1	22	12
	上杭县	0	0	2	0
	武平县	0	0	0	2
南平市	武夷山市	2	0	48	0
	邵武市	0	1	0	0
	政和县	0	2	0	0
	延平区	0	0	0	1
宁德市	福鼎市	0	3	0	0
	古田县	0	1	0	1
	柘荣县	0	1	0	0
福州市	平潭县	3	0	39	0
	福清市	0	2	4	66
	闽清县	0	1	0	12
	长乐区	0	1	0	37
	闽侯县	0	0	1	0
	连江县	0	0	0	13
	罗源县	0	0	0	17
	马尾区	0	0	0	12
莆田市	城厢区	14	0	37	0
	涵江区	12	0	48	0
	荔城区	23	0	38	0
	秀屿区	7	0	19	0
	仙游县	0	1	0	2

第四节　社区生活圈视角下福建省住房服务设施变异系数测算分析

一、福建省社区生活圈住房服务设施变异系数指标分析

运用 ArcGIS 软件操作可以得到福建省整体、两大协同发展区与 9 个设

区市的社区生活圈住房服务设施标准差与平均值，并可基于变异系数测算公式最终得出表8－8。其中，福建省整体的社区生活圈住房服务设施变异系数为7.29，闽东北协同发展区的变异系数为8.54，闽西南协同发展区的变异系数为6.19。按变异系数由大到小排序则有“闽东北 > 福建省 > 闽西南”，说明闽西南协同发展区内部的社区生活圈住房服务设施配置差异最小，闽东北的配置差异则高于福建省整体。市域层面按变异系数由大到小排序可知：南平市（12.52）> 厦门市（6.51）> 泉州市（6.08）> 福州市（5.87）> 漳州市（4.95）> 龙岩市（4.91）> 三明市（4.83）> 宁德市（4.56）> 莆田市（2.44），莆田市内部的社区生活圈住房服务设施配置差异最小，南平市则配置差异最大。

表8－8　福建省社区生活圈住房服务设施变异系数指标表

地区名称	标准差	平均值	变异系数
福建省	1.04	0.14	7.29
闽东北	1.31	0.15	8.54
闽西南	0.84	0.14	6.19
福州市	0.67	0.11	5.87
莆田市	0.71	0.29	2.44
宁德市	0.26	0.06	4.56
南平市	2.77	0.22	12.52
厦门市	1.00	0.15	6.51
漳州市	0.41	0.08	4.95
泉州市	0.90	0.15	6.08
三明市	0.24	0.05	4.83
龙岩市	1.19	0.24	4.91

二、福建省社区生活圈住房服务设施均等配置程度分析

由测算公式可知，变异系数指标值越小则说明社区生活圈住房服务设施均等化配置程度越高。福建省闽西南的社区生活圈住房服务设施均等化配置程度高于闽东北，且高于福建省整体层面的均等化配置情况。考察图8－4可知，市域层面社区生活圈住房服务设施的均等化配置程度由低到高排序为南平市 < 厦门市 < 泉州市 < 福州市 < 漳州市 < 龙岩市 < 三明市 < 宁德市 < 莆田市。

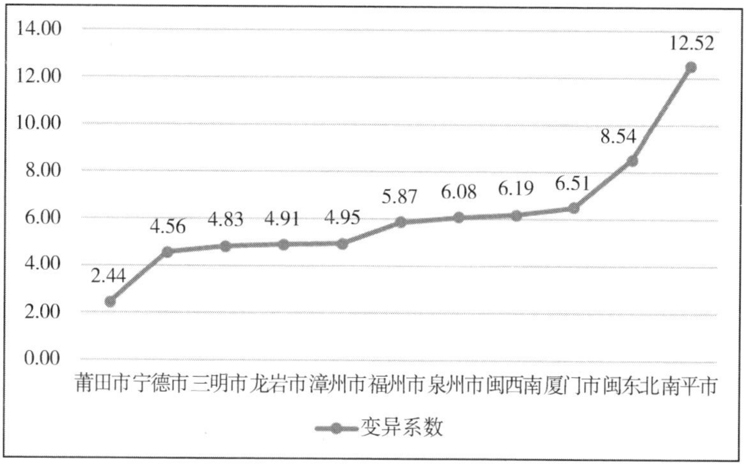

图 8-4 福建省社区生活圈住房服务设施变异系数排序图

考察福建省各设区市的社区生活圈住房服务设施均等化配置程度空间分布情况，可通过 ArcGIS 软件操作，采用自然断裂法 Natural Breaks（Jenks）依据变异系数指标值进一步划出高、中、低 3 个等级。其中，社区生活圈住房服务设施均等化配置的“高等级市”包括莆田市、宁德市、三明市和龙岩市，莆田市与宁德市位于东部沿海，其他 2 市较为集中地分布于福建省西南山区，平均变异系数为 4.19；社区生活圈住房服务设施均等化配置的“中等级市”包括漳州市、福州市、泉州市和厦门市，4 市全部位于福建省的东南部沿海，平均变异系数为 5.85；社区生活圈住房服务设施均等化配置的“低等级市”仅有 1 个，即南平市，位于福建省东北部山区，变异系数高达 12.52。

第九章　社区生活圈视角下福建省行政服务设施均等化配置分析

福建省对基本公共服务中的“弱有所扶”“优军服务保障”工作十分重视。党的十八大以来，福建省逐步建立起与经济社会发展水平相适应的包括城乡低保、特困供养、临时救助、儿童关爱、残疾人福利、拥军优抚等制度在内的基本民生保障体系。福建省民政厅、省财政厅印发《关于切实保障好困难群众基本生活的通知》推动形成“资金＋物质＋服务”救助方式；在全国先行探索救助从“收入型贫困”向“支出型贫困”延伸，并率先出台《政府购买农村留守儿童和困境儿童关爱服务项目暂行实施办法》《关于进一步加强事实无人抚养儿童保障工作的实施意见》①。基本民生保障服务的服务主体是政府，保障目标是满足社会成员的最低生存需求。由于基本民生保障服务涉及多部门多层次多主体，因此，本书将行政服务设施作为满足“弱有所扶”“优军服务保障”的主要物质基础和实体空间。新发展阶段强调提高民生保障的可及性与实效性，需要更多依托乡镇（街道）社工站、城乡社区工作室实施社会工作服务项目，因此，行政服务设施的有效配置也成为完善民生保障向基层深度延伸的必然要求。

本章将使用空间匹配协同分析、全局空间自相关分析、局部空间自相关分析与变异系数测算分析 4 种方法进行社区生活圈视角下的福建省行政服务设施均等化配置分析。

① 福建：织密织牢“弱有所扶”的民生保障网［EB/OL］. 2022－08－13. https：//view. inews. qq. com/k/20220813A08O6300？web_ channel＝wap&openApp＝false

第一节 社区生活圈视角下福建省行政服务设施空间匹配协同分析

一、福建省区域层面社区生活圈行政服务设施空间匹配协同分析

基于匹配协同指数公式测算可得到表 9-1，福建省闽西南协同发展区的行政服务设施与社区生活圈总量均高于闽东北，且闽西南的匹配协同指数大于1，其行政服务设施配置对于社区生活圈具有更好的承托与服务能力。反之，福建省闽东北协同发展区的匹配协同指数小于1，可能存在社区生活圈缺少行政服务设施均等配置的情况。由此可知，福建省闽西南协同发展区的行政服务设施空间匹配协同程度相对略高于闽东北区域。

表 9-1 福建省区域层面的社区生活圈行政服务设施匹配协同指标表

区域名称	行政服务设施总量	社区生活圈总量	行政服务设施占比	社区生活圈占比	匹配协同指数
福建省	5966	5336	100.00%	100.00%	1.00
闽西南	3837	3392	64.31%	63.57%	1.01
闽东北	2129	1944	35.69%	36.43%	0.98

二、福建省市域层面社区生活圈行政服务设施空间匹配协同分析

根据公式测算得到表 9-2，福建省闽西南协同发展区内部市域可以划分出两种空间匹配协同类型：（1）属于“滞后型”的城市有 3 个，为漳州市、三明市和龙岩市；漳州市的行政服务设施和社区生活圈占比分别为 15.22% 和 18.51%，其匹配协同指数为闽西南最低值 0.82；龙岩市和三明市的行政服务设施占比均较低，也均相对滞后于各自社区生活圈配置情况。（2）属于“超前型”的城市有 2 个，为泉州市和厦门市；泉州市的行政服务设施和社区生活圈占比分别高达 44.80% 和 41.30%，均为闽西南排序第 1 位，匹配协同指数为最高值 1.08；厦门市稍次之为 1.07，此两市普遍超过闽西南其他城市 1.09 ~ 1.32 倍。

福建省闽东北协同发展区内部市域可以划分出两种空间匹配协同类型：

(1) 属于“滞后型”的城市有2个，为莆田市和南平市；南平市的行政服务设施占比为闽东北最低的11.70%，其匹配协同指数同样为闽东北最低值0.64；莆田市的行政服务设施配置虽然也滞后于社区生活圈，但相对得宜，匹配协同指数趋近于1。(2) 属于“超前型”的城市有2个，福州市和宁德市；福州市的行政服务设施与社区生活圈占比分别达到闽东北协同发展区总量的56.18%和48.15%，超前匹配态势表征强烈，但其匹配协同指数是闽东北其他城市的1.17~1.83倍。

表9-2 福建省市域层面的社区生活圈行政服务设施匹配协同指标表

协同发展区名称	设区市名称	行政服务设施总量	社区生活圈总量	行政服务设施占比	社区生活圈占比	匹配协同指数
闽西南	泉州市	1719	1401	44.80%	41.30%	1.08
	漳州市	584	628	15.22%	18.51%	0.82
	厦门市	745	618	19.42%	18.22%	1.07
	三明市	426	382	11.10%	11.26%	0.99
	龙岩市	363	363	9.46%	10.70%	0.88
闽东北	宁德市	353	321	16.58%	16.51%	1.00
	南平市	249	357	11.70%	18.36%	0.64
	莆田市	331	330	15.55%	16.98%	0.92
	福州市	1196	936	56.18%	48.15%	1.17

三、福建省县域层面社区生活圈行政服务设施空间匹配协同分析

根据公式测算得到表9-3，福建省各县市区可以划分出不同的社区生活圈行政服务设施空间匹配协同类型。泉州市各县市区的社区生活圈行政服务设施空间匹配协同指数在0.51~3.70之间，且“滞后型”多于“超前型”：(1) 惠安县、安溪县、德化县、晋江市、南安市、洛江区，3县2市1区属于“滞后型”；安溪县行政服务设施占比5.70%，但其社区生活圈占比为11.13%，其匹配协同指数为泉州市最低0.51；其他滞后型县区市则普遍匹配协同指数高于0.60。(2) 永春县、石狮市、鲤城区、丰泽区，1县1市2区属于“超前型”；鲤城区的行政服务设施占比排序为第二位，其社区生活圈占比较低，匹配协同指数为最高值3.70，是其他县市区的2.47~7.25倍。(3) 泉港区为“一致型”，指数为1.00。

漳州市各县市区的社区生活圈行政服务设施空间匹配协同指数在0.66～2.08之间，且“滞后型”多于“超前型”：（1）云霄县、漳浦县、长泰县、南靖县、平和县、华安县、龙海市，6县1市属于“滞后型”；龙海市的行政服务设施占比排漳州市第二位，社区生活圈占比却高达20.86%，其匹配协同指数为漳州市最低值0.66。（2）诏安县、东山县、芗城区、龙文区，2县2区属于“超前型”；芗城区行政服务设施占比最高21.23%，但其社区生活圈占比仅是漳州市第三位的10.19%，匹配协同指数为漳州市最高值2.08，是其他县市区的1.21～3.15倍；龙文区的匹配协同指数值也超过1.50，行政服务设施配置优势突出。

厦门市各县市区的社区生活圈行政服务设施空间匹配协同指数在0.38～2.35之间，且“滞后型”多于“超前型”：（1）海沧区、集美区、同安区、翔安区，岛外4区属于“滞后型”；翔安区行政服务设施占比最低仅为8.46%，同时社区生活圈占比则最高达到22.49%，其匹配协同指数为厦门市最低0.38。（2）思明区与湖里区，2区属于“超前型”；思明区行政服务设施占比最高34.63%，远高于其他各区，其匹配协同指数为2.35，是其他县市区的1.30～6.18倍；超前型第二位的湖里区行政服务设施占比仅排第三位，但社区生活圈占比却最低，行政服务能力与水平相对较高。

三明市各县市区的社区生活圈行政服务设施空间匹配协同指数在0.67～1.69之间，且“超前型”数量与“滞后型”相同：（1）清流县、宁化县、沙县、泰宁县、建宁县、永安市，5县1区属于“滞后型”；永安市行政服务设施与社区生活圈的占比均排名第一位，匹配协同指数为最低值0.67；沙县的行政服务设施占比略滞后于社区生活圈占比。（2）明溪县、大田县、尤溪县、将乐县、梅列区、三元区，4县2区属于“超前型”；明溪县行政服务设施虽然总量较低，但与其社区生活圈占比相符，匹配协同指数为最高值1.69，是其他县市区的1.04～2.52倍。

龙岩市各县市区的社区生活圈行政服务设施空间匹配协同指数在0.65～1.41之间，“滞后型”多于“超前型”：（1）长汀县、武平县、漳平市、永定区，2县1市1区属于“滞后型”；漳平县行政服务设施占比最低6.89%，其匹配协同指数也仅0.86；武平县行政服务设施排序第二位，但社区生活圈占比较高，因而匹配协同指数为最低值0.65。（2）上杭县、连城县和新罗区，2县1区属于“超前型”；新罗区行政服务设施与社区生活圈的占比分别37.74%和

28.93%，均排名第一位，其匹配协同指数为1.30；连城县的社区生活圈占比仅8.82%，其匹配协同指数最高值1.41，是其他县市区的1.08~2.17倍。

南平市各县市区的社区生活圈行政服务设施空间匹配协同指数在0.56~2.58之间，“超前型”多于“滞后型”：（1）武夷山市、延平区、建阳区，1市2区属于“滞后型”；武夷山市行政服务设施占比9.64%，排序为滞后型最低，其匹配协同指数也为最低值0.56；延平区与建阳区行政服务设施与社区生活圈占比均高，匹配协同指数均超过0.80。（2）浦城县、光泽县、松溪县、政和县、邵武市、建瓯市，4县2市属于“超前型”；松溪县的社区生活圈占比为最低2.80%，匹配协同指数为全市最高值2.58，是其他县市区的1.71~4.61倍。（3）顺昌县为“一致型”，指数为1.00。

宁德市各县市区的社区生活圈行政服务设施空间匹配协同指数在0.62~2.00之间，且“滞后型”多于“超前型”：（1）霞浦县、屏南县、寿宁县、福安市、福鼎市，3县2市属于“滞后型”；福鼎市的社区生活圈占比最高为22.74%，其匹配协同指数为宁德市最低值0.62；屏南县与寿宁县行政服务设施占比不高，但与社区生活圈较为匹配。（2）周宁县、柘荣县、蕉城区，2县1区属于“超前型”；蕉城区的行政服务设施占比为最高的28.33%，但其匹配协同指数仅为1.52；柘荣县则为最高值2.00，是其他县市区的1.32~3.23倍。（3）古田县为“一致型”，指数为1.00。

福州市各县市区的社区生活圈行政服务设施空间匹配协同指数在0.40~3.30之间，“滞后型”远多于“超前型”：（1）闽侯县、连江县、罗源县、闽清县、永泰县、平潭县、福清市、马尾区、长乐区，6县1市2区属于“滞后型”；平潭县行政服务设施占比为最低的1.92%，其匹配协同指数为福州市最低0.40；马尾区、永泰县的匹配协同指数均在0.90以上。（2）鼓楼区、台江区、仓山区、晋安区，4区属于“超前型”；鼓楼区的行政服务设施占比最高为18.31%，社区生活圈占比仅5.56%，匹配协同指数达到福州市最高值3.30，是其他县市区的1.30~8.25倍。

莆田市各县市区的社区生活圈行政服务设施空间匹配协同指数在0.65~1.94之间，且“滞后型”多于“超前型”：（1）仙游县、涵江区、荔城区和秀屿区，1县3区属于“滞后型”；秀屿区的行政服务设施占比为莆田市最低的11.48%，但社区生活圈占比却高于城厢区，其匹配协同指数同时为莆田市最低0.65；仙游县的社区生活圈占比为莆田市最高26.67%，但其匹配协同指数也仅0.83。(2)城厢区属于"超前型";城厢区的行政服务设施占比最高为33.53%,其匹配协同指数也为莆田市最高1.94,是其他县市区的1.98~2.98倍。

表9-3 福建省县域层面的社区生活圈行政服务设施匹配协同指标表

设区市名称	县市区名称	行政服务设施总量	社区生活圈总量	行政服务设施占比	社区生活圈占比	匹配协同指数
泉州市	鲤城区	268	59	15.59%	4.21%	3.70
	丰泽区	153	83	8.90%	5.92%	1.50
	洛江区	44	48	2.56%	3.43%	0.75
	泉港区	69	56	4.01%	4.00%	1.00
	惠安县	160	136	9.31%	9.71%	0.96
	安溪县	98	156	5.70%	11.13%	0.51
	永春县	79	60	4.60%	4.28%	1.07
	德化县	50	44	2.91%	3.14%	0.93
	石狮市	180	119	10.47%	8.49%	1.23
	晋江市	412	379	23.97%	27.05%	0.89
	南安市	206	261	11.98%	18.63%	0.64
漳州市	芗城区	124	64	21.23%	10.19%	2.08
	龙文区	64	40	10.96%	6.37%	1.72
	云霄县	36	48	6.16%	7.64%	0.81
	漳浦县	64	89	10.96%	14.17%	0.77
	诏安县	30	28	5.14%	4.46%	1.15
	长泰县	26	41	4.45%	6.53%	0.68
	东山县	41	41	7.02%	6.53%	1.08
	南靖县	49	64	8.39%	10.19%	0.82
	平和县	53	61	9.08%	9.71%	0.93
	华安县	16	21	2.74%	3.34%	0.82
	龙海市	81	131	13.87%	20.86%	0.66
厦门市	思明区	258	91	34.63%	14.72%	2.35
	海沧区	70	88	9.40%	14.24%	0.66
	湖里区	118	54	15.84%	8.74%	1.81
	集美区	137	131	18.39%	21.20%	0.87
	同安区	99	115	13.29%	18.61%	0.71
	翔安区	63	139	8.46%	22.49%	0.38

续表

设区市名称	县市区名称	行政服务设施总量	社区生活圈总量	行政服务设施占比	社区生活圈占比	匹配协同指数
三明市	梅列区	58	36	13.62%	9.42%	1.44
	三元区	28	24	6.57%	6.28%	1.05
	明溪县	17	9	3.99%	2.36%	1.69
	清流县	20	20	4.69%	5.24%	0.90
	宁化县	23	25	5.40%	6.54%	0.82
	大田县	38	24	8.92%	6.28%	1.42
	尤溪县	51	42	11.97%	10.99%	1.09
	沙县	50	49	11.74%	12.83%	0.92
	将乐县	38	21	8.92%	5.50%	1.62
	泰宁县	21	25	4.93%	6.54%	0.75
	建宁县	24	29	5.63%	7.59%	0.74
	永安市	58	78	13.62%	20.42%	0.67
龙岩市	新罗区	137	105	37.74%	28.93%	1.30
	永定区	48	72	13.22%	19.83%	0.67
	长汀县	35	42	9.64%	11.57%	0.83
	上杭县	47	43	12.95%	11.85%	1.09
	武平县	26	40	7.16%	11.02%	0.65
	连城县	45	32	12.40%	8.82%	1.41
	漳平市	25	29	6.89%	7.99%	0.86
南平市	延平区	42	71	16.87%	19.89%	0.85
	建阳区	32	56	12.85%	15.69%	0.82
	顺昌县	16	23	6.43%	6.44%	1.00
	浦城县	17	22	6.83%	6.16%	1.11
	光泽县	15	19	6.02%	5.32%	1.13
	松溪县	18	10	7.23%	2.80%	2.58
	政和县	20	19	8.03%	5.32%	1.51
	邵武市	29	32	11.65%	8.96%	1.30
	武夷山市	24	61	9.64%	17.09%	0.56
	建瓯市	36	44	14.46%	12.32%	1.17

续表

设区市名称	县市区名称	行政服务设施总量	社区生活圈总量	行政服务设施占比	社区生活圈占比	匹配协同指数
宁德市	蕉城区	100	60	28.33%	18.69%	1.52
	霞浦县	35	40	9.92%	12.46%	0.80
	古田县	32	29	9.07%	9.03%	1.00
	屏南县	16	16	4.53%	4.98%	0.91
	寿宁县	17	16	4.82%	4.98%	0.97
	周宁县	19	12	5.38%	3.74%	1.44
	柘荣县	22	10	6.23%	3.12%	2.00
	福安市	62	65	17.56%	20.25%	0.87
	福鼎市	50	73	14.16%	22.74%	0.62
福州市	鼓楼区	219	52	18.31%	5.56%	3.30
	台江区	81	25	6.77%	2.67%	2.54
	仓山区	161	109	13.46%	11.65%	1.16
	马尾区	55	47	4.60%	5.02%	0.92
	晋安区	117	71	9.78%	7.59%	1.29
	长乐区	117	134	9.78%	14.32%	0.68
	闽侯县	114	144	9.53%	15.38%	0.62
	连江县	67	70	5.60%	7.48%	0.75
	罗源县	23	22	1.92%	2.35%	0.82
	闽清县	39	44	3.26%	4.70%	0.69
	永泰县	48	39	4.01%	4.17%	0.96
	平潭县	23	45	1.92%	4.81%	0.40
	福清市	132	134	11.04%	14.32%	0.77
莆田市	城厢区	111	57	33.53%	17.27%	1.94
	涵江区	65	66	19.64%	20.00%	0.98
	荔城区	44	61	13.29%	18.48%	0.72
	秀屿区	38	58	11.48%	17.58%	0.65
	仙游县	73	88	22.05%	26.67%	0.83

第二节　社区生活圈视角下福建省行政服务设施全局空间自相关分析

一、福建省区域层面社区生活圈行政服务设施全局空间自相关分析

运用 ArcGIS 软件的全局空间自相关方法操作可得到表 9 - 4，福建省区域层面 Moran's I 和 Getis-Ord General G 指数方法的 P 值结果均小于 0.01，同时 Z 值均大于 2.58，统计学意义上达到 99% 的置信度，拒绝零假设，通过显著性检验。

表 9 - 4　福建省区域层面的社区生活圈行政服务设施全局空间自相关指标表

区域名称	P 值	Z 值	Moran's I	P 值	Z 值	E-General G	O-General G
福建省	0.00	80.37	0.13	0.00	48.14	0.000	0.002
闽东北	0.00	58.14	0.19	0.00	30.58	0.001	0.005
闽西南	0.00	63.31	0.14	0.00	37.41	0.001	0.002

通过指标综合对比，可以分析出社区生活圈行政服务设施全局空间自相关特征：(1) 所有区域的 Moran's I 指数均大于 0，社区生活圈行政服务设施配置整体呈现聚集态势。(2) 所有区域的 O-General G 均大于 E-General G，说明福建省社区生活圈行政服务设施总体高值区域聚类。(3) 根据 Moran's I 指数排序，则有"闽东北 > 闽西南 > 福建省"，福建省两大协同发展区各自的社区生活圈行政服务设施配置集聚程度均高于福建省整体情况，且闽东北的聚集效果最明显。(4) 考察 O-General G 与 E-General G 的数值差异，福建省整体的高值聚类效果与闽西南协同发展区相近，但两者均弱于闽东北。

二、福建省市域层面社区生活圈行政服务设施全局空间自相关分析

运用软件操作得到表 9 - 5，福建省市域层面的社区生活圈行政服务设施两种指数方法结果均符合 99% 置信度，满足显著性检验。通过指标综合对比，可以分析出闽西南 5 市的全局空间自相关特征：(1) 社区生活圈行政服务设施 Moran's I 指数均大于 0，均呈现空间正相关聚类特性。(2) 指

标数值在 0.04 ~0.27 之间，三明市相关性最弱，接近于随机分布；厦门市正相关性最显著。(3) 与闽西南区域 Moran's I 指数相比，三明市和龙岩市的聚类效果未超过区域整体水平。(4) 5 市的 O-General G 指数均大于 E-General G 指数，普遍呈现高值聚类态势。

通过指标综合对比，可以分析出闽东北 4 市的全局空间自相关特征：(1) 社区生活圈行政服务设施 Moran's I 指数均大于 0，均呈现空间正相关聚类特性。(2) 指标数值在 0.08—0.77 之间，南平市正相关性最弱，莆田市则最显著。(3) 与闽东北区域 Moran's I 指数相比，南平市和宁德市的聚类效果均未超过区域整体水平。(4) 4 市的 O-General G 指数均大于 E-General G 指数，普遍呈现高值聚类态势。

表 9－5　福建省市域层面的社区生活圈行政服务设施全局空间自相关指标表

设区市名称	P 值	Z 值	Moran's I	P 值	Z 值	E-General G	O-General G
南平市	0.00	5.14	0.08	0.00	10.46	0.004	0.024
宁德市	0.00	9.58	0.17	0.00	12.86	0.005	0.025
福州市	0.00	51.48	0.19	0.00	22.45	0.002	0.009
莆田市	0.00	10.60	0.77	0.00	10.54	0.006	0.025
泉州市	0.00	56.36	0.21	0.00	28.54	0.002	0.007
漳州市	0.00	16.76	0.16	0.00	15.59	0.003	0.013
厦门市	0.00	32.42	0.27	0.00	14.88	0.005	0.013
三明市	0.00	2.84	0.04	0.00	7.71	0.004	0.016
龙岩市	0.00	6.68	0.09	0.00	10.60	0.004	0.019

三、福建省县域层面社区生活圈行政服务设施全局空间自相关分析

运用软件操作，可获得福建省各县市区的社区生活圈行政服务设施指数方法结果见表 9－6，并可分析县域全局空间自相关特征。泉州市：(1) Moran's I 方法 2 县 3 市 2 区通过显著性检验，社区生活圈行政服务设施 Moran's I 指标数值在 0.06 ~0.65 之间，安溪县和南安市接近随机分布，鲤城区正相关最显著。(2) Getis-Ord General G 方法仅洛江区和德化县未通过显著性检验，其他整体呈现高值聚类。

漳州市：(1) Moran's I 方法 2 县 1 市 1 区通过显著性检验，Moran's I 指标

数值在0.12~0.24之间，龙海市正相关性最弱，平和县最显著。（2）Getis-Ord General G方法仅龙文区未通过显著性检验，华安县呈现低值聚类态势，其他县市区整体高值聚类。

厦门市：（1）排除未通过显著性检验的湖里区，整体呈现空间正相关聚类特性；Moran's I指标数值在0.04~0.33之间，同安区趋近随机分布，思明区正相关性显著。（2）Getis-Ord General G指数结果显示整体高值聚类。

三明市：（1）Moran's I方法2县2区通过统计学检验，Moran's I指标数值在0.04~0.28之间，梅列区接近随机分布，清流县正相关性最显著。（2）Getis-Ord General G方法仅有大田县未通过统计学检验，其他整体呈现高值聚类。

龙岩市：（1）Moran's I方法2县2区通过统计学检验，Moran's I指标数值在0.07~0.11之间，新罗区趋近随机分布，永定区与长汀县正相关性最显著。（2）Getis-Ord General G方法仅漳平市未通过显著性检验，其他普遍呈现高值聚类态势。

南平市：（1）Moran's I方法2县1市2区通过显著性检验，社区生活圈行政服务设施Moran's I指标数值在0.06~0.17之间，建阳区接近随机分布，政和县正相关最显著。（2）Getis-Ord General G方法仅光泽县和松溪县未通过统计学检验，延平区呈现低值聚类态势，其他各县市区均为高值聚类。

宁德市：（1）Moran's I方法3县2市1区通过统计学检验，指标数值在0.09~0.17之间，柘荣县正相关性较弱，福安市和福鼎市则正相关性最显著。（2）Getis-Ord General G方法仅寿宁县未通过显著性检验，其他呈现高值聚类态势。

福州市：（1）Moran's I方法4县5区通过统计学检验，指标数值在0.04~0.50之间，闽侯县趋近随机分布，鼓楼区正相关性最显著。（2）Getis-Ord General G方法仅闽清县和永泰县未通过统计学检验，其他各区为高值聚类。

莆田市：（1）Moran's I方法仅城厢区和仙游县通过显著性检验，社区生活圈行政服务设施的Moran's I指标数值在0.08~0.11之间，仙游县配置趋近于随机分布，城厢区正相关显著。（2）Getis-Ord General G方法全部通过统计学检验，整体呈现高值聚类态势。

表 9-6 福建省县域层面的社区生活圈行政服务设施全局空间自相关指标表

设区市名	县市区名	P 值	Z 值	Moran's I	P 值	Z 值	E-General G	O-General G
漳州市	芗城区	0.00	7.76	0.23	0.00	6.34	0.037	0.128
	龙文区	0.63	0.48	0.00	0.15	1.44	0.064	0.093
	云霄县	0.00	4.27	0.20	0.00	5.66	0.033	0.202
	漳浦县	0.59	0.54	0.01	0.00	3.69	0.012	0.052
	诏安县	1.00	(0.00)	(0.04)	0.00	3.20	0.048	0.286
	长泰县	0.47	0.72	0.01	0.01	2.62	0.038	0.127
	东山县	0.61	(0.51)	(0.06)	0.01	2.69	0.055	0.143
	南靖县	0.06	1.87	0.08	0.00	5.13	0.019	0.120
	平和县	0.00	6.06	0.24	0.00	6.59	0.021	0.224
	华安县	0.25	1.14	0.06	0.00	3.03	0.381	0.290
	龙海市	0.00	3.99	0.12	0.00	4.43	0.013	0.050
泉州市	鲤城区	0.00	6.73	0.65	0.00	6.76	0.053	0.108
	丰泽区	0.00	6.05	0.30	0.00	5.65	0.033	0.079
	洛江区	0.99	(0.01)	(0.02)	0.88	0.15	0.040	0.045
	泉港区	0.53	0.63	0.00	0.01	2.52	0.034	0.068
	惠安县	0.00	3.08	0.13	0.00	4.15	0.013	0.031
	安溪县	0.00	3.32	0.06	0.00	6.57	0.009	0.049
	永春县	0.66	0.45	(0.00)	0.00	3.35	0.026	0.076
	德化县	0.50	0.67	(0.01)	0.08	1.75	0.047	0.098
	石狮市	0.00	5.01	0.23	0.00	5.97	0.024	0.047
	晋江市	0.00	13.96	0.37	0.00	11.67	0.007	0.019
	南安市	0.00	4.16	0.07	0.00	7.92	0.007	0.025
厦门市	思明区	0.00	4.36	0.33	0.00	5.08	0.036	0.059
	海沧区	0.00	3.02	0.09	0.00	6.08	0.026	0.099
	湖里区	0.12	1.54	0.10	0.10	1.62	0.058	0.072
	集美区	0.00	3.15	0.15	0.00	3.28	0.024	0.040
	同安区	0.00	2.89	0.04	0.00	3.11	0.022	0.043
	翔安区	0.00	6.36	0.14	0.00	5.52	0.019	0.053

续表

设区市名	县市区名	P值	Z值	Moran's I	P值	Z值	E-General G	O-General G
三明市	梅列区	0.01	2.66	0.04	0.00	3.27	0.067	0.263
	三元区	0.01	2.61	0.06	0.00	3.61	0.087	0.354
	明溪县	0.61	(0.52)	(0.19)	0.00	3.38	0.139	0.929
	清流县	0.00	3.65	0.28	0.00	4.54	0.053	0.407
	宁化县	0.84	(0.21)	(0.05)	0.02	2.39	0.060	0.234
	大田县	0.51	(0.66)	(0.09)	0.22	1.22	0.058	0.133
	尤溪县	0.41	0.82	0.02	0.00	3.15	0.029	0.115
	沙县	0.66	0.44	(0.01)	0.04	2.02	0.042	0.120
	将乐县	0.98	(0.02)	(0.05)	0.01	2.58	0.057	0.330
	泰宁县	0.26	1.12	0.01	0.00	4.08	0.053	0.378
	建宁县	0.03	2.19	0.15	0.00	4.02	0.047	0.265
	永安市	0.06	1.91	0.05	0.00	3.77	0.022	0.076
龙岩市	新罗区	0.00	6.09	0.07	0.00	6.40	0.023	0.069
	永定区	0.02	2.43	0.11	0.00	4.94	0.015	0.104
	长汀县	0.00	3.75	0.11	0.00	6.75	0.034	0.270
	上杭县	0.02	2.24	0.09	0.00	4.14	0.035	0.160
	武平县	0.15	1.45	0.04	0.00	4.10	0.036	0.189
	连城县	0.89	0.14	(0.02)	0.00	3.09	0.040	0.154
	漳平市	0.52	(0.64)	(0.07)	0.79	0.27	0.052	0.078
南平市	延平区	0.00	4.40	0.07	0.00	5.90	0.233	0.164
	建阳区	0.00	3.04	0.06	0.01	2.46	0.034	0.121
	顺昌县	0.17	1.37	0.03	0.00	2.87	0.079	0.250
	浦城县	0.03	2.13	0.07	0.00	3.75	0.082	0.361
	光泽县	0.98	(0.02)	(0.06)	0.08	1.75	0.105	0.306
	松溪县	0.82	(0.23)	(0.13)	0.07	1.81	0.156	0.554
	政和县	0.00	3.14	0.17	0.00	5.81	0.041	0.518
	邵武市	0.00	3.15	0.10	0.00	6.90	0.044	0.413
	武夷山市	0.11	1.58	0.02	0.00	3.54	0.030	0.112
	建瓯市	0.26	1.13	0.01	0.00	4.69	0.027	0.245

续表

设区市名	县市区名	P 值	Z 值	Moran's I	P 值	Z 值	E-General G	O-General G
宁德市	蕉城区	0. 00	6. 89	0. 16	0. 00	5. 36	0. 034	0. 126
	霞浦县	0. 00	3. 31	0. 12	0. 00	5. 73	0. 033	0. 236
	古田县	0. 01	2. 51	0. 13	0. 00	3. 56	0. 044	0. 249
	屏南县	0. 82	(0. 23)	(0. 08)	0. 01	2. 64	0. 108	0. 420
	寿宁县	0. 29	(1. 05)	(0. 17)	0. 67	0. 42	0. 108	0. 145
	周宁县	0. 53	0. 63	(0. 04)	0. 00	3. 21	0. 106	0. 702
	柘荣县	0. 03	2. 19	0. 09	0. 00	3. 07	0. 156	0. 492
	福安市	0. 00	4. 69	0. 17	0. 00	7. 91	0. 023	0. 186
	福鼎市	0. 00	4. 38	0. 17	0. 00	6. 64	0. 019	0. 108
莆田市	城厢区	0. 00	4. 55	0. 11	0. 00	3. 96	0. 038	0. 120
	涵江区	0. 06	1. 89	0. 01	0. 00	3. 05	0. 039	0. 069
	荔城区	0. 24	1. 17	0. 02	0. 01	2. 53	0. 031	0. 071
	秀屿区	0. 94	0. 08	(0. 01)	0. 02	2. 31	0. 019	0. 072
	仙游县	0. 00	3. 29	0. 08	0. 00	6. 52	0. 019	0. 098
福州市	鼓楼区	0. 00	5. 08	0. 50	0. 00	4. 69	0. 066	0. 108
	台江区	0. 01	2. 74	0. 40	0. 00	3. 36	0. 000	0. 000
	仓山区	0. 00	5. 47	0. 30	0. 00	5. 10	0. 027	0. 049
	马尾区	0. 89	(0. 13)	(0. 03)	0. 01	2. 64	0. 043	0. 084
	晋安区	0. 00	7. 02	0. 25	0. 00	5. 30	0. 036	0. 094
	长乐区	0. 00	4. 14	0. 09	0. 00	4. 66	0. 014	0. 039
	闽侯县	0. 00	2. 90	0. 04	0. 03	2. 16	0. 016	0. 028
	连江县	0. 00	6. 46	0. 30	0. 00	5. 55	0. 021	0. 106
	罗源县	0. 00	5. 24	0. 18	0. 00	3. 78	0. 095	0. 329
	闽清县	0. 50	(0. 67)	(0. 06)	0. 39	0. 86	0. 030	0. 070
	永泰县	0. 64	(0. 46)	(0. 05)	0. 25	1. 16	0. 039	0. 083
	平潭县	0. 00	6. 24	0. 34	0. 00	5. 91	0. 035	0. 249
	福清市	0. 40	0. 85	0. 01	0. 00	3. 26	0. 013	0. 029

第三节 社区生活圈视角下福建省行政服务设施局部空间自相关分析

一、福建省区域层面社区生活圈行政服务设施局部空间自相关分析

运用 ArcGIS 软件的 Anselin Local Moran's I 方法操作，可以得到福建省区域层面的社区生活圈行政服务设施聚类和异常值结果，排除不显著类型，其他类型分布统计情况如图 9－1 所示。通过指标综合对比，可以分析出福建省整体与两大协同发展区的局部空间自相关特征：（1）区域层面的 H-H 型和 L-L 型两种聚类类型均多于 H-L 型和 L-H 型两种异常类型。（2）福建省和闽西南协同发展区的 H-H 型高值聚类均少于 L-L 型低值聚类，仅闽东北的社区生活圈行政服务设施“H-H 型 = L-L 型”。（3）福建省与两大协同发展区的 H-L 型高值被低值围绕异常均最少。（4）L-H 型低值被高值围绕异常在福建省各个区域普遍较多，该类型社区生活圈表明自身行政服务设施配置不足且与周边差异较大，属于亟待改善单元。

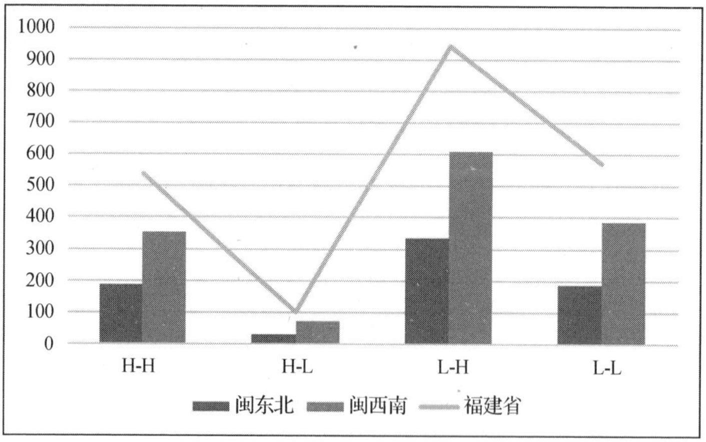

图 9－1 福建省区域层面的社区生活圈行政服务设施聚类异常图

二、福建省市域层面社区生活圈行政服务设施局部空间自相关分析

运用 ArcGIS 软件的局部空间自相关方法操作，可以得到市域层面的社

区生活圈行政服务设施聚类和异常值分析结果。排除不显著类型，闽东北 4 个设区市其他 4 类分布统计情况如图 9 - 2 所示，通过综合对比分析可知：(1) 闽东北社区生活圈行政服务设施的 H-H 型高值聚类中，福州市占比最多达到 77.96%，闽东北核心城市的社区生活圈行政服务设施配置水平高。(2) H-L 型高值被低值围绕异常 4 设区市均较少，莆田市和宁德市最少均仅有 2 个，说明行政服务设施极端高值的不均衡配置情况较少。(3) L-H 型低值被高值围绕异常中，福州市占比高达 86.87%，这种极端低值异常可能存在于周边行政服务设施普遍富集的情况。(4) L-L 型低值聚类中，南平市表现较为突出，占比高达 59.68%，低值聚集说明存在社区生活圈行政服务设施配置短板，应对照所在地市查缺补漏。

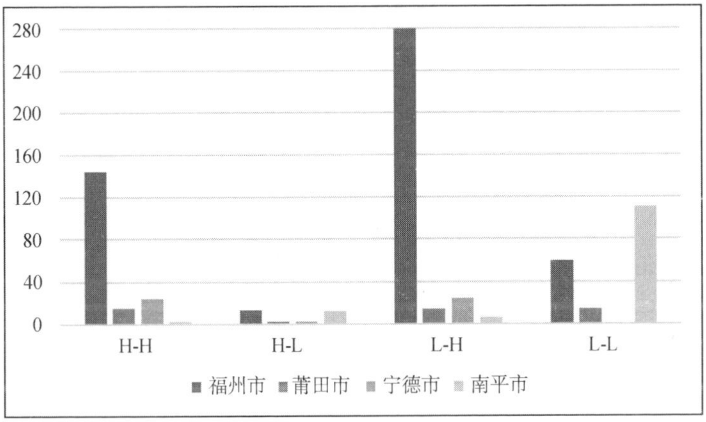

图 9 - 2　福建省闽东北协同发展区市域层面的社区生活圈行政服务设施聚类异常图

闽西南 5 个设区市 4 类分布统计情况如图 9 - 3 所示，通过综合对比分析可知：(1) 闽西南社区生活圈行政服务设施的 H-H 型高值聚类中，泉州市占比最多达到 57.91%，厦门市次之达到 25.42%，闽南“厦泉”城市组团中的社区生活圈行政服务设施配置水平优越。(2) H-L 型高值被低值围绕异常在 5 个设区市均最少，其中龙岩市和三明市均未超过 10 个，泉州市占整个闽西南的 41.67%，具备向周边正向辐射带动的积极作用。(3) L-H 型低值被高值围绕异常中，泉州市占比达到 67.65%，这种配置水平“凹陷”情况应积极填补完善。(4) L-L 型低值聚类中，泉州市占比 51.68%，厦门市次之为 30.23%，闽南“厦泉”城市组团中的社区生活圈行政服务设施配置短板需要引起重视。

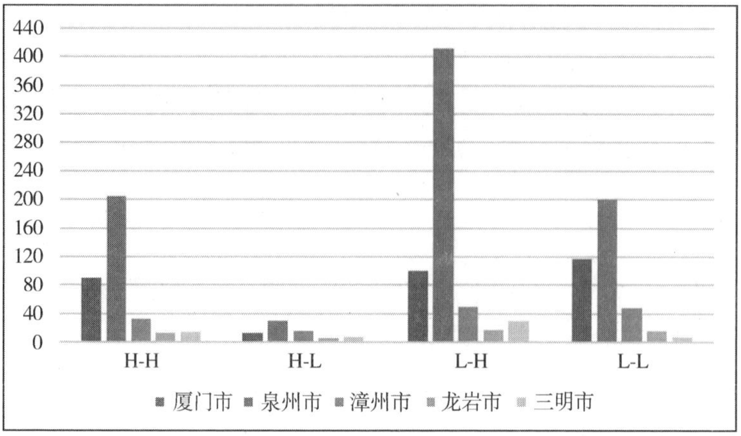

图9－3　福建省闽西南协同发展区市域层面的社区生活圈行政服务设施聚类异常图

三、福建省县域层面社区生活圈行政服务设施局部空间自相关分析

运用ArcGIS软件可以得到县域层面社区生活圈行政服务设施聚类和异常值结果，排除不显著类型，局部空间自相关结果见表9－7。厦门市共涉及320个社区生活圈：(1) H-H型共90个，属于厦门岛内的思明区和湖里区的占比共计82.22%；H-L型为13个，翔安区占比高达69.23%；L-H型共计100个，思明区占比为42.00%；L-L型总量最多为117个，翔安区独占80.34%。(2) 厦门县域的社区生活圈行政服务设施聚集水平较高，思明与湖里区最具优势，翔安区最需要补充短板。

泉州市共涉及847个社区生活圈：(1) H-H型共205个，晋江市占比最高为26.34%；H-L型总量为30个，安溪县和南安市占比均超过33.00%；L-H型总量最多为412个，晋江市占比最高为28.40%；L-L型共计200个，安溪县和南安市占比超过33.00%。(2) 泉州市县域的社区生活圈行政服务设施异常值较为突出，晋江市最具优势和提升潜力，安溪县和南安市则最需补充社区生活圈行政服务设施。

漳州市共涉及146个社区生活圈：(1) H-H型共32个，芗城区和龙文区占比之和均超过80.00%；H-L型总量为16个，漳浦县和平和县占比均超过25.00%；L-H型总量最多为50个，芗城区独占40.00%；L-L型共计48个，漳浦县和平和县占比均超过25.00%。(2) 漳州市县域的社区生活圈行政服务设施集聚水平较高，芗城区最具优势和提升潜力，漳浦县和平和县的社区生活圈行政服务设施配置水平较弱。

龙岩市共涉及51个社区生活圈：（1）H-H型共13个，新罗区占比均超过84.62%；H-L型总量为6个，永定区独占83.33%；L-H型总量最多为17个，新罗区独占64.71%；L-L型共计15个，永定区占比超过80.00%。（2）龙岩市县域的社区生活圈行政服务设施集聚水平较高，其中新罗区最具优势和提升潜力，永定区则亟待充足配置。

三明市共涉及58个社区生活圈：（1）H-H型共14个，梅列区占比为35.71%；H-L型7个，永安市独占71.43%；L-H型总量最多为30个，梅列区占比为36.67%；L-L型总量最多为7个，永安市独占71.43%。（2）三明市县域的社区生活圈行政服务异常值较为突出，梅列区最具优势，而永安市则最需要充足配置。

福州市共涉及509个社区生活圈：（1）H-H型共145个，仓山区和鼓楼区的占比均超过20.00%；H-L型总量最小仅有13个，长乐区占比为53.85%；L-H型总量最多为291个，闽侯县与仓山区共占比55.67%；L-L型共计60个，其中长乐区独占48.33%。（2）福州市县域的社区生活圈行政服务异常值较为突出，仓山区具有配置优势和提升潜力，长乐区则配置水平较弱且亟待补充。

莆田市共涉及45个社区生活圈：（1）H-H型总量最多为15个，其中城厢区占比为80.00%；H-L型总量最小仅有2个，100.00%位于秀屿区内部；L-H型共14个，城厢区占比为78.57%；L-L型共计14个，其中100.00%位于秀屿区内部。（2）莆田市县域的社区生活圈行政服务集聚水平较高，城厢区最具配置优势，秀屿区则配置水平较弱。

宁德市共涉及51个社区生活圈：（1）H-H型共24个，蕉城区的占比超过55.00%；H-L型共2个，霞浦县和福鼎市各占比50.00%；L-H型共计24个，蕉城区占比为70.83%；L-L型总量最小仅有1个，100.00%位于福安市内部。（2）宁德市县域的社区生活圈行政服务设施异常值较为明显，蕉城区具有相对优势和提升潜力，霞浦县、福鼎市和福安市则需要予以补充。

南平市共涉及131个社区生活圈：（1）H-H型共2个，松溪县与政和县各占50.00%；H-L型总量为12个，武夷山市独占41.67%；L-H型共计6个，松溪县占比66.67%；L-L型总量最多为111个，武夷山市独占40.54%。（2）南平市县域的社区生活圈行政服务设施集聚水平较高，松溪县最具优势和提升潜力，武夷山市则最需补充社区生活圈行政服务设施。

表9-7　福建省县域层面的社区生活圈行政服务设施聚类异常指标表

设区市名称	县市区名称	H-H 型	H-L 型	L-H 型	L-L 型
泉州市	鲤城区	39	0	20	0
	丰泽区	30	0	53	0
	洛江区	5	1	30	0
	惠安县	25	0	65	0
	安溪县	0	11	0	97
	永春县	0	0	1	1
	石狮市	33	0	75	0
	晋江市	54	8	117	35
	南安市	19	10	51	67
漳州市	芗城区	15	0	20	0
	龙文区	12	0	11	0
	云霄县	0	2	0	8
	漳浦县	0	5	0	12
	诏安县	0	2	0	2
	长泰县	0	0	0	6
	南靖县	0	1	0	3
	平和县	4	4	7	17
	华安县	0	1	0	0
	龙海市	1	1	12	0
厦门市	思明区	49	0	42	0
	海沧区	8	0	20	0
	湖里区	25	0	27	0
	集美区	8	0	11	0
	同安区	0	4	0	23
	翔安区	0	9	0	94
三明市	梅列区	5	0	11	0
	三元区	2	0	4	0
	明溪县	2	0	3	0
	清流县	1	0	0	0
	大田县	0	0	2	0
	尤溪县	2	1	2	0
	沙县	0	1	0	0
	将乐县	2	0	8	0
	建宁县	0	0	0	2
	永安市	0	5	0	5

续表

设区市名称	县市区名称	H-H 型	H-L 型	L-H 型	L-L 型
龙岩市	新罗区	11	0	11	0
	永定区	0	5	0	12
	长汀县	0	0	0	1
	上杭县	2	0	5	1
	连城县	0	0	1	0
	漳平市	0	1	0	1
南平市	延平区	0	4	0	26
	建阳区	0	2	0	31
	顺昌县	0	0	0	2
	光泽县	0	1	0	0
	松溪县	1	0	4	0
	政和县	1	0	2	1
	邵武市	0	0	0	3
	武夷山市	0	5	0	45
	建瓯市	0	0	0	3
宁德市	蕉城区	14	0	17	0
	霞浦县	0	1	0	0
	古田县	1	0	0	0
	周宁县	0	0	3	0
	柘荣县	5	0	1	0
	福安市	4	0	3	1
	福鼎市	0	1	0	0
福州市	鼓楼区	31	0	21	0
	台江区	14	0	11	0
	仓山区	35	0	74	0
	马尾区	13	0	22	0
	晋安区	25	0	45	0
	长乐区	9	7	21	29
	闽侯县	12	0	88	0
	连江县	6	2	8	0
	罗源县	0	0	1	0
	闽清县	0	1	0	1
	永泰县	0	0	0	5
	平潭县	0	0	0	22
	福清市	0	3	0	3
莆田市	城厢区	12	0	11	0
	荔城区	3	0	3	0
	秀屿区	0	2	0	14

第四节 社区生活圈视角下福建省行政服务设施变异系数测算分析

一、福建省社区生活圈行政服务设施变异系数指标分析

运用 ArcGIS 软件操作可以得到福建省整体、两大协同发展区与 9 个设区市的社区生活圈行政服务设施标准差与平均值，并可基于变异系数测算公式最终得出表 9－8。其中，福建省整体的社区生活圈行政服务设施变异系数为 1.75，闽东北协同发展区的变异系数为 1.80，闽西南协同发展区的变异系数为 1.72。按变异系数由大到小排序则有“闽东北 > 福建省 > 闽西南”，说明闽西南协同发展区内部的社区生活圈行政服务设施配置差异最小，闽东北的配置差异则高于福建省整体。市域层面按变异系数由大到小排序可知：南平市（2.18）> 莆田市（2.08）> 漳州市（2.07）> 三明市（2.06）> 宁德市（1.90）> 龙岩市（1.87）> 泉州市（1.83）> 厦门市（1.73）> 福州市（1.55），福州市内部的社区生活圈行政服务设施配置差异最小，南平市则配置差异最大。

表 9－8 福建省社区生活圈行政服务设施变异系数指标表

地区名称	标准差	平均值	变异系数
福建省	1.85	1.06	1.75
闽东北	1.82	1.01	1.80
闽西南	1.86	1.08	1.72
福州市	2.55	1.65	1.55
莆田市	2.09	1.00	2.08
宁德市	2.09	1.10	1.90
南平市	1.52	0.70	2.18
厦门市	2.09	1.21	1.73
漳州市	1.92	0.93	2.07
泉州市	2.24	1.23	1.83
三明市	2.30	1.12	2.06
龙岩市	1.87	1.00	1.87

二、福建省社区生活圈行政服务设施均等配置程度分析

由测算公式可知，变异系数指标值越小则说明社区生活圈行政服务设施

均等化配置程度越高。福建省闽西南的社区生活圈行政服务设施均等化配置程度高于闽东北，且高于福建省整体层面的均等化配置情况。考察图 9-4 可知，市域层面社区生活圈行政服务设施的均等化配置程度由低到高排序为南平市 < 莆田市 < 漳州市 < 三明市 < 宁德市 < 龙岩市 < 泉州市 < 厦门市 < 福州市。

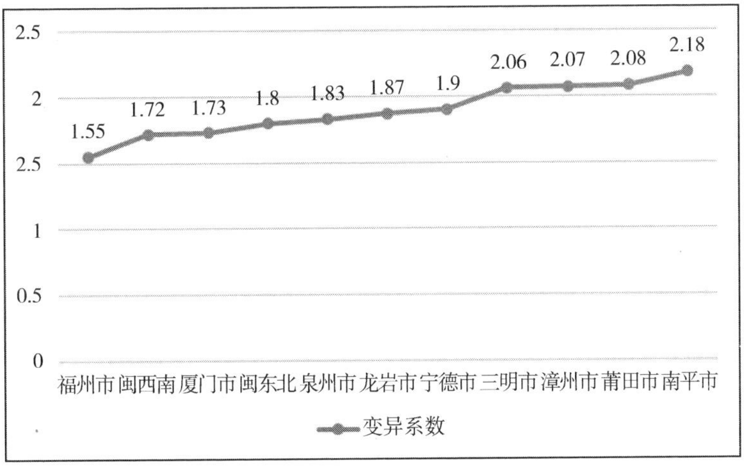

图 9-4 福建省社区生活圈行政服务设施变异系数排序图

考察福建省各设区市的社区生活圈行政服务设施均等化配置程度空间分布情况，可通过 ArcGIS 软件操作，采用自然断裂法 Natural Breaks（Jenks）依据变异系数指标值进一步划出高、中、低 3 个等级。其中，社区生活圈行政服务设施均等化配置的“高等级市”仅有 1 个，即福州市，位于福建省中东部沿海，变异系数为 1.55；社区生活圈行政服务设施均等化配置的“中等级市”包括厦门市、泉州市、龙岩市和宁德市，除宁德市位于东北部沿海，其他 3 市分别位于福建省西南部山区与沿海，平均变异系数为 1.83；社区生活圈行政服务设施均等化配置的“低等级市”包括三明市、漳州市、莆田市和南平市，分别位于闽东北与闽西南协同发展区，平均变异系数为 2.10。

第十章　社区生活圈视角下福建省文化服务设施均等化配置分析

福建省对基本公共服务中的“文化服务保障”工作十分重视。2017年《中华人民共和国公共文化服务保障法》颁布，其中第十四条指出：本法所称公共文化设施是指用于提供公共文化服务的建筑物、场地和设备，主要包括图书馆、博物馆、文化馆（站）、美术馆等文化服务点。《中华人民共和国公共文化服务保障法》同时在公共文化服务设施的建设管理方面要求“建设场馆服务、流动服务和数字服务相结合的公共文化设施网络”。党的十八大以来，福建省持续推动公共文化服务与群众需求有效对接，着力构建“覆盖城乡、结构合理、功能健全、实用高效”的公共文化服务体系，不断提升服务效能。截至2022年，全省已建成公共图书馆96家、文化馆97家，乡镇（街道）综合文化站1122家，省、市、县、乡、村五级公共文化服务设施网络基本形成，同时，全省有超过80%的县级及以上图书馆、文化馆达到国家三级馆以上标准。① “十四五”期间，福建省文化和旅游厅提出将继续推进省美术馆、省艺术馆、省图书馆仓储式分馆等重点公共文化服务设施建设，打造文化新地标；推动新建和改扩建一批县（市、区）级公共图书馆和文化馆；推动布局打造更多便捷新颖的公共文化服务设施空间。

本章将使用空间匹配协同分析、全局空间自相关分析、局部空间自相关分析与变异系数测算分析4种方法进行社区生活圈视角下的福建省文化服务设施均等化配置分析。

① 喜迎二十大｜福建：文旅经济 利民为民［EB/OL］．2022－10－11. https：//baijiahao.baidu. com/s？id＝1746352808154110826&wfr＝spider&for＝pc

第一节 社区生活圈视角下福建省文化服务设施空间匹配协同分析

一、福建省区域层面社区生活圈文化服务设施空间匹配协同分析

基于匹配协同指数公式测算可得到表 10－1，福建省闽东北协同发展区虽然总量均低于闽西南，但闽东北协同发展区文化服务设施匹配协同指数大于 1，其配置对于社区生活圈具有更好的承托与服务能力。反之，福建省闽西南协同发展区整体的社区生活圈相对滞后于文化服务设施配置。由此可知，福建省闽东北协同发展区的文化服务设施空间匹配协同程度相对略高于闽西南区域。

表 10－1　福建省区域层面的社区生活圈文化服务设施匹配协同指标表

福建省协同发展区名称	文化服务设施总量	社区生活圈总量	文化服务设施占比	社区生活圈占比	匹配协同指数
福建省	7367	5336	100.00%	100.00%	1.00
闽西南	4473	3392	60.72%	63.57%	0.96
闽东北	2894	1944	39.28%	36.43%	1.08

二、福建省市域层面社区生活圈文化服务设施空间匹配协同分析

根据公式测算得到表 10－2，福建省闽西南协同发展区内部市域可以划分出两种空间匹配协同类型：（1）属于“滞后型”的城市有 3 个，为漳州市、三明市和龙岩市；漳州市的文化服务设施和社区生活圈占比分别为 10.02% 和 18.51%，排序均为滞后型的第 1 位，其匹配协同指数为闽西南最低值 0.54；三明市和龙岩市的文化服务设施占比均较低，也均相对滞后于各自社区生活圈配置情况。（2）属于“超前型”的城市有 2 个，为泉州市和厦门市；泉州市的文化服务设施和社区生活圈占比分别高达 44.29% 和 41.30%，均为闽西南排序第一位，匹配协同指数为 1.07；厦门市为指数最高值 1.64，普遍超过闽西南其他 4 个城市 1.53～3.04 倍，具有明显优势。

表 10－2　福建省市域层面的社区生活圈文化服务设施匹配协同指标表

协同发展区名称	设区市名称	文化服务设施总量	社区生活圈总量	文化服务设施占比	社区生活圈占比	匹配协同指数
闽西南	泉州市	1981	1401	44.29%	41.30%	1.07
	漳州市	448	628	10.02%	18.51%	0.54
	厦门市	1339	618	29.94%	18.22%	1.64
	三明市	310	382	6.93%	11.26%	0.62
	龙岩市	395	363	8.83%	10.70%	0.83
闽东北	宁德市	259	321	8.95%	16.51%	0.54
	南平市	312	357	10.78%	18.36%	0.59
	莆田市	356	330	12.30%	16.98%	0.72
	福州市	1967	936	67.97%	48.15%	1.41

福建省闽东北协同发展区内部市域可以划分出两种空间匹配协同类型：(1) 属于“滞后型”的城市有3个，为莆田市、宁德市和南平市；莆田市的匹配协同指数为0.72，文化服务设施仅占据闽东北的12.30%，社区生活圈占比则为16.98%，文化服务设施配置相对滞后于社区生活圈；宁德市为闽东北匹配协同水平最低城市，指标数值仅为0.54，其文化服务设施总量同时为福建省9个设区市中最少。(2) 福州市属于“超前型”，其文化服务设施与社区生活圈占比分别达到闽东北协同发展区总量的67.97%和48.15%，超前匹配态势表征强烈；其匹配协同指数在其他3个城市的1.96～2.61倍之间，总体来看，闽东北协同发展区内部城市匹配协同差距相较闽西南更小。

三、福建省县域层面社区生活圈文化服务设施空间匹配协同分析

根据公式测算得到表10－3，福建省县域层面可以划分出不同的社区生活圈文化服务设施空间匹配协同类型。泉州市各县市区的社区生活圈文化服务设施空间匹配协同指数在0.28～2.39之间，且“滞后型”多于“超前型”：(1) 安溪县、永春县、石狮市、晋江市、南安市、泉港区，2县3市1区属于“滞后型”；安溪县文化服务设施占比最低为3.13%，其匹配协同指数为泉州市最低0.28。(2) 惠安县、德化县、鲤城区、丰泽区、洛江区，2县3区属于“超前型”；文化服务设施占比均未超过15%，但与自身社区生活圈配置情况匹配性高；鲤城区和丰泽区的匹配协同指数均超过2.00，

鲤城区达到最大值2.39，是其他县市区的1.10～8.54倍。

漳州市各县市区的社区生活圈文化服务设施空间匹配协同指数在0.53～2.30之间，“滞后型”多于“超前型”：（1）云霄县、漳浦县、诏安县、东山县、南靖县、平和县、华安县、龙海市，7县1市属于“滞后型”；东山县的匹配协同指数为0.99，南靖县、华安县也均高于0.85。（2）长泰县、芗城区、龙文区，1县2区属于“超前型”；芗城区文化服务设施占比为漳州市最高的23.44%，匹配协同指数为2.30，是其他县市区的1.77～4.34倍，文化服务设施配置优势突出；龙文区与诏安县指数值均未超过2.00，但文化服务设施与其内部社区生活圈配置情况相对得宜。

厦门市各县市区的社区生活圈文化服务设施空间匹配协同指数在0.29～2.62之间，且“滞后型”多于“超前型”：（1）海沧区、集美区、同安区、翔安区，岛外4区属于“滞后型”；翔安区文化服务设施占比最低仅为6.50%，同时社区生活圈占比则最高达到22.49%，其匹配协同指数为厦门市最低0.29；集美区的文化服务设施为厦门市第二位，其匹配协同指数达到所有滞后型中最高的0.73。（2）思明区与湖里区，2区属于“超前型”；思明区文化服务设施占比最高38.54%，湖里区次之为22.33%，厦门市岛内2区匹配协同指数分别高达2.62和2.56，是其他县市区的3.51～9.03倍之多。

三明市各县市区的社区生活圈文化服务设施空间匹配协同指数在0.59～2.05之间，且“滞后型”多于“超前型”：（1）宁化县、大田县、尤溪县、沙县、泰宁县、建宁县、永安市，6县1区属于“滞后型”；建宁县文化服务设施占比最低仅为4.52%，社区生活圈占比则达到7.59%，其匹配协同指数为三明市最低0.59。（2）明溪县、清流县、将乐县、梅列区、三元区，3县2区属于“超前型”；明溪县虽然文化服务设施仅4.84%，但其社区生活圈为三明市最低2.36%，匹配协同指数达到最高的2.05，是其他县市区的1.29～3.47倍之多。

龙岩市各县市区的社区生活圈文化服务设施空间匹配协同指数在0.51～1.35之间，“滞后型”多于“超前型”：（1）长汀县、武平县、漳平市和永定区，2县1市1区属于“滞后型”；武平县文化服务设施占比为龙岩市最低的5.57%，其匹配协同指数同时为龙岩最低值0.51。（2）上杭县、连城县、新罗区，2县1区属于“超前型”；连城县虽然文化服务设施占比仅为11.90%，但相对其社区生活圈占比的8.82%，成为龙岩市匹配协同指数最高值1.35，是其他县市区的1.07～2.65倍。

南平市各县市区的社区生活圈文化服务设施空间匹配协同指数在0.60～1.52之间，“滞后型”多于“超前型”：（1）顺昌县、光泽县、政和县、邵武市、建瓯市、延平区、建阳区，3县2市2区属于“滞后型”；政和县文化服务设施占比最低仅为3.21%，顺昌县则为3.85%，政和县社区生活圈占比为最低的5.32%，顺昌县稍高为6.44%，政和县匹配协同指数与顺昌县并列最低值0.60；建瓯市的匹配协同指数达到0.99，趋近于一致型匹配。（2）浦城县、松溪县、武夷山市，2县1市属于“超前型”；武夷山市文化服务设施占比25.96%，为南平市排序第一位，其匹配协同指数也达到最高值1.52，是其他县市区的1.02～2.53倍。

宁德市各县市区的社区生活圈文化服务设施空间匹配协同指数在0.56～1.86之间，且“滞后型”多于“超前型”：（1）霞浦县、古田县、屏南县、寿宁县、福安市、福鼎市，4县2市属于“滞后型”；福鼎市的社区生活圈占比排序第一位，其匹配协同指数也为宁德市最低值0.56；古田县匹配协同指数为滞后型中最高值0.98。（2）周宁县、柘荣县、蕉城区，2县1区属于“超前型”；蕉城区文化服务设施占比排序为宁德市第一位，但社区生活圈占比18.69%，为宁德市排序第三位，其匹配协同指数为1.76，稍低于周宁县和柘荣县的1.86，最高值是其他县市区的1.06～3.32倍。

福州市各县市区的社区生活圈文化服务设施空间匹配协同指数在0.39～2.84之间，“滞后型”多于“超前型”：（1）闽侯县、连江县、闽清县、平潭县、福清市、马尾区、晋安区，4县1市2区属于“滞后型”；闽清县文化服务设施占比最低仅为1.83%，其匹配协同指数为福州市最低0.39；福清市的文化服务设施占比为滞后型最高的13.10%，其匹配协同指数也为滞后型最高值0.91。（2）罗源县、永泰县、鼓楼区、台江区、仓山区、长乐区，2县4区属于“超前型”；长乐区虽然文化服务设施和社区生活圈占比均为福州市第一位，但其指数仅为1.03；匹配协同指数最高值为台江区2.84，是其他县市区的1.25～7.28倍，配置优势突出显著。

莆田市各县市区的社区生活圈文化服务设施空间匹配协同指数在0.67～1.34之间，且“超前型”多于“滞后型”：（1）涵江区、秀屿区，2区属于“滞后型”；秀屿区的文化服务设施占比为莆田市最低的11.80%，但社区生活圈占比却高于城厢区，其匹配协同指数同时为莆田市最低0.67。（2）仙游县、城厢区和荔城区，1 县 2 区属于“超前型”；仙游县的文化服务设施占比为莆田市最高 29.49%，但其匹配协同指数也仅为 1.11；荔城区的匹配协同指数为莆田市最高 1.34，是其他县市区的 1.21 ~2.00 倍。

表 10 –3　福建省县域层面的社区生活圈文化服务设施匹配协同指标表

设区市名称	县市区名称	文化服务设施总量	社区生活圈总量	文化服务设施占比	社区生活圈占比	匹配协同指数
泉州市	鲤城区	199	59	10.05%	4.21%	2.39
	丰泽区	256	83	12.92%	5.92%	2.18
	洛江区	82	48	4.14%	3.43%	1.21
	泉港区	66	56	3.33%	4.00%	0.83
	惠安县	270	136	13.63%	9.71%	1.40
	安溪县	62	156	3.13%	11.13%	0.28
	永春县	80	60	4.04%	4.28%	0.94
	德化县	83	44	4.19%	3.14%	1.33
	石狮市	154	119	7.77%	8.49%	0.92
	晋江市	420	379	21.20%	27.05%	0.78
	南安市	309	261	15.60%	18.63%	0.84
漳州市	芗城区	105	64	23.44%	10.19%	2.30
	龙文区	37	40	8.26%	6.37%	1.30
	云霄县	27	48	6.03%	7.64%	0.79
	漳浦县	51	89	11.38%	14.17%	0.80
	诏安县	15	28	3.35%	4.46%	0.75
	长泰县	30	41	6.70%	6.53%	1.03
	东山县	29	41	6.47%	6.53%	0.99
	南靖县	40	64	8.93%	10.19%	0.88
	平和县	23	61	5.13%	9.71%	0.53
	华安县	13	21	2.90%	3.34%	0.87
	龙海市	78	131	17.41%	20.86%	0.83
厦门市	思明区	516	91	38.54%	14.72%	2.62
	海沧区	103	88	7.69%	14.24%	0.54
	湖里区	299	54	22.33%	8.74%	2.56
	集美区	206	131	15.38%	21.20%	0.73
	同安区	128	115	9.56%	18.61%	0.51
	翔安区	87	139	6.50%	22.49%	0.29

续表

设区市名称	县市区名称	文化服务设施总量	社区生活圈总量	文化服务设施占比	社区生活圈占比	匹配协同指数
三明市	梅列区	44	36	14. 19%	9. 42%	1. 51
	三元区	31	24	10. 00%	6. 28%	1. 59
	明溪县	15	9	4. 84%	2. 36%	2. 05
	清流县	23	20	7. 42%	5. 24%	1. 42
	宁化县	15	25	4. 84%	6. 54%	0. 74
	大田县	19	24	6. 13%	6. 28%	0. 98
	尤溪县	30	42	9. 68%	10. 99%	0. 88
	沙县	32	49	10. 32%	12. 83%	0. 80
	将乐县	25	21	8. 06%	5. 50%	1. 47
	泰宁县	17	25	5. 48%	6. 54%	0. 84
	建宁县	14	29	4. 52%	7. 59%	0. 59
	永安市	45	78	14. 52%	20. 42%	0. 71
龙岩市	新罗区	140	105	35. 44%	28. 93%	1. 23
	永定区	65	72	16. 46%	19. 83%	0. 83
	长汀县	38	42	9. 62%	11. 57%	0. 83
	上杭县	59	43	14. 94%	11. 85%	1. 26
	武平县	22	40	5. 57%	11. 02%	0. 51
	连城县	47	32	11. 90%	8. 82%	1. 35
	漳平市	24	29	6. 08%	7. 99%	0. 76
南平市	延平区	56	71	17. 95%	19. 89%	0. 90
	建阳区	40	56	12. 82%	15. 69%	0. 82
	顺昌县	12	23	3. 85%	6. 44%	0. 60
	浦城县	22	22	7. 05%	6. 16%	1. 14
	光泽县	13	19	4. 17%	5. 32%	0. 78
	松溪县	13	10	4. 17%	2. 80%	1. 49
	政和县	10	19	3. 21%	5. 32%	0. 60
	邵武市	27	32	8. 65%	8. 96%	0. 97
	武夷山市	81	61	25. 96%	17. 09%	1. 52
	建瓯市	38	44	12. 18%	12. 32%	0. 99

续表

设区市名称	县市区名称	文化服务设施总量	社区生活圈总量	文化服务设施占比	社区生活圈占比	匹配协同指数
宁德市	蕉城区	85	60	32. 82%	18. 69%	1. 76
	霞浦县	30	40	11. 58%	12. 46%	0. 93
	古田县	23	29	8. 88%	9. 03%	0. 98
	屏南县	10	16	3. 86%	4. 98%	0. 77
	寿宁县	9	16	3. 47%	4. 98%	0. 70
	周宁县	18	12	6. 95%	3. 74%	1. 86
	柘荣县	15	10	5. 79%	3. 12%	1. 86
	福安市	36	65	13. 90%	20. 25%	0. 69
	福鼎市	33	73	12. 74%	22. 74%	0. 56
福州市	鼓楼区	248	52	12. 61%	5. 56%	2. 27
	台江区	149	25	7. 57%	2. 67%	2. 84
	仓山区	262	109	13. 32%	11. 65%	1. 14
	马尾区	68	47	3. 46%	5. 02%	0. 69
	晋安区	121	71	6. 15%	7. 59%	0. 81
	长乐区	289	134	14. 69%	14. 32%	1. 03
	闽侯县	176	144	8. 95%	15. 38%	0. 58
	连江县	111	70	5. 64%	7. 48%	0. 75
	罗源县	100	22	5. 08%	2. 35%	2. 16
	闽清县	36	44	1. 83%	4. 70%	0. 39
	永泰县	93	39	4. 73%	4. 17%	1. 13
	平潭县	58	45	2. 95%	4. 81%	0. 61
	福清市	256	134	13. 01%	14. 32%	0. 91
莆田市	城厢区	68	57	19. 10%	17. 27%	1. 11
	涵江区	53	66	14. 89%	20. 00%	0. 74
	荔城区	88	61	24. 72%	18. 48%	1. 34
	秀屿区	42	58	11. 80%	17. 58%	0. 67
	仙游县	105	88	29. 49%	26. 67%	1. 11

第二节 社区生活圈视角下福建省文化服务设施全局空间自相关分析

一、福建省区域层面社区生活圈文化服务设施全局空间自相关分析

运用 ArcGIS 软件的全局空间自相关方法操作可得到表 10－4，福建省区域层面 Moran's I 和 Getis-Ord General G 指数方法的 P 值结果均小于 0.01，同时 Z 值均大于 2.58，统计学意义上达到 99% 的置信度，拒绝零假设，通过显著性检验。

表 10－4 福建省区域层面的社区生活圈文化服务设施全局空间自相关指标表

区域名称	P 值	Z 值	Moran's I	P 值	Z 值	E-General G	O-General G
福建省	0.00	122.75	0.20	0.00	29.16	0.000	0.003
闽东北	0.00	88.31	0.29	0.00	36.76	0.001	0.008
闽西南	0.00	97.97	0.22	0.00	11.04	0.006	0.030

通过指标综合对比，可以分析出社区生活圈文化服务设施全局空间自相关特征：(1) 所有区域的 Moran's I 指数均大于 0，社区生活圈文化服务设施配置整体呈现聚集态势。(2) 所有区域的 O-General G 均大于 E-General G，说明福建省社区生活圈文化服务设施总体高值区域聚类。(3) 根据 Moran's I 指数排序，则有“闽东北 > 闽西南 > 福建省”，福建省两大协同发展区各自的社区生活圈文化服务设施配置集聚程度高于福建省整体情况，且闽东北的聚集效果最明显。(4) 考察 O-General G 与 E-General G 的数值差异，福建省整体的高值聚类效果弱于闽东北与闽西南两大协同发展区。

二、福建省市域层面社区生活圈文化服务设施全局空间自相关分析

运用软件操作得到表 10－5，福建省市域层面的社区生活圈文化服务设施两种指数方法结果均符合 99% 置信度，满足显著性检验。通过指标综合对比，可以分析出闽西南 5 市的全局空间自相关特征：(1) 社区生活圈文化服务设施 Moran's I 指数均大于 0，均呈现空间正相关聚类特性。(2) 指

标数值在 0. 09—0. 23 之间，三明市相关性最弱，接近于随机分布；泉州市与漳州市的相关性最显著。（3）与闽西南区域 Moran's I 指数相比，仅三明市和龙岩市的聚类效果弱于区域整体水平。（4）5 市的 O-General G 指数均大于 E-General G 指数，普遍呈现高值聚类态势。

通过指标综合对比，可以分析出闽东北 4 市的全局空间自相关特征：（1）社区生活圈文化服务设施 Moran's I 指数均大于 0，均呈现空间正相关聚类特性。（2）指标数值在 0. 05 ~ 0. 23 之间，南平市和莆田市接近于随机分布，福州市则相关性最显著。（3）与闽东北区域 Moran's I 指数相比，各个市域的聚类效果均未超过区域整体水平。（4）4 市的 O-General G 指数均大于 E-General G 指数，普遍呈现高值聚类态势。

表 10 – 5　福建省市域层面的社区生活圈文化服务设施全局空间自相关指标表

设区市名称	P 值	Z 值	Moran's I	P 值	Z 值	E-General G	O-General G
南平市	0. 00	3. 17	0. 05	0. 00	10. 77	0. 005	0. 032
宁德市	0. 00	7. 25	0. 13	0. 00	8. 30	0. 005	0. 028
福州市	0. 00	63. 34	0. 23	0. 00	26. 87	0. 002	0. 015
莆田市	0. 00	11. 33	0. 08	0. 00	11. 04	0. 006	0. 030
泉州市	0. 00	63. 54	0. 23	0. 00	34. 82	0. 002	0. 011
漳州市	0. 00	24. 12	0. 23	0. 00	22. 47	0. 003	0. 027
厦门市	0. 00	28. 43	0. 22	0. 00	11. 19	0. 005	0. 014
三明市	0. 00	5. 69	0. 09	0. 00	10. 44	0. 004	0. 025
龙岩市	0. 00	15. 70	0. 21	0. 00	14. 37	0. 004	0. 035

三、福建省县域层面社区生活圈文化服务设施全局空间自相关分析

运用软件操作，可获得福建省各县市区的社区生活圈文化服务设施指数方法结果见表 10 – 6，并可分析县域全局空间自相关特征。泉州市：（1）Moran's I 方法 2 县 1 市通过统计学检验，社区生活圈文化服务设施 Moran's I 指标数值在 0. 11 ~ 0. 21 之间，安溪县正相关性最弱，惠安县最显著。（2）Getis-Ord General G 方法 4 县 3 市 2 区通过统计学检验，高值聚类态势普遍存在。

漳州市：(1) Moran's I 方法1县1市1区通过统计学检验，指标数值在0.11～0.21之间，龙海市接近随机分布，芗城区正相关性最显著。(2) Getis-Ord General G 方法5县1市1区通过统计学检验，其中仅东山县和平和县呈现高值聚类态势。

厦门市：(1) 排除未通过显著性检验的湖里区和海沧区，整体呈现空间正相关聚类特性；Moran's I 指标数值在0.16～0.66之间，集美区正相关性突出显著。(2) Getis-Ord General G 指数方法中，同安区呈现低值聚类态势，其他各区为高值聚类。

三明市：(1) Moran's I 方法3县通过显著性检验，Moran's I 指标数值在-0.23～0.29之间，明溪县负相关分布，清流县正相关性最显著。(2) Getis-Ord General G 方法6县1市通过统计学检验，宁化县呈现低值聚类态势，其他为高值聚类。

龙岩市：(1) Moran's I 方法2县1区通过统计学检验，Moran's I 指标数值在0.30～0.11之间，新罗区与长汀县正相关性最显著。(2) Getis-Ord General G 方法，漳平县未通过显著性检验，宁化县呈现低值聚类态势，其他普遍呈现高值聚类态势。

南平市：(1) Moran's I 方法2市2区通过统计学检验，社区生活圈文化服务设施 Moran's I 指标数值在0.05～0.11之间，建阳区与武夷山市接近随机分布，延平区正相关最显著。(2) Getis-Ord General G 方法2县3市2区通过统计学检验，武夷山市呈现低值聚类态势，其他各区为高值聚类。

宁德市：(1) Moran's I 方法3县1市1区通过统计学检验，指标数值在-0.24～0.21之间，霞浦县负相关分布，寿宁县正相关性最显著。(2) Getis-Ord General G 方法2县2市1区通过统计学检验，福鼎市呈现低值聚类态势，其他呈现高值聚类态势。

福州市：(1) Moran's I 方法4县1区通过统计学检验，指标数值在-0.13～0.41之间，永泰县负相关分布，平潭县正相关性最显著。(2) Getis-Ord General G 方法永泰县和闽侯区未通过统计学检验，晋安区呈现低值聚类态势，其他各区为高值聚类。

莆田市：(1) Moran's I 方法仅城厢区通过统计学检验，Moran's I 指标数值在为0.05，趋近于随机分布。(2) Getis-Ord General G 方法涵江区与仙游县未通过统计学检验，荔城区呈现低值聚类态势，其他为高值聚类。

表 10－6　福建省县域层面的社区生活圈文化服务设施全局空间自相关指标表

设区市名	县市区名	P 值	Z 值	Moran's I	P 值	Z 值	E-General G	O-General G
	东山县	0.07	1.82	0.09	0.01	2.34	0.014	0.025
	华安县	0.30	0.03	(0.01)	0.55	0.51	0.035	0.065
	龙海市	0.02	5.65	0.11	0.04	5.54	0.052	0.035
	龙文区	0.21	0.30	(0.10)	0.51	(0.66)	0.064	0.030
	南靖县	0.56	(0.60)	0.16	0.15	1.43	0.042	0.045
漳州市	平和县	0.05	3.14	0.14	0.00	3.08	0.039	0.048
	芗城区	0.03	1.52	0.21	0.00	6.91	0.420	0.004
	云霄县	0.50	(0.69)	(0.01)	0.68	0.40	0.034	0.041
	漳浦县	0.66	0.45	0.00	0.00	2.87	0.011	0.003
	长泰县	0.56	0.55	0.00	0.01	1.69	0.052	0.048
	诏安县	0.47	0.47	0.01	0.04	1.99	0.041	0.171
	安溪县	0.02	5.71	0.11	0.00	6.60	0.007	0.031
	德化县	0.06	2.05	0.02	0.00	3.96	0.009	0.109
	丰泽区	0.31	1.47	0.01	0.36	0.90	0.090	0.047
	惠安县	0.00	4.45	0.21	0.00	2.91	0.009	0.009
	晋江市	0.58	0.65	0.01	0.00	4.81	0.090	0.099
泉州市	鲤城区	0.07	4.75	0.45	0.01	2.89	0.090	0.090
	洛江市	0.78	(0.34)	(0.01)	0.90	(0.09)	0.045	0.039
	南安市	0.88	0.42	(0.01)	0.03	2.14	0.000	0.047
	泉港区	0.11	1.47	0.04	0.00	2.17	0.006	0.074
	石狮市	0.01	3.70	0.16	0.00	4.29	0.025	0.043
	永春县	0.14	1.46	0.01	0.01	2.50	0.095	0.901
	海沧区	0.77	(0.20)	(0.02)	0.06	1.81	0.042	0.045
	集美区	0.05	2.45	0.66	0.00	3.47	0.023	0.032
厦门市	思明区	0.01	3.45	0.16	0.01	3.41	0.015	0.031
	同安区	0.00	1.45	0.16	0.01	3.46	0.024	0.009
	翔安区	0.04	0.26	0.16	0.01	(3.46)	0.037	0.037
	湖里区	0.90	0.15	(0.32)	0.63	0.52	0.052	0.054

续表

设区市名	县市区名	P 值	Z 值	Moran's I	P 值	Z 值	E-General G	O-General G
三明市	大田县	0. 15	0. 21	(0. 15)	0. 15	1. 32	0. 053	0. 151
	建宁县	0. 51	0. 53	0. 02	0. 09	1. 21	0. 043	0. 130
	将乐县	0. 34	(0. 94)	(0. 12)	0. 50	0. 67	0. 032	0. 150
	梅列县	0. 76	6. 30	0. 15	0. 04	4. 06	0. 067	0. 190
	明溪县	0. 00	(1. 10)	(0. 23)	0. 16	3. 29	0. 259	0. 366
	宁化县	0. 29	1. 00	0. 01	0. 03	2. 11	0. 521	0. 201
	清流县	0. 00	3. 78	0. 29	0. 00	5. 32	0. 050	0. 382
	三元区	0. 07	1. 87	0. 03	0. 10	1. 63	0. 081	0. 190
	沙县	0. 00	2. 57	0. 17	0. 00	6. 41	0. 004	0. 151
	寿宁县	0. 51	0. 65	(0. 15)	0. 01	0. 52	0. 051	0. 372
	永安市	0. 14	1. 01	0. 03	0. 00	3. 51	0. 004	0. 016
	尤溪县	0. 13	(0. 35)	(0. 04)	0. 03	1. 95	0. 021	0. 021
龙岩市	连城县	0. 95	(0. 06)	(0. 03)	0. 01	2. 42	0. 040	0. 120
	上杭县	0. 01	1. 74	0. 03	0. 00	3. 43	0. 006	0. 139
	武平县	0. 99	(0. 05)	(0. 15)	0. 01	2. 53	0. 031	0. 115
	新罗区	0. 05	5. 74	0. 11	0. 00	6. 66	0. 020	0. 062
	永定区	0. 65	0. 40	0. 10	0. 00	3. 98	0. 004	0. 041
	漳平市	0. 46	0. 67	0. 02	0. 10	1. 64	0. 052	0. 102
	长汀县	0. 01	3. 74	0. 11	0. 00	5. 03	0. 150	0. 181
南平市	光泽县	0. 79	0. 29	0. 04	0. 01	2. 29	0. 101	0. 312
	建瓯市	0. 56	0. 57	(0. 00)	0. 00	4. 29	0. 006	0. 181
	建阳区	0. 03	3. 01	0. 05	0. 00	3. 38	0. 030	0. 100
	浦城县	0. 77	(0. 32)	(0. 06)	0. 09	1. 64	0. 081	0. 205
	邵武市	0. 01	3. 22	0. 10	0. 02	4. 70	0. 011	0. 204
	顺昌县	0. 80	(0. 24)	(0. 05)	0. 42	0. 70	0. 151	0. 120
	松溪县	0. 84	0. 19	(0. 02)	0. 00	2. 92	0. 118	0. 701
	武夷山市	0. 04	3. 44	0. 06	0. 03	3. 73	0. 015	0. 007
	延平区	0. 00	6. 46	0. 11	0. 00	7. 62	0. 020	0. 122
	政和县	0. 64	0. 42	(0. 02)	0. 19	1. 29	0. 041	0. 107

续表

设区市名	县市区名	P 值	Z 值	Moran's I	P 值	Z 值	E-General G	O-General G
	福安市	0.45	4.92	0.20	0.00	6.12	0.021	0.112
	福鼎市	0.00	3.72	0.15	0.02	5.45	0.028	0.021
	古田县	0.00	3.46	0.16	0.01	4.76	0.043	0.206
	蕉城区	0.04	4.57	0.11	0.00	5.07	0.028	0.104
宁德市	屏南县	0.22	1.23	(0.15)	0.82	0.21	0.109	0.131
	寿宁县	0.01	(1.71)	0.21	0.51	(0.07)	0.061	0.002
	霞浦县	0.00	5.16	(0.24)	0.97	6.45	0.097	0.241
	柘荣县	0.24	1.15	(0.21)	0.73	0.30	0.107	0.228
	周宁县	0.56	0.57	(0.04)	0.04	3.30	0.103	0.583
	城厢区	0.02	2.74	0.05	0.04	3.40	0.028	0.029
	涵江区	0.57	(0.52)	(0.01)	0.10	1.70	0.031	0.051
莆田市	荔城区	0.65	0.42	0.00	0.04	1.81	0.097	0.060
	仙游县	0.10	1.61	0.00	0.10	3.00	0.019	0.015
	秀屿区	0.77	0.27	(0.00)	0.00	2.11	0.014	0.046
	仓山区	0.15	3.86	0.21	0.00	4.71	0.005	0.005
	福清区	0.08	8.80	0.11	0.00	1.30	0.013	0.048
	鼓楼区	0.09	4.25	0.31	0.01	4.12	0.066	0.095
	晋安区	0.06	3.80	0.11	0.00	3.98	0.900	0.043
	连江县	0.00	8.25	0.38	0.00	3.65	0.021	0.421
	罗源县	0.24	1.15	0.00	0.01	2.45	0.091	0.248
福州市	马尾区	0.65	(0.39)	(0.04)	0.10	1.47	0.005	0.071
	闽侯县	0.35	(0.92)	(0.01)	0.15	1.35	0.015	0.025
	闽清县	0.02	2.10	0.05	0.00	3.58	0.031	0.105
	平潭县	0.00	7.46	0.41	0.00	5.79	0.035	0.105
	台江区	0.04	1.67	0.18	0.05	1.91	0.147	0.174
	长乐区	0.15	1.55	0.02	0.03	2.16	0.005	0.024
	永泰县	0.02	(1.70)	(0.13)	0.43	(0.78)	0.047	0.042

第三节　社区生活圈视角下福建省文化服务设施局部空间自相关分析

一、福建省区域层面社区生活圈文化服务设施局部空间自相关分析

运用 ArcGIS 软件的 Anselin Local Moran's I 方法操作，可以得到福建省区域层面的社区生活圈文化服务设施聚类和异常值结果，排除不显著类型，其他类型分布统计情况如图 10－1 所示。通过指标综合对比，可以分析出福建省整体与两大协同发展区的局部空间自相关特征：（1）福建省与闽东北协同发展区的 H-H 型和 L-L 型两种聚类类型均多于 H-L 型和 L-H 型两种异常类型，闽西南的社区生活圈文化服务设施则为"异常类型 > 聚类类型"。（2）区域层面的 H-H 型高值聚类均少于 L-L 型低值聚类。（3）福建省与两大协同发展区的 H-L 型高值被低值围绕异常均最少。（4）L-H 型低值被高值围绕异常在福建省各个区域普遍较多，该类型社区生活圈属于低值亟待改善单元，呈现文化服务设施配置短板。

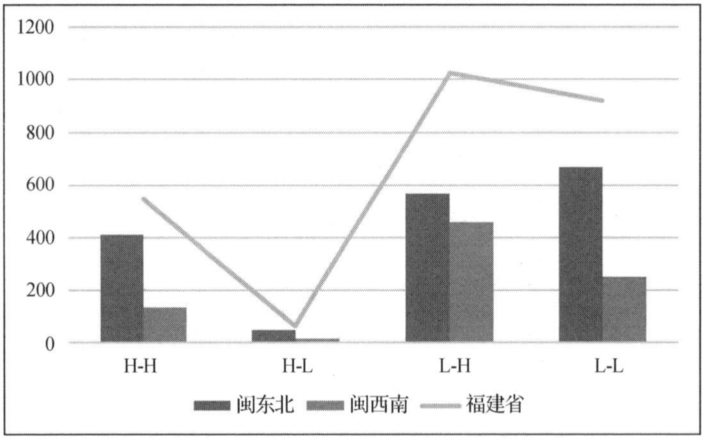

图 10－1　福建省区域层面的社区生活圈文化服务设施聚类异常图

二、福建省市域层面社区生活圈文化服务设施局部空间自相关分析

运用 ArcGIS 软件的局部空间自相关方法操作，可以得到市域层面的社

区生活圈文化服务设施聚类和异常值分析结果。排除不显著类型，闽东北4个设区市其他4类分布统计情况如图10－2所示，通过综合对比分析可知：(1) H-H型高值聚类中，福州市占比最多达到85.19%，其社区生活圈文化服务设施配置与服务能力凸显。(2) H-L型高值被低值围绕异常4设区市均较少，南平市甚至仅有2个，说明微观尺度文化服务设施极端高值的不均衡情况较少。(3) L-H型低值被高值围绕异常中，福州市占比高达95.18%，这种社区生活圈极端低值异常主要存在于周边文化服务设施普遍富集情况。(4) L-L型低值聚类中，福州市和宁德市均占比超过32.00%，南平市和莆田市则占比稍少，低值聚集说明存在社区生活圈文化服务设施配置短板，应针对性补充。

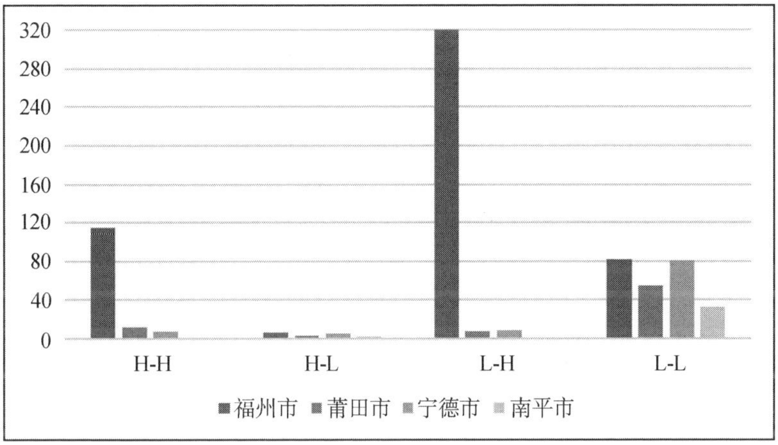

图10－2 福建省闽东北协同发展区市域层面的社区生活圈文化服务设施聚类异常图

闽西南5个设区市4类分布统计情况如图10－3所示，通过综合对比分析可知：(1) 闽西南的H-H型高值聚类中，厦门市占比最多达到47.03%，泉州次之达到44.86%，“厦泉”闽南组团城市的社区生活圈文化服务设施配置水平优越。(2) H-L型高值被低值围绕异常在5个设区市均最少，其中厦门市与三明市仅2个，泉州市占整个闽西南的65.96%，具备向周边正向辐射带动的积极作用。(3) L-H型低值被高值围绕异常中，泉州市占比达到48.73%，厦门市为41.38%，这种配置水平“凹陷”情况应积极填补完善。(4) L-L型低值聚类中，泉州市占比50.62%，漳州市次之为28.33%，作为闽南金三角城市三大核心中的两个城市，其社区生活圈文化服务设施配置短板需要引起重视。

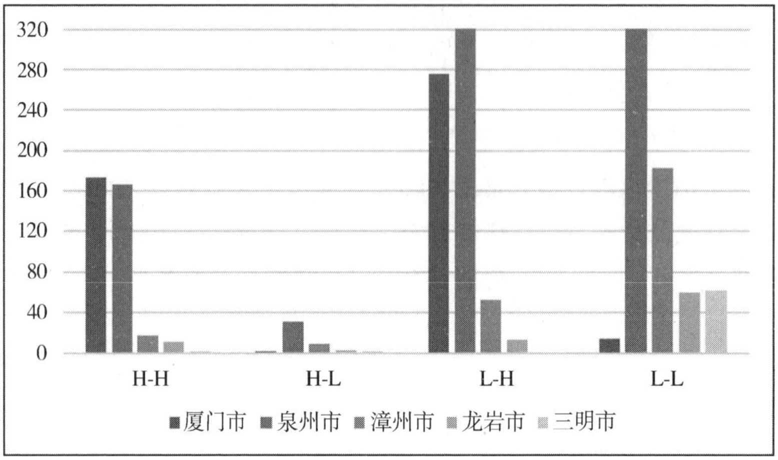

图 10－3　福建省闽西南协同发展区市域层面的社区生活圈文化服务设施聚类异常图

三、福建省县域层面社区生活圈文化服务设施局部空间自相关分析

运用 ArcGIS 软件可以得到县域层面社区生活圈文化服务设施聚类和异常值结果，排除不显著类型，局部空间自相关结果见表 10－7。厦门市共涉及 466 个社区生活圈：(1) H-H 型共 174 个，思明区的占比 37.93%，湖里区和集美区也均高于 21.00%；H-L 型为 2 个，分别位于同安区和翔安区；L-H 型总量最多为 276 个，海沧区、集美区比均超过 24.00%；L-L 型共计 14 个，同安区和翔安区占比均超过 40.00%。(2) 厦门市思明区的社区生活圈文化服务设施配置水平较高，集美区具有潜力优势，同安区和翔安区的配置水平较弱。

泉州市共涉及 849 个社区生活圈：(1) H-H 型共 166 个，晋江市和丰泽区占比共计 51.81%；H-L 型总量为 31 个，南安市占比超过 51.61%；L-H 型共 325 个，晋江市和惠安县占比均超过 20.00%；L-L 型总量最多为 327 个，南安市和安溪县占比均超过 30.00%。(2) 泉州市县域的社区生活圈文化服务设施聚类水平较高，晋江市最具优势和提升潜力，南安市则最需补充配置。

漳州市共涉及 262 个社区生活圈：（1）H-H 型共 17 个，芗城区占比超过 64.71%；H-L 型总量为 9 个，漳浦县和南靖县占比均超过 20.00%；L-H 型共计 53 个，龙海市独占 83.02%；L-L 型总量最多为 183 个，漳浦县和平和县占比均超过 20.00%。（2）漳州市县域的社区生活圈文化服务设施聚类水平较高，芗城区和龙海市最具优势和提升潜力，漳浦县配置水平有待提升。

龙岩市共涉及 87 个社区生活圈：（1）H-H 型共 11 个，全部位于新罗区内部；H-L 型总量为 3 个，永定区独占 66.67%；L-H 型共计 13 个，全部位于新罗区内部；L-L 型总量最多为 60 个，永定区占比超过 55.00%。（2）龙岩市县域的社区生活圈文化服务设施聚类水平较高，仅有新罗区最具优势和提升潜力，永定区则亟待充足配置。

三明市共涉及 68 个社区生活圈：（1）H-H 型、H-L 型以及 L-H 型均仅有 2 个，梅列区总体高值集聚、泰宁县和永安市存在高值被低值围绕；L-L 型总量最多为 62 个，永安市占比高达 58.06%。（2）三明市梅列区的社区生活圈文化服务设施低值聚类明显，永安市则最需要充足配置。

福州市共涉及 580 个社区生活圈：（1）H-H 型共 155 个，仓山区和鼓楼区的占比均超过 20.00%；H-L 型总量最小仅有 7 个，福清市占比高达 57.14%；L-H 型总量最多为 336 个，闽侯县与仓山区共占比 55.95%；L-L 型共计 82 个，其中福清市独占 51.22%。（2）福州市县域的社区生活圈文化服务设施异常情况突出，鼓楼区和仓山区具有配置优势与潜力，福清市则亟待充足配置。

莆田市共涉及 78 个社区生活圈：（1）H-H 型共 12 个，其中城厢区占比为 75.00%；H-L 型总量最小仅有 3 个，66.67% 位于秀屿区内部；L-H 型共计为 8 个，城厢区占比 50.00%；L-L 型总量最多 55 个，其中秀屿区独占 70.91%。（2）莆田市县域的社区生活圈文化服务设施低值集聚较为明显，城厢区具有最大配置优势，秀屿区则有待加强。

宁德市共涉及 103 个社区生活圈：（1）H-H 型共 8 个，蕉城区的占比 100.00%；H-L 型总量最小仅有 5 个，分别位于霞浦县、屏南县、周宁县、福安市和福鼎市；L-H 型共计 9 个，蕉城区占比为 88.89%；L-L 型总量最多为 81 个，其中福鼎市独占 53.09%。（2）宁德市县域的社区生活圈文化服务设施聚类水平较高，蕉城区具有绝对优势和提升潜力，福鼎市则最需要予以补充。

南平市共涉及35个社区生活圈：（1）H-H型与L-H型均为0个，不存在高值集聚与低值被高值围绕异常社区生活圈；H-L型总量为2个，分别位于建阳区和顺昌县；L-L型总量最多为33个，其中建阳区占比超过40.00%。（2）南平市县域的社区生活圈文化服务设施低值聚类情况明显，缺乏高值优势和提升潜力，建阳区最需补充社区生活圈文化服务设施。

表10-7 福建省县域层面的社区生活圈文化服务设施聚类异常指标表

设区市名称	县市区名称	H-H型	H-L型	L-H型	L-L型
泉州市	鲤城区	31	0	28	0
	丰泽区	34	0	49	0
	洛江区	8	1	26	1
	泉港区	0	2	0	5
	惠安县	18	0	71	0
	安溪县	0	2	0	123
	永春县	0	2	0	19
	德化县	4	0	1	0
	石狮市	18	0	44	0
	晋江市	52	8	88	76
	南安市	1	16	18	103
漳州市	芗城区	11	0	9	0
	云霄县	0	1	0	28
	漳浦县	0	2	0	45
	诏安县	0	1	0	10
	长泰县	0	1	0	13
	东山县	0	1	0	15
	南靖县	0	2	0	19
	平和县	0	1	0	46
	华安县	0	0	0	5
	龙海市	6	0	44	2
厦门市	思明区	66	0	25	0
	海沧区	21	0	67	0
	湖里区	38	0	16	0
	集美区	41	0	90	0
	同安区	5	1	29	6
	翔安区	3	1	49	8

续表

设区市名称	县市区名称	H-H 型	H-L 型	L-H 型	L-L 型
三明市	梅列区	2	0	2	0
	清流县	0	0	0	1
	宁化县	0	0	0	3
	大田县	0	0	0	3
	尤溪县	0	0	0	5
	沙县	0	0	0	3
	将乐县	0	0	0	1
	泰宁县	0	1	0	0
	建宁县	0	0	0	10
	永安市	0	1	0	36
龙岩市	新罗区	11	0	13	2
	永定区	0	2	0	34
	长汀县	0	0	0	3
	上杭县	0	0	0	4
	武平县	0	0	0	12
	连城县	0	1	0	0
	漳平市	0	0	0	5
南平市	延平区	0	0	0	9
	建阳区	0	1	0	14
	顺昌县	0	1	0	5
	邵武市	0	0	0	3
	建瓯市	0	0	0	2
宁德市	蕉城区	8	0	8	0
	霞浦县	0	1	0	4
	古田县	0	0	0	1
	屏南县	0	1	0	1
	寿宁县	0	0	0	3
	周宁县	0	1	0	1
	柘荣县	0	0	1	0
	福安市	0	1	0	28
	福鼎市	0	1	0	43

续表

设区市名称	县市区名称	H-H 型	H-L 型	L-H 型	L-L 型
福州市	鼓楼区	32	0	20	0
	台江区	17	0	8	0
	仓山区	33	0	76	0
	马尾区	8	0	31	0
	晋安区	20	0	51	0
	长乐区	19	0	24	0
	闽侯县	24	0	112	4
	连江县	1	1	13	0
	闽清县	0	2	0	25
	永泰县	0	0	1	5
	平潭县	0	0	0	6
	福清市	1	4	0	42
莆田市	城厢区	9	0	4	6
	涵江区	0	1	0	1
	荔城区	0	0	1	1
	秀屿区	0	2	0	39
	仙游县	3	0	3	8

第四节 社区生活圈视角下福建省文化服务设施变异系数测算分析

一、福建省社区生活圈文化服务设施变异系数指标分析

运用 ArcGIS 软件操作可以得到福建省整体、两大协同发展区与 9 个设区市的社区生活圈文化服务设施标准差与平均值，并可基于变异系数测算公式最终得出表 10 - 8。其中福建省整体的社区生活圈文化服务设施变异系数为 2.59，闽东北协同发展区的变异系数为 2.56，闽西南协同发展区的变异系数为 2.60。按变异系数由大到小排序则有“闽西南 > 福建省 > 闽东北”，说明闽东北协同发展区内部的社区生活圈文化服务设施配置差异最小，闽西南的配置差异则高于福建省整体。市域层面按变异系数由大到小排序可知：漳州市（2.87）> 南平市（2.82）> 宁德市（2.81）> 三明市（2.67）> 龙岩市（2.51）> 泉州市（2.41）> 莆田市（2.37）> 福州市（2.30）> 厦门市（2.23），厦门市内部的社区生活圈文化服务设施配置差异最小，漳州市则配置差异最大。

表 10－8 福建省社区生活圈文化服务设施变异系数指标表

地区名称	标准差	平均值	变异系数
福建省	2.78	1.07	2.59
闽东北	2.59	1.01	2.56
闽西南	2.92	1.12	2.60
福州市	3.33	1.45	2.30
莆田市	2.06	0.88	2.37
宁德市	1.77	0.63	2.81
南平市	1.99	0.71	2.82
厦门市	4.48	2.01	2.23
漳州市	1.68	0.58	2.87
泉州市	2.60	1.08	2.41
三明市	1.68	0.66	2.67
龙岩市	1.82	0.72	2.51

二、福建省社区生活圈文化服务设施均等配置程度分析

由测算公式可知，变异系数指标值越小则说明社区生活圈文化服务设施均等化配置程度越高。福建省闽东北的社区生活圈文化服务设施均等化配置程度高于闽西南，且高于福建省整体层面的均等化配置情况。考察图 10－4 可知，市域层面社区生活圈文化服务设施的均等化配置程度由低到高排序为漳州市 < 南平市 < 宁德市 < 三明市 < 龙岩市 < 泉州市 < 莆田市 < 福州市 < 厦门市。

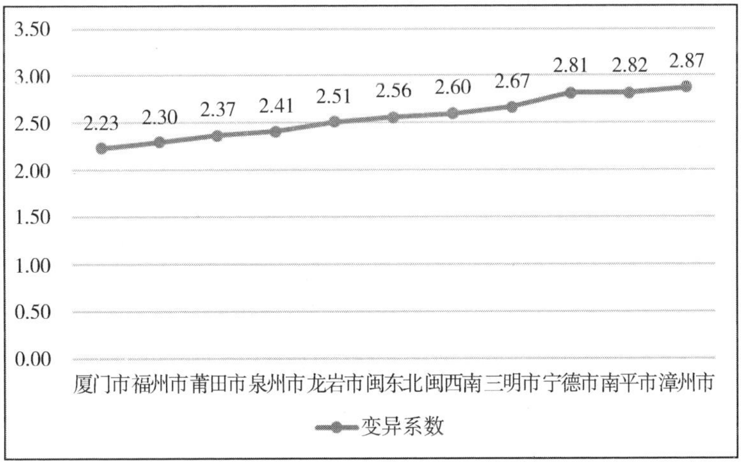

图 10－4 福建省社区生活圈文化服务设施变异系数排序图

考察福建省各设区市的社区生活圈文化服务设施均等化配置程度空间分布情况，可通过 ArcGIS 软件操作，采用自然断裂法 Natural Breaks（Jenks）依据变异系数指标值进一步划出高、中、低 3 个等级。其中，社区生活圈文化服务设施均等化配置的“高等级市”包括厦门市、福州市、莆田市与泉州市，4 市组团连片分布于福建省东部沿海，平均变异系数为 2. 33；社区生活圈文化服务设施均等化配置的“中等级市”包括龙岩市和三明市，2 市均集中分布于福建省西南部山区，平均变异系数为 2. 59；社区生活圈文化服务设施均等化配置的“低等级市”包括宁德市、南平市和漳州市，3 市均集中分布于福建省中北部山区，平均变异系数为 2. 83。

第十一章　社区生活圈视角下福建省体育服务设施均等化配置分析

福建省对基本公共服务中的“体育服务保障”工作十分重视。根据国务院颁布的《公共文化体育设施条例》，公共体育设施是指经政府机关组织或社会群体自发开展，用于进行体育活动的对外开放的、具有公益性的体育场馆等建筑物、场地等。2021 年，国务院印发《全民健身计划（2021—2025 年）》，提出到 2025 年全民健身公共服务体系更加完善，县（市、区）、乡镇（街道）、行政村（社区）三级公共健身设施和社区 15 分钟健身圈实现全覆盖。“十三五”期间，福建省新增体育场地 40394 个、体育场地面积 2964.44 万平方米，人均体育场地面积 2.28 平方米。2022 年，《福建省全民健身条例》通过，要求优先建设贴近社区、方便可达的全民健身设施；规定新建居住小区、新建公园配套建设全民健身设施，老旧居住小区改造、统筹配建，已建公园因地制宜补建。[①]“十四五”期间，福建省将顺应新需求和新趋势，不断促进居民体育活动的便利性和多样性持续提升。充分满足群众日益增长的体育需求，及早补齐体育服务设施配置不平衡、不充分的短板，是未来一段时间公共体育服务保障工作的重中之重。

本章将使用空间匹配协同分析、全局空间自相关分析、局部空间自相关分析与变异系数测算分析 4 种方法进行社区生活圈视角下的福建省体育服务设施均等化配置分析。

---

① 破解“去哪儿健身”福建省加速全民健身场地设施补短板［EB/OL］. 2022-04-15. https：//baijiahao. baidu. com/s? id=1730131979760155839&wfr=spider&for=pc

第一节　社区生活圈视角下福建省体育服务设施空间匹配协同分析

一、福建省区域层面社区生活圈体育服务设施空间匹配协同分析

基于匹配协同指数公式测算可得到表 11－1，福建省闽东北协同发展区虽然总量均低于闽西南，但闽东北协同发展区体育服务设施与社区生活圈的匹配协同指数大于 1。反之，福建省闽西南协同发展区匹配协同指数小于 1，此时可能存在社区生活圈缺少体育服务设施均等配置的情况。由此可知，福建省闽东北协同发展区的体育服务设施空间匹配协同程度相对略高于闽西南区域。

表 11－1　福建省区域层面的社区生活圈体育服务设施匹配协同指标表

区域名称	体育服务设施总量	社区生活圈总量	体育服务设施占比	社区生活圈占比	匹配协同指数
福建省	6136	5336	100.00%	100.00%	1.00
闽西南	3731	3392	60.81%	63.57%	0.96
闽东北	2405	1944	39.19%	36.43%	1.08

二、福建省市域层面社区生活圈体育服务设施空间匹配协同分析

根据公式测算得到表 11－2，福建省闽西南协同发展区内部市域可以划分出两种空间匹配协同类型：（1）属于“滞后型”的城市有 4 个，为漳州市、泉州市、三明市和龙岩市；泉州市指数最趋向于 1，虽然体育服务设施占据闽西南的 34.60%，但社区生活圈占比也高达 41.3%，体育服务设施配置仍相对滞后于社区生活圈配置情况；漳州市与龙岩市逐项次之，三明市则匹配协同水平最低。（2）属于“超前型”的城市有 1 个，占据闽西南体育服务设施 38.19%，仅需服务占比 18.22% 的社区生活圈，厦门市体育服务设施空间匹配协同指数超过闽西南其他 4 个城市 2.50～3.82 倍，显示出突出地超前匹配态势。

表 11－2　福建省市域层面的社区生活圈体育服务设施匹配协同指标表

协同发展区名称	设区市名称	体育服务设施总量	社区生活圈总量	体育服务设施占比	社区生活圈占比	匹配协同指数
闽西南	厦门市	1425	618	38.19%	18.22%	2.10
	漳州市	516	628	13.83%	18.51%	0.75
	泉州市	1291	1401	34.60%	41.30%	0.84
	三明市	232	382	6.22%	11.26%	0.55
	龙岩市	267	363	7.16%	10.70%	0.67
闽东北	福州市	1516	936	63.04%	48.15%	1.31
	莆田市	370	330	15.38%	16.98%	0.91
	宁德市	265	321	11.02%	16.51%	0.67
	南平市	254	357	10.56%	18.36%	0.58

福建省闽东北协同发展区内部市域可以划分出两种空间匹配协同类型：(1) 属于“滞后型”的城市有 3 个，为莆田市、宁德市和南平市；莆田市的匹配协同指数高达 0.91，体育服务设施仅占据闽东北的 15.38%，社区生活圈占比也仅为 16.98%，体育服务设施配置虽然仍相对滞后于社区生活圈，但两者协同匹配度较高；宁德市与南平市逐项次之，南平市为闽东北匹配协同水平最低城市，但其体育服务设施总量仍高于闽西南最低水平的三明市。(2) 福州市属于“超前型”，体育服务设施与社区生活圈占比分别达到闽东北协同发展区总量的 63.04% 和 48.15%，远超其他 3 个城市，其匹配协同指数为其他 3 个城市的 1.44～2.26 倍之间。

三、福建省县域层面社区生活圈体育服务设施空间匹配协同分析

根据公式测算得到表 11－3，福建省县域层面可以划分出不同的社区生活圈体育服务设施空间匹配协同类型。泉州市各县市区的社区生活圈体育服务设施空间匹配协同指数在 0.52～2.63 之间，“滞后型”多于“超前型”：(1) 惠安县、安溪县、永春县、德化县、南安市、洛江区、泉港区，4 县 1 市 2 区属于“滞后型”；洛江区体育服务设施占比最低仅为 1.78%，其匹配协同指数为泉州市最低 0.52。(2) 石狮市、晋江市、鲤城区、丰泽区，2 市 2 区属于“超前型”；鲤城区和丰泽区的体育服务设施占比排序分别为第 4 位和第二位，匹配协同指数高达 2.63 和 2.60，是泉州市其他县市区的 1.94～5.01 倍。

漳州市各县市区的社区生活圈体育服务设施空间匹配协同指数在0.35～2.76之间，“滞后型”多于“超前型”：（1）云霄县、漳浦县、长泰县、东山县、南靖县、平和县、华安县、龙海市，7县1市属于“滞后型”；华安县体育服务设施占比最低仅为1.16%，社区生活圈占比同样最低3.34%，其匹配协同指数也为漳州市最低0.35；龙海市的体育服务设施占比17.64%，匹配协同指数达到所有滞后型中最高的0.85。（2）诏安县、芗城区、龙文区，1县2区属于“超前型”；芗城区体育服务设施占比最高28.10%，但其社区生活圈占比10.19%，匹配协同指数为2.76，是其他县市区的1.65～7.88倍。

厦门市各县市区的社区生活圈体育服务设施空间匹配协同指数在0.30～2.90之间，“滞后型”多于“超前型”：（1）海沧区、集美区、同安区、翔安区，岛外4区属于“滞后型”；翔安区体育服务设施占比最低仅为6.67%，同时社区生活圈占比则最高达到22.49%，其匹配协同指数为厦门市最低0.30；集美区的体育服务设施占比和社区生活圈占比分别18.81%和21.20%，均为厦门市第二位，其匹配协同指数达到滞后型中最高的0.89。（2）思明区与湖里区，2区属于“超前型”；思明区体育服务设施占比最高42.74%，远高于其他各区，其匹配协同指数为2.90，是其他县市区的1.63～9.67倍。

三明市各县市区的社区生活圈体育服务设施空间匹配协同指数在0.26～2.15之间，“超前型”多于“滞后型”：（1）宁化县、尤溪县、将乐县、泰宁县、三元区，4县1区属于“滞后型”；泰宁县体育服务设施占比最低仅为1.72%，社区生活圈占比则达到6.54%，其匹配协同指数为三明市最低0.26。（2）明溪县、清流县、大田县、沙县、建宁县、永安市、梅列区，5县1市1区属于“超前型”；永安市体育服务设施与社区生活圈的占比分别24.57%和20.42%，匹配协同指数为1.20；梅列区体育服务设施占比第二位，匹配协同指数为最高的2.15，是其他县市区的1.75～8.27倍。

龙岩市各县市区的社区生活圈体育服务设施空间匹配协同指数在0.38～1.58之间，“滞后型”多于“超前型”：（1）长汀县、武平县、连城县、永定区，3县1区属于“滞后型”；永定区体育服务设施占比排序第5位，社区生活圈排序第二位，其匹配协同指数为龙岩市最低0.38；长汀县的体育服务设施占比和社区生活圈占比分别7.87%和11.57%，为滞后型第一位和第二位，其匹配协同指数也达到滞后型中最高的0.68。（2）上杭县、漳平市和新罗区，1 县 1 市 1 区属于“超前型”；新罗区体育服务设施与社区生活圈的占比分别 45.69% 和 28.93%，均排名第一位，匹配协同指数为最高值 1.58，是其他县市区的 1.09～4.16 倍。

南平市各县市区的社区生活圈体育服务设施空间匹配协同指数在 0.44～1.33 之间，“滞后型”与“超前型”的县市区数量相同：（1）顺昌县、光泽县、武夷山市、建瓯市、建阳区，2 县 2 市 1 区属于“滞后型”；光泽县体育服务设施占比最低仅为 2.36%，其匹配协同指数为南平市最低 0.44；武夷山市的体育服务设施与社区生活圈占比排序均是滞后型第一位，其匹配协同指数达到 0.97。（2）浦城县、松溪县、政和县、邵武市、延平区，3 县 1 市 1 区属于“超前型”；延平区的体育服务设施和社区生活圈占比分别为 24.02% 与 19.89%，均为南平市排序第一位，其匹配协同指数 1.21；浦城县和政和县两县的指数分别为 1.28 和 1.33，指数最高值是其他县市区的 1.04～3.02 倍。

宁德市各县市区的社区生活圈体育服务设施空间匹配协同指数在 0.30～1.78 之间，“滞后型”多于“超前型”：（1）古田县、屏南县、寿宁县、周宁县、福鼎市，4 县 1 市属于“滞后型”；屏南县体育服务设施占比最低仅为 1.51%，其匹配协同指数也为宁德市最低的 0.30。（2）霞浦县、柘荣县、福安市、蕉城区，2 县 1 市 1 区属于“超前型”；蕉城区的体育服务设施占比为 33.21%，占比排序为宁德市第一位，其匹配协同指数则最高为 1.78，是其他县市区的 1.23～5.93 倍。

福州市各县市区的社区生活圈体育服务设施空间匹配协同指数在 0.27～4.48 之间，“滞后型”多于“超前型”：（1）闽侯县、连江县、罗源县、闽清县、永泰县、平潭县、福清市、马尾区、长乐区，6 县 1 市 2 区属于“滞后型”；永泰县体育服务设施占比最低仅为 1.12%，其匹配协同指数为福州市最低 0.27；闽侯县的社区生活圈占比为福州市最高 15.38%，但其匹配协同指数也仅 0.60。（2）鼓楼区、台江区、仓山区，3 区属于“超前型”；鼓楼区的体育服务设施占比最高为 24.87%，社区生活圈占比 5.56%，其匹配协同指数达到福州市最高值 4.48，是其他县市区的 1.40～16.60 倍。（3）晋安区属于“一致型”，两项指标占比均为 7.59%。

莆田市各县市区的社区生活圈体育服务设施空间匹配协同指数在 0.42～1.86 之间，“滞后型”多于“超前型”：（1）仙游县、涵江区、秀屿区，1 县 2 区属于“滞后型”；秀屿区的体育服务设施占比为莆田市最低的

7.30%，其匹配协同指数同时为莆田市最低0.42。(2) 城厢区和荔城区，2区属于“超前型”；城厢区的体育服务设施占比最高为32.16%，其匹配协同指数也为莆田市最高1.86，是其他县市区的1.50~4.43倍。

表11-3 福建省县域层面的社区生活圈体育服务设施匹配协同指标表

设区市名称	县市区名称	体育服务设施总量	社区生活圈总量	体育服务设施占比	社区生活圈占比	匹配协同指数
泉州市	鲤城区	143	59	11.08%	4.21%	2.63
	丰泽区	199	83	15.41%	5.92%	2.60
	洛江区	23	48	1.78%	3.43%	0.52
	泉港区	32	56	2.48%	4.00%	0.62
	惠安县	105	136	8.13%	9.71%	0.84
	安溪县	99	156	7.67%	11.13%	0.69
	永春县	31	60	2.40%	4.28%	0.56
	德化县	30	44	2.32%	3.14%	0.74
	石狮市	147	119	11.39%	8.49%	1.34
	晋江市	352	379	27.27%	27.05%	1.01
	南安市	130	261	10.07%	18.63%	0.54
漳州市	芗城区	145	64	28.10%	10.19%	2.76
	龙文区	55	40	10.66%	6.37%	1.67
	云霄县	26	48	5.04%	7.64%	0.66
	漳浦县	60	89	11.63%	14.17%	0.82
	诏安县	26	28	5.04%	4.46%	1.13
	长泰县	27	41	5.23%	6.53%	0.80
	东山县	26	41	5.04%	6.53%	0.77
	南靖县	28	64	5.43%	10.19%	0.53
	平和县	26	61	5.04%	9.71%	0.52
	华安县	6	21	1.16%	3.34%	0.35
	龙海市	91	131	17.64%	20.86%	0.85
厦门市	思明区	609	91	42.74%	14.72%	2.90
	海沧区	111	88	7.79%	14.24%	0.55
	湖里区	222	54	15.58%	8.74%	1.78
	集美区	268	131	18.81%	21.20%	0.89
	同安区	120	115	8.42%	18.61%	0.45
	翔安区	95	139	6.67%	22.49%	0.30

续表

设区市名称	县市区名称	体育服务设施总量	社区生活圈总量	体育服务设施占比	社区生活圈占比	匹配协同指数
三明市	梅列区	47	36	20.26%	9.42%	2.15
	三元区	6	24	2.59%	6.28%	0.41
	明溪县	6	9	2.59%	2.36%	1.10
	清流县	15	20	6.47%	5.24%	1.23
	宁化县	9	25	3.88%	6.54%	0.59
	大田县	15	24	6.47%	6.28%	1.03
	尤溪县	17	42	7.33%	10.99%	0.67
	沙县	33	49	14.22%	12.83%	1.11
	将乐县	5	21	2.16%	5.50%	0.39
	泰宁县	4	25	1.72%	6.54%	0.26
	建宁县	18	29	7.76%	7.59%	1.02
	永安市	57	78	24.57%	20.42%	1.20
龙岩市	新罗区	122	105	45.69%	28.93%	1.58
	永定区	20	72	7.49%	19.83%	0.38
	长汀县	21	42	7.87%	11.57%	0.68
	上杭县	41	43	15.36%	11.85%	1.30
	武平县	19	40	7.12%	11.02%	0.65
	连城县	13	32	4.87%	8.82%	0.55
	漳平市	31	29	11.61%	7.99%	1.45
南平市	延平区	61	71	24.02%	19.89%	1.21
	建阳区	29	56	11.42%	15.69%	0.73
	顺昌县	15	23	5.91%	6.44%	0.92
	浦城县	20	22	7.87%	6.16%	1.28
	光泽县	6	19	2.36%	5.32%	0.44
	松溪县	8	10	3.15%	2.80%	1.12
	政和县	18	19	7.09%	5.32%	1.33
	邵武市	24	32	9.45%	8.96%	1.05
	武夷山市	42	61	16.54%	17.09%	0.97
	建瓯市	31	44	12.20%	12.32%	0.99

续表

设区市名称	县市区名称	体育服务设施总量	社区生活圈总量	体育服务设施占比	社区生活圈占比	匹配协同指数
宁德市	蕉城区	88	60	33.21%	18.69%	1.78
	霞浦县	37	40	13.96%	12.46%	1.12
	古田县	16	29	6.04%	9.03%	0.67
	屏南县	4	16	1.51%	4.98%	0.30
	寿宁县	11	16	4.15%	4.98%	0.83
	周宁县	9	12	3.40%	3.74%	0.91
	柘荣县	12	10	4.53%	3.12%	1.45
	福安市	54	65	20.38%	20.25%	1.01
	福鼎市	34	73	12.83%	22.74%	0.56
福州市	鼓楼区	377	52	24.87%	5.56%	4.48
	台江区	129	25	8.51%	2.67%	3.19
	仓山区	255	109	16.82%	11.65%	1.44
	马尾区	53	47	3.50%	5.02%	0.70
	晋安区	115	71	7.59%	7.59%	1.00
	长乐区	109	134	7.19%	14.32%	0.50
	闽侯县	141	144	9.30%	15.38%	0.60
	连江县	72	70	4.75%	7.48%	0.64
	罗源县	25	22	1.65%	2.35%	0.70
	闽清县	36	44	2.37%	4.70%	0.51
	永泰县	17	39	1.12%	4.17%	0.27
	平潭县	35	45	2.31%	4.81%	0.48
	福清市	152	134	10.03%	14.32%	0.70
莆田市	城厢区	119	57	32.16%	17.27%	1.86
	涵江区	62	66	16.76%	20.00%	0.84
	荔城区	85	61	22.97%	18.48%	1.24
	秀屿区	27	58	7.30%	17.58%	0.42
	仙游县	77	88	20.81%	26.67%	0.78

第二节 社区生活圈视角下福建省体育服务设施全局空间自相关分析

一、福建省区域层面社区生活圈体育服务设施全局空间自相关分析

运用 ArcGIS 软件的全局空间自相关方法操作可得到表 11－4，福建省区域层面 Moran's I 和 Getis-Ord General G 指数方法的 P 值结果均小于 0.01，同时 Z 值均大于 2.58，统计学意义上达到 99% 的置信度，拒绝零假设，通过显著性检验。

表 11－4 福建省区域层面的社区生活圈体育服务设施全局空间自相关指标表

区域名称	P 值	Z 值	Moran's I	P 值	Z 值	E-General G	O-General G
福建省	0.00	169.77	0.28	0.00	70.05	0.000	0.003
闽东北	0.00	104.34	0.35	0.00	43.57	0.001	0.007
闽西南	0.00	143.76	0.33	0.00	55.07	0.001	0.004

通过指标综合对比，可以分析出社区生活圈体育服务设施全局空间自相关特征：（1）所有区域的 Moran's I 指数均大于 0，社区生活圈体育服务设施配置整体呈现聚集态势。（2）所有区域的 O-General G 均大于 E-General G，说明福建省社区生活圈体育服务设施总体高值区域聚类。（3）根据 Moran's I 指数排序，则有"闽东北 > 闽西南 > 福建省"，福建省两大协同发展区各自的社区生活圈体育服务设施配置集聚程度均高于福建省整体情况，且闽东北的聚集效果最明显。（4）考察 O-General G 与 E-General G 的数值差异，福建省整体的高值聚类效果与闽西南协同发展区相类似，但两者均弱于闽东北。

二、福建省市域层面社区生活圈体育服务设施全局空间自相关分析

运用软件操作得到表 11－5，福建省市域层面的社区生活圈体育服务设施两种指数方法结果均符合 99% 置信度，满足显著性检验。通过指标综合对比，可以分析出闽西南 5 市的全局空间自相关特征：（1）社区生活圈体

育服务设施 Moran's I 指数均大于 0，均呈现空间正相关聚类特性。(2) 指标数值在 0.08 ~ 0.46 之间，三明市相关性最弱，接近于随机分布；厦门市则相关性最显著。(3) 与闽西南区域 Moran's I 指数相比，仅厦门市与漳州市的聚类效果超过区域整体水平。(4) 5 市的 O-General G 指数均大于 E-General G 指数，普遍呈现高值聚类态势。

通过指标综合对比，可以分析出闽东北 4 市的全局空间自相关特征：(1) 社区生活圈体育服务设施 Moran's I 指数均大于 0，均呈现空间正相关聚类特性。(2) 指标数值在 0.15 ~ 0.27 之间，南平市相关性最弱，福州市则相关性最显著。(3) 与闽东北区域 Moran's I 指数相比，各个市域的聚类效果均未超过区域整体水平。(4) 4 市的 O-General G 指数均大于 E-General G 指数，普遍呈现高值聚类态势。

表 11 -5　福建省市域层面的社区生活圈体育服务设施全局空间自相关指标表

设区市名称	P 值	Z 值	Moran's I	P 值	Z 值	E-General G	O-General G
福州市	0.00	73.01	0.27	0.00	30.07	0.002	0.013
莆田市	0.00	24.01	0.18	0.00	17.15	0.006	0.033
宁德市	0.00	10.96	0.20	0.00	13.38	0.005	0.036
南平市	0.00	9.51	0.15	0.00	16.71	0.005	0.035
厦门市	0.00	54.58	0.46	0.00	21.81	0.005	0.016
漳州市	0.00	34.47	0.34	0.00	25.96	0.003	0.021
泉州市	0.00	58.27	0.21	0.00	32.85	0.002	0.010
三明市	0.00	4.88	0.08	0.00	7.27	0.004	0.018
龙岩市	0.00	16.23	0.22	0.00	15.10	0.004	0.035

三、福建省县域层面社区生活圈体育服务设施全局空间自相关分析

运用软件操作，可获得福建省各县市区的社区生活圈体育服务设施指数方法结果见表 11 -6，并可分析县域全局空间自相关特征。泉州市：(1) 排除未通过显著性检验的洛江区，整体社区生活圈体育服务设施 Moran's I 指数均大于 0，呈现空间正相关聚类特性。(2) 指标数值在 0.09 ~ 0.54 之间，德化县接近随机分布，鲤城区则正相关性最显著。(3) O-General G 均大于

E-General G，普遍呈现高值聚类态势。

漳州市：(1) 排除未通过显著性检验的东山县、云霄县与龙文区，Moran's I 指数均大于 0，呈现空间正相关聚类特性。(2) 指标数值在 0.11 ~ 0.64 之间，长泰县正相关性最弱，漳浦县最显著。(3) 普遍呈现高值聚类态势。

厦门市：(1) 排除未通过显著性检验的湖里区，Moran's I 指数均大于 0，呈现空间正相关聚类特性。(2) 指标数值在 0.14 ~ 0.46 之间，同安区、翔安区正相关性较弱，思明区则最显著。(3) 普遍呈现高值聚类态势。

三明市：(1) 排除 P 值大于 0.01 而未通过显著性检验的县市区，Moran's I 指数均大于 0，呈现空间正相关聚类特性。(2) 指标数值在 0.07 ~ 0.23 之间，泰宁县接近随机分布，建宁县正相关性最显著。(3) 普遍呈现高值聚类态势。

龙岩市：(1) 排除未通过显著性检验的连城县和漳平市，Moran's I 指数均大于 0，呈现空间正相关聚类特性。(2) 指标数值在 0.08 ~ 0.34 之间，长汀县接近随机分布，上杭县正相关性最显著。(3) O-General G 指数大于 E-General G 指数，普遍呈现高值聚类态势。

南平市：(1) 排除 P 值大于 0.01，未通过显著性检验的 4 县，社区生活圈体育服务设施 Moran's I 指数均大于 0，呈现空间正相关聚类特性。(2) 指标数值在 0.05 ~ 0.24 之间，武夷山市接近随机分布，邵武市正相关性最显著。(3) O-General G 均大于 E-General G，普遍呈现高值聚类态势。

宁德市：(1) 排除 P 值大于 0.01，未通过显著性检验的 4 县，Moran's I 指数均大于 0，呈现空间正相关聚类特性。(2) 指标数值在 0.10 ~ 0.27 之间，蕉城区正相关性最弱，福安市最显著。(3) 普遍呈现高值聚类态势。

福州市：(1) 排除未通过显著性检验的永泰县、台江区和马尾区，Moran's I 指数均大于 0，呈现空间正相关聚类特性。(2) 指标数值在 0.08 ~ 0.51 之间，闽侯县接近随机分布，鼓楼区正相关性最显著。(3) 普遍呈现高值聚类态势。

莆田市：(1) 内部各县市区均通过显著性检验，Moran's I 指数均大于 0，呈现空间正相关聚类特性。(2) 指标数值在 0.10 ~ 0.42 之间，仙游县正相关性最弱，涵江区最显著。(3) 县域层面普遍呈现高值聚类态势。

表 11－6　福建省县域层面的社区生活圈体育服务设施全局空间自相关指标表

设区市名	县市区名	P 值	Z 值	Moran's I	P 值	Z 值	E-General G	O-General G
漳州市	芗城区	0.00	11.68	0.36	0.00	7.78	0.0367	0.1319
	龙文区	0.03	2.18	0.10	0.07	1.82	0.0641	0.1000
	云霄县	0.04	5.87	0.27	0.00	7.37	0.0328	0.3077
	漳浦县	0.00	15.43	0.64	0.00	13.99	0.0120	0.1810
	诏安县	0.00	6.27	0.32	0.00	6.49	0.0476	0.3471
	长泰县	0.00	2.54	0.11	0.04	2.09	0.0378	0.1101
	东山县	0.37	(0.90)	(0.08)	0.39	0.85	0.0549	0.0940
	南靖县	0.00	9.13	0.43	0.00	11.01	0.0193	0.3515
	平和县	0.00	6.95	0.27	0.00	9.26	0.0213	0.4255
	华安县	0.01	2.45	0.17	0.00	3.40	0.0381	0.4545
	龙海市	0.00	6.71	0.20	0.00	9.13	0.0134	0.0703
泉州市	鲤城区	0.00	5.78	0.54	0.00	5.68	0.0526	0.1278
	丰泽区	0.00	5.93	0.31	0.00	5.56	0.0332	0.0832
	洛江区	0.04	2.01	0.05	0.00	3.46	0.0399	0.1972
	泉港区	0.00	3.50	0.10	0.00	3.01	0.0338	0.1221
	惠安县	0.00	5.65	0.25	0.00	5.54	0.0127	0.0490
	安溪县	0.00	14.24	0.28	0.00	14.32	0.0093	0.1274
	永春县	0.00	5.05	0.15	0.00	6.02	0.0260	0.2238
	德化县	0.00	4.81	0.09	0.00	6.79	0.0465	0.3152
	石狮市	0.00	11.11	0.50	0.00	9.33	0.0238	0.0792
	晋江市	0.00	19.89	0.53	0.00	15.18	0.0071	0.0279
	南安市	0.00	8.07	0.14	0.00	11.18	0.0072	0.0523
福州市	鼓楼区	0.00	5.15	0.51	0.00	4.85	0.0656	0.0984
	台江区	0.05	1.96	0.26	0.02	2.26	0.1167	0.1453
	仓山区	0.00	6.40	0.34	0.00	5.44	0.0265	0.0646
	马尾区	0.09	1.69	0.08	0.00	3.43	0.0434	0.1195
	晋安区	0.00	3.07	0.10	0.00	3.66	0.0001	0.0002
	长乐区	0.00	12.51	0.28	0.00	10.72	0.0144	0.1153
	闽侯县	0.00	5.18	0.08	0.00	6.65	0.0159	0.0417
	连江县	0.00	7.09	0.29	0.00	8.75	0.0211	0.1827
	罗源县	0.00	3.88	0.12	0.00	3.95	0.0952	0.3536
	闽清县	0.00	5.32	0.24	0.00	5.50	0.0296	0.2143
	永泰县	0.59	0.53	(0.01)	0.00	4.27	0.0391	0.3210
	平潭县	0.00	8.15	0.44	0.00	9.01	0.0354	0.3726
	福清市	0.00	9.01	0.15	0.00	10.12	0.0130	0.0681

续表

设区市名	县市区名	P 值	Z 值	Moran's I	P 值	Z 值	E-General G	O-General G
厦门市	思明区	0.00	5.88	0.46	0.00	6.37	0.0359	0.0559
	海沧区	0.00	7.32	0.23	0.00	5.78	0.0259	0.0864
	湖里区	0.02	2.27	0.15	0.01	2.65	0.0580	0.0744
	集美区	0.00	7.52	0.36	0.00	6.71	0.0238	0.0561
	同安区	0.00	8.16	0.14	0.00	8.30	0.0217	0.0617
	翔安区	0.00	6.92	0.15	0.00	6.54	0.0191	0.0640
三明市	梅列区	0.44	0.77	(0.01)	0.19	1.32	0.0667	0.1265
	三元区	0.80	0.25	(0.03)	0.05	1.99	0.0870	0.4444
	明溪县	0.46	(0.75)	(0.21)	0.01	2.49	0.1389	1.0000
	清流县	0.95	(0.07)	(0.06)	0.52	0.65	0.0526	0.1406
	宁化县	0.64	(0.46)	(0.07)	0.71	(0.37)	0.0600	0.0000
	大田县	0.17	1.36	0.05	0.00	2.85	0.0580	0.3289
	尤溪县	0.00	4.48	0.20	0.00	6.69	0.0290	0.4071
	沙县	0.30	1.05	0.01	0.05	1.95	0.0417	0.1236
	将乐县	0.59	(0.54)	(0.10)	0.81	(0.25)	0.0571	0.0000
	泰宁县	0.01	2.53	0.07	0.00	4.67	0.0533	0.5000
	建宁县	0.00	3.44	0.23	0.00	4.21	0.0468	0.3950
	永安市	0.00	4.72	0.14	0.00	5.75	0.0223	0.0950
龙岩市	新罗区	0.00	9.52	0.12	0.00	7.89	0.0227	0.1014
	永定区	0.00	4.59	0.21	0.00	7.63	0.0149	0.2434
	长汀县	0.00	2.99	0.08	0.00	4.70	0.0337	0.2784
	上杭县	0.00	6.83	0.34	0.00	7.26	0.0354	0.2762
	武平县	0.00	2.81	0.10	0.00	4.93	0.0359	0.3759
	连城县	0.55	0.59	(0.00)	0.15	1.44	0.0403	0.1273
	漳平市	0.03	2.22	0.09	0.00	5.16	0.0517	0.4298
南平市	延平区	0.00	8.14	0.15	0.00	9.77	0.0233	0.3043
	建阳区	0.00	6.86	0.15	0.00	7.02	0.0344	0.3535
	顺昌县	0.06	1.88	0.22	0.00	3.55	0.0791	0.4459
	浦城县	0.02	2.43	0.09	0.00	4.39	0.0822	0.5097
	光泽县	0.78	0.28	(0.04)	0.04	2.06	0.1053	0.3846
	松溪县	0.22	1.23	(0.00)	0.00	3.09	0.1556	0.6522
	政和县	0.00	3.10	0.18	0.00	4.84	0.0409	0.4087
	邵武市	0.00	6.23	0.24	0.00	6.60	0.0444	0.2578
	武夷山市	0.00	2.91	0.05	0.00	6.39	0.0295	0.1613
	建瓯市	0.00	5.18	0.15	0.00	6.75	0.0275	0.2621

续表

设区市名	县市区名	P 值	Z 值	Moran's I	P 值	Z 值	E-General G	O-General G
宁德市	蕉城区	0.00	4.54	0.10	0.00	4.50	0.0345	0.1359
	霞浦县	0.00	5.13	0.20	0.00	7.42	0.0333	0.3717
	古田县	0.01	2.71	0.13	0.00	6.02	0.0443	0.7470
	屏南县	0.66	(0.44)	(0.10)	0.00	2.87	0.1083	1.0000
	寿宁县	0.59	0.53	(0.02)	0.00	2.98	0.1083	0.4651
	周宁县	0.82	0.23	(0.07)	0.21	1.25	0.1061	0.3333
	柘荣县	0.92	(0.10)	(0.12)	0.00	3.33	0.1556	0.7045
	福安市	0.00	6.90	0.27	0.00	8.64	0.0226	0.2320
	福鼎市	0.00	6.33	0.25	0.00	6.84	0.0186	0.2042
莆田市	城厢区	0.00	11.79	0.32	0.00	8.42	0.0376	0.1524
	涵江区	0.00	4.24	0.42	0.00	4.49	0.0392	0.1073
	荔城区	0.00	6.25	0.17	0.00	6.18	0.0306	0.1381
	秀屿区	0.00	3.39	0.17	0.00	6.08	0.0188	0.2082
	仙游县	0.00	4.23	0.10	0.00	5.21	0.0188	0.0782

第三节　社区生活圈视角下福建省体育服务设施局部空间自相关分析

一、福建省区域层面社区生活圈体育服务设施局部空间自相关分析

运用 ArcGIS 软件的 Anselin Local Moran's I 方法操作，可以得到福建省区域层面的社区生活圈体育服务设施聚类和异常值结果，排除不显著类型，其他类型分布统计情况如图 11－1 所示。通过指标综合对比，可以分析出福建省整体与两大协同发展区的局部空间自相关特征：（1）区域层面的 H-H 型和 L-L 型两种聚类类型均多于 H-L 型和 L-H 型两种异常类型。（2）福建省和闽西南协同发展区的 H-H 型高值聚类均少于 L-L 型低值聚类，仅闽东北的社区生活圈体育服务设施“H-H 型 > L-L 型”。（3）福建省与两大协同发展区的 H-L 型高值被低值围绕异常均最少。（4）L-H 型低值被高值围绕异常在福建省各个区域普遍较多，该类型社区生活圈属于低值亟待改善单元，呈现体育服务设施配置“凹陷”。

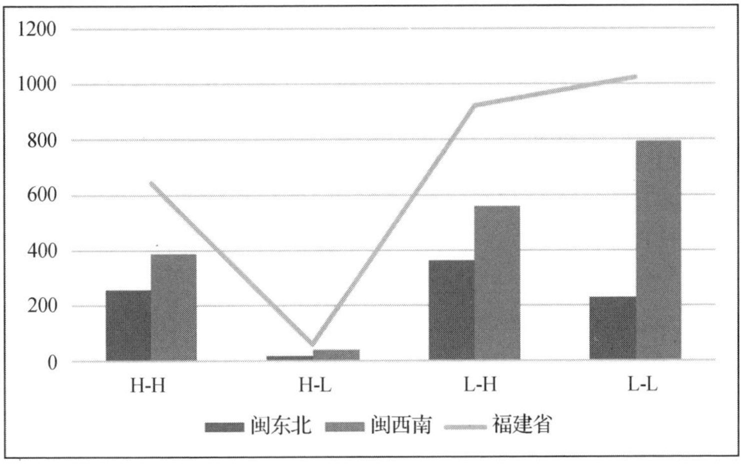

图 11－1　福建省区域层面的社区生活圈体育服务设施聚类异常图

二、福建省市域层面社区生活圈体育服务设施局部空间自相关分析

运用 ArcGIS 软件的局部空间自相关方法操作，可以得到市域层面的社区生活圈体育服务设施聚类和异常值分析结果。排除不显著类型，闽东北 4 个设区市其他 4 类分布统计情况如图 11－2 所示，通过综合对比分析可知：(1) H-H 型高值聚类中，福州市占比最多达到 83.59%，其作为闽东北核心引领城市的社区生活圈体育服务设施服务能力强劲。(2) H-L 型高值被低值围绕异常 4 设区市均较少，南平市甚至为 0 个，说明微观尺度体育服务设施极端高值的不均衡情况较少。(3) L-H 型低值被高值围绕异常中，福州市占比高达 85.99%，这种极端低值异常可能存在于周边体育服务设施普遍富集的情况下。(4) L-L 型低值聚类中，福州市占比 49.13%，南平市和宁德市次之为 21.30% 和 17.83%，低值聚集说明存在社区生活圈体育服务设施配置短板，应对照所在地市查缺补漏。

闽西南 5 个设区市四类分布统计情况如图 11－3 所示，通过综合对比分析可知：(1) 闽西南的 H-H 型高值聚类中，厦门市占比最多达到 56.59%，泉州市次之达到 28.42%，漳州为 11.63%，闽南金三角组团城市的社区生活圈体育服务设施配置水平优越。(2) H-L 型高值被低值围绕异常在 5 个设区市均最少，其中厦门市为 0 个，泉州市占整个闽西南的 44.07%，具备向周边正向辐射带动的积极作用。(3) L-H 型低值被高值围绕异常中，厦门市占比达到58.14%，泉州市为23.79%，这种配置水平“凹陷”情况应积极填补完善。（4）L-L型低值聚类中，泉州市占比57.12%，漳州市次之为19.55%，作为闽西南协同发展区的三大核心城市中的两个城市，其社区生活圈体育服务设施配置短板需要引起重视。

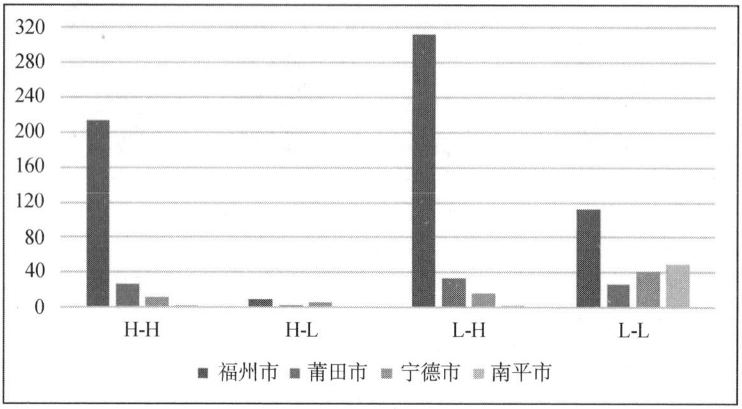

图11-2 福建省闽东北协同发展区市域层面的社区生活圈体育服务设施聚类异常图

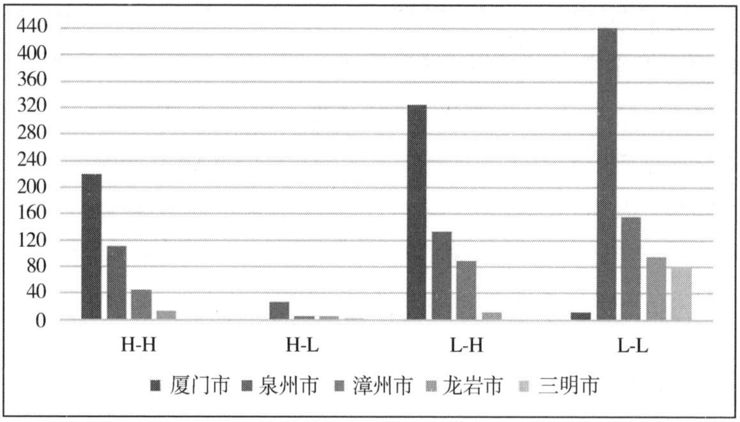

图11-3 福建省闽西南协同发展区市域层面的社区生活圈体育服务设施聚类异常图

三、福建省县域层面社区生活圈体育服务设施局部空间自相关分析

运用ArcGIS软件可以得到县域层面社区生活圈体育服务设施聚类和

异常值结果，排除不显著类型，局部空间自相关结果如表 11－7。厦门市共涉及 556 个社区生活圈：（1）H-H 型共 219 个，思明区和集美区的占比共计 55.25%；H-L 型为 0 个，不存在高值被低值围绕的异常类型；L-H 型总量最多为 325 个，海沧区、集美区和翔安区占比均超过 20.00%；L-L 型共计 12 个，翔安区独占 75.00%。（2）厦门市县域的社区生活圈体育服务设施配置整体优势突出，翔安区的配置水平相对较弱，需要补充短板。

泉州市共涉及 722 个社区生活圈：（1）H-H 型共 110 个，晋江市和丰泽区占比均超过 25.00%；H-L 型总量为 26 个，晋江市和南安市占比均超过 30.00%；L-H 型共计 133 个，晋江市和丰泽区占比均超过 30.00%；L-L 型总量最多为 453 个，南安市占比超过 33.33%。（2）泉州市县域的社区生活圈体育服务设施聚类情况明显，晋江市和丰泽区最具优势和提升潜力，南安市则最需补充社区生活圈体育服务设施。

漳州市共涉及 295 个社区生活圈：（1）H-H 型共 45 个，芗城区和龙海市占比均超过 30.00%；H-L 型总量为 6 个，东山县独占 50.00%；L-H 型共计 89 个，龙海市独占 71.91%；L-L 型总量最多为 155 个，平和县占比超过 20.00%。（2）漳州市县域的社区生活圈体育服务设施聚类水平较高，芗城区和龙海市最具优势和提升潜力，东山县和平和县的社区生活圈体育服务设施配置水平较弱。

龙岩市共涉及 126 个社区生活圈：（1）H-H 型共 13 个，新罗区占比均超过 80.00%；H-L 型总量为 6 个，永定区独占 50.00%；L-H 型共计 12 个，新罗区独占 66.67%；L-L 型总量最多为 95 个，永定区占比超过 50.00%。（2）龙岩市县域的社区生活圈体育服务设施聚类明显，其中新罗区最具优势和提升潜力，永定区则亟待充足配置。

三明市共涉及 81 个社区生活圈：（1）H-H 型和 L-H 型均为 0 个，H-L 型 3 个，沙县、永安市、宁化县分别占比 33.33%；L-L 型总量最多为 78 个，泰宁县占比接近 30.00%。（2）三明市县域的社区生活圈体育服务设施低值聚类明显，泰宁县最需要充足配置。

福州市共涉及 649 个社区生活圈：（1）H-H 型共 214 个，闽侯县、仓山区和鼓楼区的占比均超过 18.00%；H-L 型总量最小仅有 9 个，长乐区占比为 55.56%；L-H 型总量最多为 313 个，闽侯县与仓山区共占比 52.39%；

L-L 型共计 113 个，其中长乐区独占 61.95%。（2）福州市县域的社区生活圈体育服务设施具备提升潜力，闽侯县和仓山区有配置优势，长乐区则亟待补充。

莆田市共涉及 90 个社区生活圈：（1）H-H 型共 27 个，其中城厢区占比为 70.37%；H-L 型总量最小仅有 3 个，100.00% 位于秀屿区内部；L-H 型总量最多为 33 个，城厢区和荔城区共占比 96.97%；L-L 型共计 27 个，其中秀屿区独占 81.48%。（2）莆田市县域的社区生活圈体育服务设施具备提升潜力，城厢区具有配置优势，秀屿区则配置水平较弱。

宁德市共涉及 75 个社区生活圈：（1）H-H 型共 12 个，蕉城区的占比超过 80.00%；H-L 型总量最小仅有 6 个，福安市和福鼎市占比均为 33.33%；L-H 型共计 16 个，蕉城区占比为 75.00%；L-L 型总量最多为 41 个，其中福鼎市独占 80.49%。（2）宁德市县域的社区生活圈体育服务设施低值聚类情况明显，蕉城区具有相对优势和提升潜力，福鼎市则需要予以补充。

南平市共涉及 54 个社区生活圈：（1）H-H 型共 3 个，100.00% 位于延平区内部；H-L 型总量为 0 个；L-H 型共计 2 个，仍然全部位于延平区内部；L-L 型总量最多为 49 个，其中建阳区占比超过 50.00%。（2）南平市县域的社区生活圈体育服务设施低值聚类明显，仅延平区具有相对优势和提升潜力，建阳区最需补充社区生活圈体育服务设施。

表 11－7　福建省县域层面的社区生活圈体育服务设施聚类异常指标表

设区市名称	县市区名称	H-H 型	H-L 型	L-H 型	L-L 型
泉州市	鲤城区	26	0	16	0
	丰泽区	31	0	43	0
	洛江区	2	0	4	8
	泉港区	0	1	0	35
	惠安县	1	2	4	24
	安溪县	0	2	0	106
	永春县	0	1	0	37
	德化县	0	0	0	9
	石狮市	16	0	10	0
	晋江市	34	11	56	83
	南安市	0	9	0	151

续表

设区市名称	县市区名称	H-H 型	H-L 型	L-H 型	L-L 型
漳州市	芗城区	21	0	16	0
	龙文区	9	0	5	0
	云霄县	0	0	0	27
	漳浦县	1	2	1	26
	诏安县	0	0	0	7
	长泰县	0	0	3	7
	东山县	0	3	0	12
	南靖县	0	0	0	27
	平和县	0	1	0	38
	华安县	0	0	0	11
	龙海市	14	0	64	0
厦门市	思明区	70	0	21	0
	海沧区	20	0	68	0
	湖里区	38	0	16	0
	集美区	51	0	80	0
	同安区	23	0	57	3
	翔安区	17	0	83	9
三明市	三元区	0	0	0	4
	明溪县	0	0	0	1
	清流县	0	0	0	2
	宁化县	0	1	0	5
	大田县	0	0	0	3
	尤溪县	0	0	0	13
	沙县	0	1	0	4
	将乐县	0	0	0	8
	泰宁县	0	0	0	23
	建宁县	0	0	0	8
	永安市	0	1	0	7
龙岩市	新罗区	11	0	8	2
	永定区	0	3	0	51
	长汀县	0	1	0	6
	上杭县	0	0	1	10
	武平县	0	0	0	8
	连城县	0	2	0	10
	漳平市	2	0	3	8

续表

设区市名称	县市区名称	H-H 型	H-L 型	L-H 型	L-L 型
南平市	延平区	3	0	2	1
	建阳区	0	0	0	26
	顺昌县	0	0	0	5
	政和县	0	0	0	2
	邵武市	0	0	0	5
	武夷山市	0	0	0	8
	建瓯市	0	0	0	2
宁德市	蕉城区	10	0	12	0
	霞浦县	1	1	1	2
	古田县	0	0	0	2
	屏南县	0	1	0	4
	福安市	1	2	3	0
	福鼎市	0	2	0	33
福州市	鼓楼区	39	0	13	0
	台江区	23	0	2	0
	仓山区	40	0	69	0
	马尾区	9	0	30	0
	晋安区	24	0	47	0
	长乐区	14	5	18	70
	闽侯县	43	0	95	0
	连江县	10	0	25	8
	罗源县	0	0	0	1
	闽清县	0	2	0	9
	永泰县	0	1	1	13
	平潭县	0	0	0	10
	福清市	12	1	13	2
莆田市	城厢区	19	0	17	0
	涵江区	0	0	1	0
	荔城区	8	0	15	0
	秀屿区	0	3	0	22
	仙游县	0	0	0	5

第四节　社区生活圈视角下福建省体育服务设施变异系数测算分析

一、福建省社区生活圈体育服务设施变异系数指标分析

运用 ArcGIS 软件操作可以得到福建省整体、两大协同发展区与 9 个设区市的社区生活圈体育服务设施标准差与平均值，并可基于变异系数测算公式最终得出表 11 - 8。其中，福建省整体的社区生活圈体育服务设施变异系数为 2.21，闽东北协同发展区的变异系数为 2.15，闽西南协同发展区的变异系数为 2.24。按变异系数由大到小排序则有“闽西南 > 福建省 > 闽东北”，说明闽东北协同发展区内部的社区生活圈体育服务设施配置差异最小，闽西南的配置差异则高于福建省整体。市域层面按变异系数由大到小排序可知：三明市（2.55）> 宁德市（2.52）> 龙岩市（2.46）> 南平市（2.34）> 泉州市（2.24）> 漳州市（2.22）> 福州市（1.97）> 莆田市（1.95）> 厦门市（1.68），厦门市内部的社区生活圈体育服务设施配置差异最小，三明市则配置差异最大。

表 11 - 8　福建省社区生活圈体育服务设施变异系数指标表

地区名称	标准差	平均值	变异系数
福建省	2.54	1.15	2.21
闽东北	2.66	1.24	2.15
闽西南	2.46	1.10	2.24
福州市	3.18	1.62	1.97
莆田市	2.19	1.12	1.95
宁德市	2.08	0.83	2.52
南平市	1.66	0.71	2.34
厦门市	3.88	2.31	1.68
漳州市	1.83	0.82	2.22
泉州市	2.06	0.92	2.24
三明市	1.55	0.61	2.55
龙岩市	1.81	0.74	2.46

二、福建省社区生活圈体育服务设施均等配置程度分析

由测算公式可知，变异系数指标值越小则说明社区生活圈体育服务设施均等化配置程度越高。福建省闽东北的社区生活圈体育服务设施均等化配置程度高于闽西南，且高于福建省整体层面的均等化配置情况。考察图 11－4 可知，市域层面社区生活圈体育服务设施的均等化配置程度由低到高排序为三明市 < 宁德市 < 龙岩市 < 南平市 < 泉州市 < 漳州市 < 福州市 < 莆田市 < 厦门市。

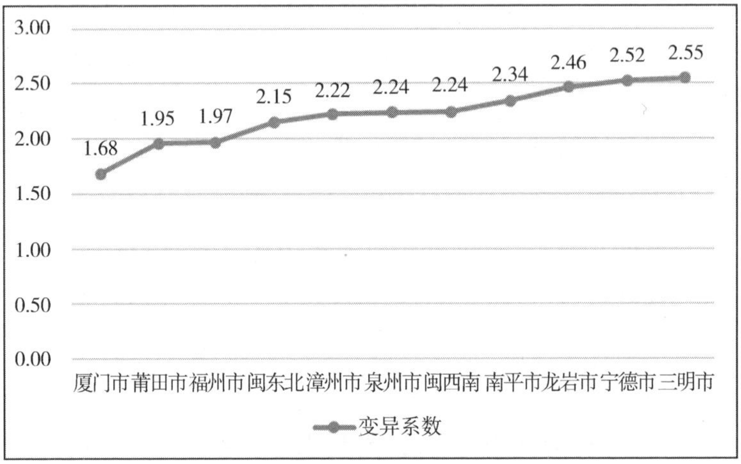

图 11－4　福建省社区生活圈体育服务设施变异系数排序图

考察福建省各设区市的社区生活圈体育服务设施均等化配置程度空间分布情况，可通过 ArcGIS 软件操作，采用自然断裂法 Natural Breaks（Jenks）依据变异系数指标值进一步划出高、中、低 3 个等级。其中，社区生活圈体育服务设施均等化配置的“高等级市”包括厦门市、莆田市和福州市，3 市较为集中地分布于福建省中东部沿海，平均变异系数为 1.87；社区生活圈体育服务设施均等化配置的“中等级市”包括漳州市、泉州市和南平市，3 市分别位于福建省的西北部山区与东南部沿海，平均变异系数为 2.27；社区生活圈体育服务设施均等化配置的“低等级市”包括龙岩市、宁德市和三明市，3 市分别位于福建省东北部和西南部山区，平均变异系数为 2.51。

第十二章　社区生活圈视角下福建省基本公共服务设施均等化配置分析

前文通过9章内容，将福建省“育幼服务、教育服务、就业服务、医疗服务、养老服务、住房服务、行政服务、文化服务、体育服务”9项基本公共服务对应的社区生活圈9种基本公共服务设施均等化配置情况进行了分类分析。本章将在综合水平考察的基础上，讨论福建省社区生活圈基本公共服务设施现实存在的配置优势潜力、差异问题，并借鉴相关经验提出均等化配置对策建议。

第一节　社区生活圈视角下福建省基本公共服务设施均等化配置现状

一、福建省社区生活圈基本公共服务设施的分类配置特征分析

依据前文构建的社区生活圈基本公共服务设施分类指标体系，通过ArcGIS软件空间连接（Spatial Join）工具操作，在划定的福建省5336个社区生活圈中确定社区生活圈各类基本公共服务设施。根据统计测算，可以得到不同地区中社区生活圈所包含的各类基本公共服务设施平均数Api值（Api = p地区i类型社区生活圈基本公共服务设施数量/p地区社区生活圈数量），并依据9个设区市、两大协同区与福建省整体情况绘制图12－1。

从整体层面看，福建省社区生活圈中住房服务设施、养老服务设施与就业服务设施三项平均数分别仅为0.14、0.14、0.11，教育服务设施在社区生活圈中虽然平均达到0.65，但远低于其他5类均值超过1.00的基本公共服务设施。医疗服务设施在全省各个社区生活圈内平均分布1.18个，作为

最高值类型是最低值类型的 8.30 倍，可见，福建省各类基本公共服务设施在社区生活圈层面的总体分布存在不均衡性。

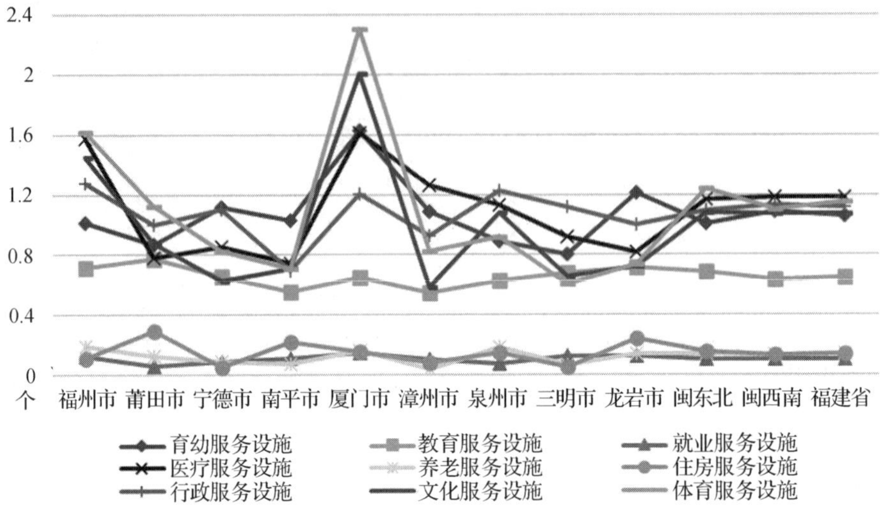

图 12－1　福建省社区生活圈分类基本公共服务设施平均数分布图

从协同区层面看，福建省闽东北与闽西南两大协同发展区的社区生活圈基本公共服务设施类型同样存在分布差异。高于全省平均值的社区生活圈基本公共服务设施类型中，闽东北占据 5 类，涵盖教育服务、养老服务、住房服务、文化服务、体育服务设施类型；闽西南占据 3 类，包括育幼服务、医疗服务、行政服务设施；还有 1 类比较特殊，就业服务设施在协同区层面上的均值数与全省整体情况相等为 0.11。可见，福建省两大协同区具有不同的社区生活圈基本公共服务设施配置现存优势。

从市域层面看，社区生活圈 9 类基本公共服务设施的平均值最低值中，三明市占在育幼服务、住房服务与体育服务设施 3 类，漳州市占教育服务、养老服务、文化服务设施 3 类，南平市占医疗服务与行政服务设施 2 类，莆田市占就业服务设施 1 类；而平均值最高值则主要集中在厦门市，占据育幼服务、就业服务、医疗服务、住房服务、文化服务、体育服务设施 6 类。莆田市的教育服务设施处于高值，福州市则主要在养老服务、行政服务设施 2 类领域占据优势。可见，福建省社区生活圈基本公共服务设施分布存在类型上的优势集中与短板分散。

二、福建省社区生活圈基本公共服务设施混合度水平测算分析

运用混合度水平计算公式可以测算出福建省社区生活圈基本公共服务设施的混合度最大值为4.70，标准差为1.53，平均值为1.55。全省基本公共服务设施混合度水平大于平均值1.55的社区生活圈共有2665个。闽西南区域共计1733个：其中泉州市的数量最多，包含782个；三明市最少，仅有157个。闽东北区域共计932个：其中福州市数量最多，包含496个；宁德市最少，仅有128个。统计各地区基本公共服务设施混合度水平大于平均值的社区生活圈占地区内社区生活圈总数的百分比，则可发现：福建全省超过混合度平均值的社区生活圈占49.94%；位于闽西南的厦门市、泉州市，以及位于闽东北的福州市、莆田市占比分别达到58.74%、55.82%和52.99%、51.82%；福建省其余5个设区市则占比不足50%。

依据ArcGIS软件全局空间自相关分析的Moran's I指数以及Getis-Ord General G指数测算，福建省整体、两大协同区与9个设区市的社区生活圈基本公共服务设施混合度的P值均小于0.01，同时Z值均大于2.58，达到99%的置信度，拒绝零假设，通过显著性检验，存在显著地空间正相关，且O-General G > E-General G，空间数据在总体高值区域聚类。从市域内部的社区生活圈基本公共服务混合度空间分布来看，可以发现基本呈现由中心到边缘逐步弱化的分布态势。福建省每个县市区均存在一个或多个较为核心的混合度高值聚类空间，并主要从核心高值聚类空间向各个方向逐步伴随着混合度水平减弱而扩散分布，形成“多组团，高值集聚，低值分散”状态。[①]

福建省各地区社区生活圈基本公共服务设施混合度的Moran's I值总体相差较小，在0.11～0.31之间。对测算得到的Moran's I值排序可知：莆田市 < 福建省 < 南平市 < 闽西南 < 泉州市 < 宁德市 < 三明市 < 福州市 < 闽东北 < 厦门市 < 龙岩市 < 漳州市。9市中仅莆田市低于福建省整体水平，其社区生活圈基本公共服务设施混合度数值虽然较高，但空间集聚程度稍显不足；闽西南协同发展区整体低于闽东北区域，在闽西南5市中仅泉州市Moran's I值较低，主要成因考虑为泉州市县域社会经济发展强劲，因此出现的组团也

① 田洁玫．基于POI数据的社区生活圈基本公共服务设施均等化测度分析［J］．测绘地理信息，2023，48（01）：152－156.

较多，导致高值稍显分散。

三、福建省社区生活圈基本公共服务设施混合度聚类异常分析

依据 ArcGIS 软件局部空间自相关分析 Anselin Local Moran's I 方法进行福建省社区生活圈基本公共服务设施混合度的聚类和异常值测算，其中结果为无显著性（Not Significant）的社区生活圈共计 4567 个，两种聚类类型共计 614 个，两种异常类型共计 149 个。从总体上看，聚类类型多于异常类型，高值聚类类型远多于低值聚类类型，与全局空间自相关的分布状态判断相一致，混合度聚类异常分布统计情况如图 12－2 所示。

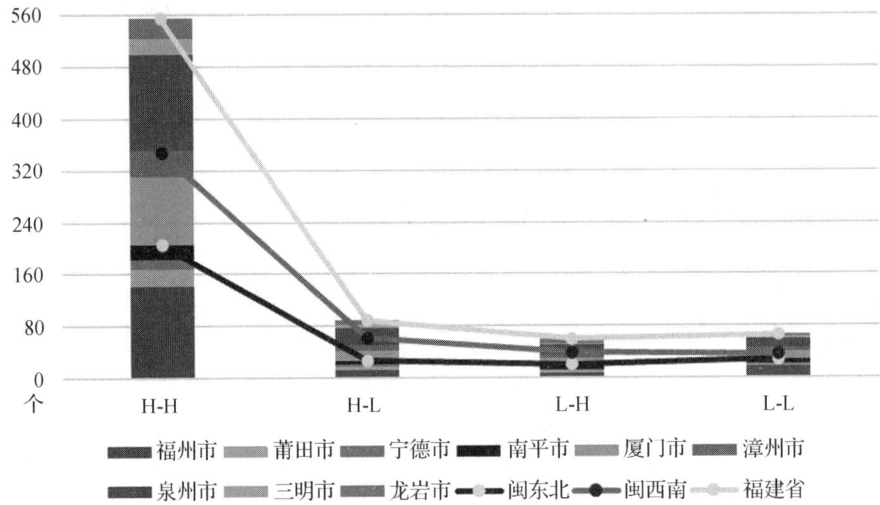

图 12－2　福建省社区生活圈基本公共服务设施混合度聚类异常图

H-H 型高值聚类，意味着某个社区生活圈及其周边社区生活圈的基本公共服务设施混合度水平均较高，且互相之间具有正相关关系。出现这种情况，说明该地区社区生活圈内的基本公共服务设施类型丰富，混合程度高，服务能力强，属于高速增长区域。此类型社区生活圈在闽西南有 348 个、在闽东北有 206 个；从市县层面看呈现明显组团态势，泉州市、福州市和厦门市分别 149 个、142 个和 105 个，主要集中于泉州的"鲤城—丰泽"、"晋江"、"石狮"组团，福州的"晋安—鼓楼—台江—仓山"组团，厦门岛内的"思明—湖里"组团。

H-L 型高值被低值围绕异常，意味着某个社区生活圈自身基本公共服务

设施混合度水平高，但周边则混合度水平普遍较低，且互相之间具有负相关关系。出现这种情况，说明该社区生活圈作为高值极化区，对周边具有一定正向的扩散辐射作用。此类型社区生活圈在闽西南有 62 个、在闽东北有 27 个；从市县层面看呈现明显分散分布，泉州市、厦门市和福州市分别 27 个、15 个和 13 个，主要分散于泉州的晋江市与南安市、厦门岛外的翔安区、福州的长乐区和闽侯县。

L-H 型低值被高值围绕异常，意味着某个社区生活圈自身基本公共服务设施混合度水平低，但周边则混合度水平普遍较高，且互相之间具有负相关关系。出现这种情况，说明该社区生活圈作为低值过渡区，呈现基本公共服务服务设施配置“凹陷”，应尽快过渡完善。此类型社区生活圈在闽西南有 39 个、在闽东北有 21 个；从市县层面看呈现明显分散分布，泉州市、厦门市、福州市、南平市分别 16 个、10 个、8 个和 8 个，泉州、厦门和福州市主要在中心城区周边分散，南平市则分散于 6 个县市区，缺陷明显，亟待补充。

L-L 型低值聚类，意味着某个社区生活圈以及其周边社区生活圈的基本公共服务设施混合度水平均较低，且互相之间具有正相关关系。出现这种情况，说明该地区社区生活圈内的基本公共服务设施类型较匮乏，混合程度低，服务能力较弱，属于低速增长区域。此类型社区生活圈在闽西南有 37 个、在闽东北有 29 个；从市县层面看呈现明显分散分布，福州市、泉州市和厦门市分别 18 个、14 个和 11 个，主要分散于福州的长乐区与闽侯县、泉州的泉港区与南安市、厦门岛外的集美区与翔安区。

四、福建省社区生活圈基本公共服务设施均等化配置程度分析

运用变异系数测算公式，可以获得福建省各地区的社区生活圈基本公共服务设施混合度变异系数，该变异系数越大则说明地区的社区生活圈基本公共服务设施均等化配置程度越低。福建省整体变异系数为 0.99，最大值为南平市 1.26，最小值为厦门市 0.85。按变异系数由小至大，均等化水平由高到低排序可知：厦门市 > 泉州市 > 福州市 > 莆田市 > 闽西南 > 福建省 > 闽东北 > 龙岩市 > 漳州市 > 三明市 > 宁德市 > 南平市，闽东北协同发展区（变异系数 1.00）的社区生活圈基本公共服务设施均等化配置程度低于闽西

南（变异系数0.98）。

在ArcGIS软件中采用Natural Breaks（Jenks）自然断裂法可以将9个设区市的混合度变异系数得分划为高、中、低3个等级。① 社区生活圈基本公共服务设施均等化配置程度高等级市包括：厦门市、泉州市、福州市与莆田市，4市均连片分布于福建省东部沿海，平均变异系数为0.71；社区生活圈基本公共服务设施均等化配置程度中等级市包括龙岩市和漳州市，2市均连片分布于福建省西南端，平均变异系数为1.11；社区生活圈基本公共服务设施均等化配置程度低等级市包括三明市、宁德市和南平市，3市均连片分布于福建省北部山区，平均变异系数为1.22。

将福建省各地区常住人口、土地面积、GDP水平作为自变量，而将测算取得的福建省各地区社区生活圈基本公共服务设施变异系数作为因变量进行逐步多元回归分析（逐步stepwise法），最终余下土地面积与GDP水平这2项自变量在模型中，R方值为0.86，意味着土地面积与GDP可以解释变异系数的86.00%变化原因。而且模型通过F检验（$F=27.62$，$p=0.00<0.05$），说明模型有效。最终的模型公式为：变异系数$=0.99+0.00\times$土地面积$-0.00\times$GDP水平。地区土地面积的回归系数值为0.00（$t=6.59$，$p=0.00<0.01$），意味着土地面积会对变异系数产生显著的正向影响关系。地区GDP水平的回归系数值为-0.00（$t=-4.56$，$p=0.00<0.01$），意味着GDP水平会对变异系数产生显著的负向影响关系。考虑到变异系数越大则说明地区内社区生活圈基本公共服务设施的均等化水平越低，因此GDP水平越高则会对均等化水平越有正向影响，而土地面积越大则对均等化水平越有负向影响。

第二节　社区生活圈视角下福建省基本公共服务设施均等化配置优势

一、社区生活圈基本公共服务设施均等化配置的数量匹配优势

基于社区生活圈视角考察福建省9种类型基本公共服务设施均等化配置

① 田洁玫．基于POI数据的社区生活圈基本公共服务设施均等化测度分析［J］．测绘地理信息，2023，48（01）：152－156.

的数量优势，在全省划定出5336个社区生活圈的基础上，福建省共有将近4万数量的各类基本公共服务设施处于社区生活圈范围内，从数量上能够为社区生活圈的居民提供较高水平服务。其中，文化服务设施数量为社区生活圈数量的1.38倍，育幼服务设施为1.28倍，医疗服务设施为1.18倍，体育服务设施1.15，行政服务设施为1.12，这5类基本公共服务设施存量充足，具有较强的空间和物质供给基础。基于社区生活圈视角考察福建省综合性的基本公共服务设施均等化配置数量优势可知，厦门市、泉州市、福州市、莆田市中超过混合度平均值的社区生活圈占比分别为58.74%、55.82%、52.99%、51.82%。基于社区生活圈视角考察基本公共服务设施的匹配协同分析结果，福建省市域的社区生活圈育幼服务设施、教育服务设施、就业服务设施、住房服务设施均为“超前型城市数量 > 滞后型城市数量”，也即是在福建省9个设区市中，普遍有超过5个城市的主要基本公共服务设施对于社区生活圈具有超前性的承托与服务能力。且有龙岩市、南平市的县域社区生活圈育幼服务设施、教育服务设施、医疗服务设施均表现为“超前型县域数量 > 滞后型县域数量”，三明市县域内部具有社区生活圈体育服务设施匹配协同“超前型”优势等。这些数量上和匹配上的优势，是福建省社区生活圈基本公共服务设施均等化配置的基础前提。

二、社区生活圈基本公共服务设施均等化配置的空间聚类优势

基于社区生活圈视角考察福建省9种类型基本公共服务设施均等化配置的空间优势，其中，福建省区域层面的各类基本公共服务设施均呈现“正相关聚集、高值聚类”态势，市域层面则有“育幼服务设施、教育服务设施、医疗服务设施、养老服务设施、行政服务设施、文化服务设施、体育服务设施”7种类型的基本公共服务设施具有集聚优势。社区生活圈基本公共服务设施的空间集聚特性对于均等化配置具有双重影响，从优势方面理解，则是有利于集聚效应的产生，便于各类基本公共服务设施向周边辐射影响，增强对民众的基本公共服务能力。基于社区生活圈视角考察福建省综合性的基本公共服务设施均等化配置空间优势可知，福建省每个县市区均存在一个或多个较为核心的混合度高值聚类空间，并形成“多组团，高值集聚，低值分散”状态。基于社区生活圈视角考察基本公共服务设施的聚类异常分

析结果，H-H 型高值聚类类型社区生活圈本身即是均等化配置的积累优势区域，而 L-H 型低值被高值围绕的异常类型社区生活圈则可看作最具改善价值的潜在优势区域。H-H 型与 L-H 型在市域层面均主要分布于福州市、厦门市、泉州市、莆田市；L-H 型县域层面则较多分布于晋江市、龙海市、新罗区、闽侯县等城市核心区周边、最具发展潜力的县市区。充分把握以上空间聚类优势，有助于进一步提升福建省社区生活圈基本公共服务设施均等化配置水平。

第三节　社区生活圈视角下福建省基本公共服务设施均等化配置问题

一、区域层面社区生活圈基本公共服务设施均等化配置问题

福建省两大协同发展区的各类社区生活圈基本公共服务设施均等化配置存在类型不均衡问题。社区生活圈视角下的育幼服务设施、教育服务设施、就业服务设施、医疗服务设施、养老服务设施、行政服务设施、体育服务设施均呈现“聚类类型 > 异常类型”，而两大协同发展区的社区生活圈住房服务设施以及闽西南协同发展区的社区生活圈文化服务设施则表现为“异常类型 > 聚类类型”。除教育服务设施表现为“L-L 型 < H-H 型”，其他基本公共服务设施的“L-L 型 > H-H 型”，这些低值聚类是社区生活圈基本公共服务设施配置的明显短板。

福建省两大协同发展区的各类社区生活圈基本公共服务设施均等化配置存在分布不均衡问题。社区生活圈视角下的教育服务设施、就业服务设施、文化服务设施、体育服务设施均等化配置程度均呈现“闽东北 > 闽西南”；而社区生活圈视角下的育幼服务设施、医疗服务设施、养老服务设施、住房服务设施、行政服务设施均等化配置程度则表现为“闽西南 > 闽东北”。基于混合度水平的社区生活圈基本公共服务设施均等化配置程度也是“闽西南 > 闽东北”。

二、市域层面社区生活圈基本公共服务设施均等化配置问题

市域层面的社区生活圈育幼、教育、就业、医疗、养老、住房、行政、文化、体育服务设施分别由“厦漳龙—宁南”“厦三龙—福莆”“厦三龙—

福南”“厦漳—福州”“厦泉龙—福州”“厦泉龙—莆南”“厦泉—福宁”“厦泉—福州”“厦门—福州”贡献主要超前配置力量，其他城市则相对滞后。

市域层面的社区生活圈育幼、教育、就业、医疗、养老、住房、行政、文化、体育服务设施分别以“漳州—宁德”“三明—福州”“龙岩—莆田”“漳州—福州”“泉州—宁德”“泉三龙—宁莆”“厦门—莆田”“泉漳—福州”“厦门—福州”空间聚类显著性最突出，其他城市则聚类效果相对较弱。

市域层面的社区生活圈育幼、教育、就业、医疗、养老、住房、行政、文化、体育服务设施均等化配置高等级市分别为“龙厦泉莆福”“莆泉厦龙”“龙岩市”“厦泉”“福龙厦”“莆宁三龙”“福州市”“厦福莆泉”“厦莆福”，其他城市则均等化配置水平相对较低。基于混合度水平和变异系数测算的社区生活圈基本公共服务设施均等化配置高等级市为全部位于福建省东部沿海的“厦泉福莆”，西部山区各市的综合均等化配置程度较低。

三、县域层面社区生活圈基本公共服务设施均等化配置问题

县域层面的社区生活圈育幼、教育、医疗、养老、住房、行政、文化、体育服务设施分别在“厦三龙南”“三龙南莆”“龙南”“南平”“漳莆”“南平”“莆田”“三明”内部存在“超前型”优势，其他县市区则滞后。

县域层面的社区生活圈就业、医疗、养老、住房、行政、体育服务设施总体呈现“正相关聚集、高值聚类”特性，而育幼、教育、文化服务设施分别表现出“寿宁县和柘荣县负相关离散”“泉州市内部县市区聚集差异明显”“正负相关、高低聚类混杂”等特殊情况。

县域层面的社区生活圈育幼、教育、就业、医疗、养老、住房、行政、文化、体育服务设施应特别注意“南安市--长乐区”“武夷山市—长乐区”“晋江市—安溪县”“安溪县—长乐区—秀屿区”“安溪县—漳浦县—武夷山市”“晋江市—福清市”“安溪县—翔安区”“安溪县—平和县”“南安市—长乐区”等县市区的L-L型低值聚类补短板问题，在县域层面补充完善各类基本公共服务设施配置，是实现社区生活圈基本公共服务设施均等化配置水平提升的有效手段。

第四节　社区生活圈视角下福建省基本公共服务设施均等化配置对策

通过社区生活圈建设与发展，切实完善落实基本公共服务设施的合理配置，从空间层面和实体层面促进福建省社区生活圈基本公共服务均等化水平提升，可以提出以下对策建议。

一、把握优势，补齐短板

地区资源禀赋具有一定客观性，必须加以辩证认识。福建省社区生活圈的各类基本公共服务设施配置具有比较优势，也有相对劣势。因此，基于社区生活圈视角提升基本公共服务设施均等化配置水平，首先就需要把握自身基本公共服务设施资源配置优势，推动基本公共服务设施优势组团的形成、提高优势吸引力与影响力，积极打造各地区经验。同时，更应该把补齐社区生活圈基本公共服务设施配置短板作为解决发展能力不足、发展差距较大等问题的重要抓手。

二、区分差异，满足需求

从城市与区域规划的未来方向来看，福建省不同区域、市域与县域具有不同发展使命，而社区生活圈基本公共服务设施均等化配置的本意在于为居民提供公平可及的服务。这就要求在均等化配置的前期定位及后期建设过程中，尽可能兼顾规划目标与发展定位、兼顾不同年龄与生理层次人群需求，特别是要更广泛地惠及具有特殊身心状况需求的“一老一小”群体，给予他们生活上的安全和便利。这既可以有效引导公共资源的合理利用，也有利于减轻中青年从业者或创业者的后顾之忧，提高居民生活品质。

三、加强建设，以建促提

我国基本公共服务已然进入“优质提升”的新发展阶段，福建省的基本公共服务设施均等化配置不再是一个局部规划问题，必须统筹考虑、协同推进，而社区生活圈建设就是实现资源配资“弯道超车”的契机。在持续加强社区生活圈建设的过程中，不但要清单式管理、项目化推进，更要精细化管理、长期化运营、全面化打造。依据需求评估与地区实际稳扎稳打建设社区生活圈，在建设中促进完善基本公共服务设施均等化配置水平提升的统筹性、引领性、整体性、全面性、科学性目标。

四、学习经验，四制优化

积极学习借鉴其他地区成功经验。一是共议制。由社区居民共同商议决定建什么、怎么建；响应群众需求，提高满意程度，完善设施配置。二是共建制。统筹部门、县区、社会、市场各方协调参与；引导多部门项目资金与社会资源投入共同建设。三是共享制。引导社区居民参与共同管理，同享优质服务；推行所有设施空间面向群众开放、所有设施功能围绕群众展开、所有设施资源整合投向群众、所有设施场所用于群众活动。四是圈长制。区、街道、社区一把手分级管理、合力推进；构建由分管生活圈建设的副区长、分包街道区级领导、分包社区的科级干部、社区主要负责人组成的多级圈长制。

五、区域协同，互助共赢

福建省两大协同发展区作为解决发展不平衡不充分问题、推进发达地区和欠发达地区联动发展的存在，应发挥其在社区生活圈基本公共服务设施均等化配置中的互助共赢作用。基于两大协同发展区分别以福州都市圈和厦漳泉都市圈为引领，平衡福建省东西部、南北部区域基本公共服务设施均等化配置差距。对闽东北协同发展区的社区生活圈基本公共服务设施均等化配置优势不突出、劣势不明显现状，要抓住“补短板”提振弱项；对闽西南协同发展区的社区生活圈基本公共服务设施均等化配置绝对优势集中、劣势相对突出情况，则要抓住“促均等”拉平差距。

六、凝心聚力，多方合作

充分发挥党组织在社区基层的引领作用，尤其发挥好党的引领力、组织力和凝聚力，形成人人参与、人人负责、人人奉献的共建共享局面，更好地联系群众、发动群众和服务群众。在社区生活圈基本公共服务设施均等化配置过程中，要充分认识到基本公共服务设施是保障全体人民生存和发展基本需要、与经济社会发展水平相适应的公共服务设施，应由政府承担优化配置供给数量和质量的主要责任，同时引导市场主体和公益性社会机构等多方面共同合作、补充供给。

第十三章　结论及展望

以地处衔接长三角城市群与珠三角城市群的福建省为研究区域，在大数据背景下，综合运用多学科理论与方法，应用地理空间数据与社会经济统计数据，借助 ArcGIS、SPSS 等软件工具，系统开展社区生活圈视角下福建省基本公共服务设施均等化配置相关研究。从“幼有所育、学有所教、劳有所得、病有所医、老有所养、住有所居、弱有所扶、优军服务保障、文体服务保障”入手，全面剖析社区生活圈 9 种分类基本公共服务设施均等化配置情况，并基于 9 种分类的混合度指标进行社区生活圈基本公共服务设施均等化配置综合分析。探究福建省区域、市域、县域 3 个层面的社区生活圈基本公共服务设施均等化配置差异，并基于宏观与微观层面探索均等化配置优势与问题，继而提出相应均等化配置水平提升的对策建议，以期为推动福建省区域公共资源均衡配置和区域协同发展、提高政府空间治理能力和治理水平提供参考借鉴。

第一节　研究主要结论

社区生活圈视角下福建省基本公共服务设施均等化配置研究基础结论。(1) 基本公共服务均等化与社区生活圈在理论渊源、概念联系、发展沿革、内容共识 4 个方面均具有共性。(2) 在基本公共服务均等化水平提升过程中，存在基本公共服务设施的缺位，可以通过社区生活圈建设来加强对基本公共服务设施的补位。(3) 为了实现基本公共服务均等化水平的切实提升，就需要建立对应配套措施，完善基本公共服务设施配置；结合规划管理单元，衔接基本公共服务设施配置。(4) 社区生活圈视角下福建省基本公共服务设施均等化配置研究具有理论与现实意义。

社区生活圈视角下福建省育幼服务设施均等化配置分析结论。(1) 福建省闽西南的空间匹配协同程度总体高于闽东北；闽西南内部“2 城滞后 +3 城超前”，闽东北内部“1 城滞后 +2 城超前 +1 城一致”，“厦漳龙—宁南”贡献主要超前配置力量；县域层面“厦三龙南”内部均存在“超前型”优势，龙岩市上杭县属于“一致型”。(2) 区域、市域两个层面的社区生活圈育幼服务设施均呈现“正相关聚集、高值聚类”态势；闽西南协同发展区的聚集程度高于福建省与闽东北；“漳州—宁德”空间聚类显著性最突出；县域层面排除未满足统计学检验后，寿宁县和柘荣县呈现负相关离散态势，其他县市区普遍仍为正相关、高值聚类。(3) 福建省区域层面社区生活圈育幼服务设施的聚类类型多于异常类型，H-L 型异常类型的数量最少；福州市和厦门市内部的 L-H 型均等化配置凹陷亟须补充完善；县域如南安市和长乐区，则应特别重视 L-L 型低值聚类区域的补短板工作。(4) 福建省闽西南协同发展区的社区生活圈育幼服务设施均等化配置程度高于闽东北协同发展区，且高于福建省整体均等化配置情况；从空间分布上看，“龙厦泉莆福”5 市为均等化配置“高等级市”。

社区生活圈视角下福建省教育服务设施均等化配置分析结论。(1) 福建省闽东北的空间匹配协同程度总体上高于闽西南；闽西南内部“2 城滞后 +3 城超前”，闽东北内部“2 城滞后 +2 城超前”，“厦三龙—福莆”贡献主要超前配置力量；福建省县域层面，“三龙南莆”四市内部具有“超前型”优势，且有龙文区、连城县和仙游县属于“一致型”。(2) 排除不满足统计学意义的指标结果，福建省区域、市域、县域 3 个层面的社区生活圈教育服务设施均呈现“正相关聚集、高值聚类”态势；闽东北协同发展区的聚集程度高于福建省整体与闽西南；“三明—福州”空间聚类显著性最突出；泉州市内部县域聚集性差异明显。(3) 福建省区域层面社区生活圈教育服务设施的聚类类型多于异常类型，H-L 型异常类型的数量最少；福州市和泉州市内部的 L-H 型均等化配置凹陷亟须补充完善；县域如武夷山市和长乐区，则应特别重视 L-L 型低值聚类区域的补短板工作。(4) 福建省闽东北协同发展区的社区生活圈教育服务设施均等化配置程度高于闽西南协同发展区，且高于福建省整体均等化配置情况；从空间分布上看，“莆泉厦龙”4 市为均等化配置“高等级市”。

社区生活圈视角下福建省就业服务设施均等化配置分析结论。(1) 福建省闽东北的空间匹配协同程度与闽西南相一致；闽西南内部“2 城滞后 + 3 城超前”，闽东北内部“2 城滞后 + 2 城超前”，“厦三龙—福南”贡献主要超前配置力量；福建省县域层面总体“滞后型”多于“超前型”，且有部分县市区缺乏社区生活圈就业服务设施配置。（2）福建省区域层面的社区生活圈就业服务设施呈现“正相关聚集、高值聚类”态势，闽东北聚集程度高于闽西南；市域层面“龙岩—莆田”显著性最突出，但各市总体表现为低值聚类；排除多数不满足统计学意义的指标结果，县域层面也呈现正相关、高值聚类特性。（3）区域层面仅有闽西南的社区生活圈就业服务设施聚类类型多于异常类型，H-L 型异常类型的数量最少；福州市和厦门市内部的 L-H 型均等化配置凹陷亟须补充完善；县域如晋江市和安溪县，则应特别重视 L-L 型低值聚类区域的补短板工作。（4）福建省闽东北协同发展区的社区生活圈就业服务设施均等化配置程度高于闽西南协同发展区，且高于福建省整体均等化配置情况；从空间分布上看，“龙岩市”1 市为均等化配置“高等级市”。

社区生活圈视角下福建省医疗服务设施均等化配置分析结论。（1）福建省闽西南的空间匹配协同程度总体上高于闽东北；闽西南内部“3 城滞后 + 2 城超前”，闽东北内部“3 城滞后 + 1 城超前”，“厦漳—福州”贡献主要超前配置力量；福建省县域层面总体“滞后型”多于“超前型”，仅龙岩市和南平市内部具有“超前型”优势。（2）区域、市域两个层面的社区生活圈医疗服务设施均呈现“正相关聚集、高值聚类”态势；闽东北协同发展区的聚集程度高于闽西南；“漳州—福州”空间聚类显著性最突出；排除部分不满足统计学意义的指标结果，除海沧区为低值聚类，其他县域层面总体呈现正相关和高值聚类特性。（3）福建省区域层面社区生活圈医疗服务设施的聚类类型多于异常类型，H-L 型异常类型的数量最少；福州市和泉州市内部的 L-H 型均等化配置凹陷亟须补充完善；县域如安溪县、长乐区与秀屿区，则应特别重视 L-L 型低值聚类区域的补短板工作。（4）福建省闽西南协同发展区的社区生活圈医疗服务设施均等化配置程度高于闽东北协同发展区，且高于福建省整体均等化配置情况；从空间分布上看，“厦泉”2 市为均等化配置“高等级市”。

社区生活圈视角下福建省养老服务设施均等化配置分析结论。（1）福建省闽东北的空间匹配协同程度总体上高于闽西南；闽西南内部“2 城滞后 +

3 城超前”，闽东北内部“3 城滞后 +1 城超前”，“厦泉龙—福州”贡献主要超前配置力量；福建省县域层面整体“滞后”，仅南平市内部匹配协同持平，有部分县市区缺乏社区生活圈养老服务设施配置。（2）排除部分不满足统计学意义的指标结果，福建省区域、市域、县域 3 个层面的社区生活圈养老服务设施均呈现“正相关聚集、高值聚类”态势；闽西南集聚程度高于闽东北，两大协同区的高值聚类效果均高于福建省整体；“泉州—宁德”空间聚类显著性最突出。（3）区域层面仅有闽西南的社区生活圈养老服务设施聚类类型多于异常类型，H-L 型异常类型的数量最少；福州市和泉州市内部的 L-H 型均等化配置凹陷亟须补充完善；县域如安溪县、漳浦县和武夷山市，则应特别重视 L-L 型低值聚类区域的补短板工作。（4）福建省闽西南协同发展区的社区生活圈养老服务设施均等化配置程度高于闽东北协同发展区，且高于福建省整体均等化配置情况；从空间分布上看，“福龙厦”3 市为均等化配置“高等级市”。

社区生活圈视角下福建省住房服务设施均等化配置分析结论。（1）福建省闽东北的空间匹配协同程度总体上高于闽西南；闽西南内部“2 城滞后 +3 城超前”，闽东北内部“2 城滞后 +2 城超前”，“厦泉龙—莆南”贡献主要超前配置力量；福建省县域层面仅漳州市和莆田市内部呈现“超前型”优势，有部分县市区缺乏社区生活圈住房服务设施配置。（2）区域层面的社区生活圈住房服务设施呈现“正相关聚集、高值聚类”态势，闽西南聚集程度高于闽东北和福建省；市域层面“泉三龙—宁莆”空间聚类显著性最突出，但宁德市为低值聚类；县域层面多数不具备统计学意义，其余县市区为正相关、高值聚类。（3）福建省区域层面社区生活圈住房服务设施的聚类类型少于异常类型，H-L 型异常类型的数量最少；莆田市和泉州市内部的 L-H 型均等化配置凹陷亟须补充完善；县域如晋江市和福清市，则应特别重视 L-L 型低值聚类区域的补短板工作。（4）福建省闽西南协同发展区的社区生活圈住房服务设施均等化配置程度高于闽东北协同发展区，且高于福建省整体均等化配置情况；从空间分布上看，“莆宁三龙”4 市为均等化配置“高等级市”。

社区生活圈视角下福建省行政服务设施均等化配置分析结论。（1）福建省闽西南的空间匹配协同程度总体上高于闽东北；闽西南内部“3 城滞后 +2 城超前”，闽东北内部“2 城滞后 +2 城超前”，“厦泉—福宁”贡献主要超前配置力量；福建省县域层面仅南平市内部具有“超前型”优势，且有泉州市泉港区、南平市顺昌县、宁德市古田县属于“一致型”。(2) 区域、市域两个层面的社区生活圈行政服务设施均呈现“正相关聚集、高值聚类”态势；两大协同区的聚集程度高于福建省整体，闽东北超过闽西南；“厦门—莆田”空间聚类显著性最突出；县域层面无负相关聚集，但有华安县与延平区呈现低值聚类情况。(3) 福建省区域层面社区生活圈行政服务设施的聚类类型多于异常类型，H-L 型异常类型的数量最少；福州市和泉州市内部的 L-H 型均等化配置凹陷亟须补充完善；县域如安溪县和翔安区，则应特别重视 L-L 型低值聚类区域的补短板工作。(4) 福建省闽西南协同发展区的社区生活圈行政服务设施均等化配置程度高于闽东北协同发展区，且高于福建省整体均等化配置情况；从空间分布上看，“福州市”1 市为均等化配置“高等级市”。

社区生活圈视角下福建省文化服务设施均等化配置分析结论。(1) 福建省闽东北的空间匹配协同程度总体上高于闽西南；闽西南内部“3 城滞后 +2 城超前”，闽东北内部“3 城滞后 +1 城超前”，“厦泉—福州”贡献主要超前配置力量；福建省县域层面总体“滞后型”多于“超前型”，仅莆田市内部具有“超前型”优势，且有建瓯市和东山县趋近“一致型”。(2) 区域、市域两个层面的社区生活圈文化服务设施均呈现“正相关聚集、高值聚类”态势；两大协同区的聚集程度高于福建省整体，闽东北超过闽西南；“泉漳—福州”空间聚类显著性最突出；县域层面则存在“正负相关—高低聚类”的混杂情况。(3) 区域层面仅有闽西南的社区生活圈文化服务设施聚类类型少于异常类型，H-L 型异常类型的数量最少；福州市和泉州市内部的 L-H 型均等化配置凹陷亟须补充完善；县域如安溪县和平和县，则应特别重视 L-L 型低值聚类区域的补短板工作。(4) 福建省闽东北协同发展区的社区生活圈文化服务设施均等化配置程度高于闽西南协同发展区，且高于福建省整体均等化配置情况；从空间分布上看，“厦福莆泉”4 市为均等化配置“高等级市”。

社区生活圈视角下福建省体育服务设施均等化配置分析结论。(1) 福建省闽东北的空间匹配协同程度总体上高于闽西南；闽西南内部“4 城滞后 +1 城超前”，闽东北内部“3 城滞后 +1 城超前”，“厦门—福州”贡献主要超前配置力量；福建省县域层面总体“滞后型”多于“超前型”，仅三明市内部具有“超前型”优势，而福州市晋安区则属于“一致型”。（2）区域、市域、县域3个层面的社区生活圈体育服务设施均呈现“正相关聚集、高值聚类”态势；两大协同区的聚集程度高于福建省整体；“厦门—福州”空间聚类显著性最突出；闽东北城市的内部县域 Moran's I 指数差值相较闽西南城市更小，聚集效果更明显。（3）福建省区域层面社区生活圈体育服务设施的聚类类型多于异常类型，H-L 型异常类型的数量最少；福州市和厦门市内部的 L-H 型均等化配置凹陷亟须补充完善；县域如南安市和长乐区，则应特别重视 L-L 型低值聚类区域的补短板工作。（4）福建省闽东北协同发展区的社区生活圈体育服务设施均等化配置程度高于闽西南协同发展区，且高于福建省整体均等化配置情况；从空间分布上看，“厦莆福”3市为均等化配置“高等级市”。

社区生活圈视角下福建省基本公共服务设施均等化配置分析结论。（1）福建省市域层面存在社区生活圈基本公共服务设施分布的“优势类型集中+短板类型分散”态势；全省的社区生活圈基本公共服务设施混合度水平总体较高，存在显著的空间正相关，并呈现“多组团，高值集聚，低值分散”状态；闽东北协同发展区的社区生活圈基本公共服务设施均等化程度低于闽西南地区，“厦泉福莆”4市为均等化配置“高等级市”；福建省9个设区市的社区生活圈基本公共服务设施均等化程度与 GDP 正相关、与土地面积负相关。（2）福建省的社区生活圈基本公共服务设施均等化配置存在数量匹配与空间聚类上的优势，这些优势成为均等化配置水平提升的基础与前提。（3）可以从福建省区域、市域、县域3个层面剖析社区生活圈基本公共服务设施均等化配置存在的类型与分布差异问题。（4）最终基于6个方面提出未来均等化配置水平提升的对策建议：把握优势，补齐短板；区分差异，满足需求；加强建设，以建促提；学习经验，四制优化；区域协同，互助共赢；凝心聚力，多方合作。

第二节 研究创新之处

研究视角与尺度上的创新。在新发展阶段提出基本公共服务均等化水平提升要求之下，本书以社区生活圈视角开展基本公共服务设施均等化配置研究，充分认识到社区生活圈以人为本、重视个体需求的特性，以及社区生活圈在满足居民基本公共需要层面不可替代的地位，具有研究视角的创新性。近年来对于基本公共服务设施均等化配置的研究尺度从全国、省域，到市域、村镇不断细化，本书通过 ArcGIS 软件方法将社区生活圈视角转换为公里格网微观研究尺度，并将 9 种分类基本公共服务设施与 1 种综合基本公共服务设施均等化配置情况共同纳入微观尺度考察，该研究尺度在细化配置现状问题，并进而提出对策建议方面具有创新价值。

研究数据与方法上的创新。传统对于基本公共服务设施均等化配置的研究数据多来源于统计年鉴或统计公报，本书不再单纯依靠社会经济统计数据，而是更加广泛地借由网络开放平台获取、处理和探索地理空间大数据展开研究，这些数据具有明确的空间位置、一定的数量规模、广泛的种类、能够更加真实地反映客观现实，数据来源的拓展使得研究更具创新价值。专家学者对于基本公共服务设施均等化配置的研究较多运用经济学理论和计量统计方法，较少使用地理空间技术与方法，本书使用 ArcGIS 软件不但能够进行基础的数据处理，更能在此基础上划定福建省社区生活圈公里格网，并统计分析各种地理空间数据，实现地理信息技术与社会经济学公式方法的融合运用。

第三节　研究局限及展望

研究在大数据背景下通过网络开放平台获取地理空间 POI 数据展开分析；构建社区生活圈基本公共服务设施指标体系，以此避免统计口径的偏差；在标准公里格网下进行基本公共服务设施差异的横向比较，便于发现配置短板。但同时也存在相应局限：POI 数据体量大、时效性强，但仍存在数据缺失的可能性，未来可考虑扩充数据来源，降低数据缺失风险；随着未来政策的持续发布，相关概念内涵与外延的持续扩展，社区生活圈基本公共服务设施指标体系未来也可进一步完善；基于 ArcGIS 软件分配模型的社区生活圈划定采取网格形式，能够在满足 15 分钟步行范围要求的基础上便于比较分析，但同时可能缺少社区生活圈构建指标的其他约束条件，未来可基于技术方法进步考虑加以改进。

社区生活圈视角下，福建省基本公共服务设施均等化配置研究综合考虑了基本公共服务均等化目标与社区生活圈建设要求，是促进公共资源均等化配置与区域均衡化发展的有效手段，对城市与区域管理实际工作具有意义。一方面，研究中形成的数据库成果可促进区域公共资源可持续利用与信息化管理工作推进，同时可为推动社区生活圈建设提供数据和参考；另一方面，研究中构建的社区生活圈基本公共服务设施指标体系与各项结论对策成果可为决策层提供治理依据，同时有助于相关理论与方法完善；更进一步来看，以上成果未来可望为其他研究区的相关研究提供借鉴。

参考文献

一、外文文献

[1] Charnes A, Cooper W W, Rhodes E, et al. , Measuring the efficiency of decision making units [J]. European Journal of Operational Research, 1978, 2 (6): 429 -444.

[2] Tijs Neutens; Tim Schwanen; Frank Witlox; Philippe de Maeyer. Evaluating the Temporal Organization of Public Service Provision Using Space-Time Accessibility Analysis [J]. Urban Geography, 2010, 31 (8) .

[3] I Indarto. Aplikasi ESDA untuk Studi Variabilitas Spasial Hujan Bulanan di Jawa Timur [J]. Forum Geografi, 2011, 25 (2).

[4] Eric M. Delmelle; Jean-Claude Thill; Dominique Peeters; Isabelle Thomas. A multi-period capacitated school location problem with modular equipment and closest assignment considerations [J]. Journal of Geographical Systems, 2014, 16 (3).

[5] Valeria Glorioso, S. V. Subramanian. Equity in Access to Health Care Services in Italy [J]. Health Services Research, 2014, 49 (3).

[6] Tan Stefanie, Mays Nicholas. Impact of initiatives to improve access to, and choice of, primary and urgent care in the England: a systematic review [J]. Health policy, 2014, 118 (3): 304 -315.

[7] Wu Yan-Fu, Yong Zhou. Based on ARCGIS-SDE Spatial Evolution Trend of Industrial Clusters Space [J]. Applied Mechanics and Materials, 2015, 3830 (733 -733).

[8] Jeon Jeongbae, Kim Solhee, Suh Kyo, Park Meejeong, Choi Jinah, Yoon Seongsoo. Accessibility to Public Service Facilities in Rural Area by Public

Transportation System [J]. Journal of Korean Society of Rural Planning, 2016, 22 (4).

[9] S Hariyani, F Usman, E B Kurniawan. Strategy of urban settlement planning through a model of public service facilities [J]. IOP Conference Series: Earth and Environmental Science, 2018, 202 (1).

[10] Habitat International; Studies from Wuhan University Provide New Data on Habitat International (Combining weighted daily life circles and land suitability for rural settlement reconstruction) [J]. Politics & Government Week, 2018.

[11] K. Laasasenaho, A. Lensu, R. Lauhanen, J. Rintala. GIS-data related route optimization, hierarchical clustering, location optimization, and kernel density methods are useful for promoting distributed bioenergy plant planning in rural areas [J]. Sustainable Energy Technologies and Assessments, 2019, 32.

[12] Keith Tomlin, Della Berhanu, Meenakshi Gautham, Nasir Umar, Joanna Schellenberg, Deepthi Wickremasinghe, Tanya Marchant. Assessing capacity of health facilities to provide routine maternal and newborn care in low-income settings: what proportions are ready to provide good-quality care, and what proportions of women receive it? [J]. BMC Pregnancy and Childbirth, 2020, 20 (1).

[13] Mathew Munyamaara Mutiiria, Gabriel Gatimu Mbugua, Doris Marwanga. Factors associated with health facility delivery in Kitui County: a cross sectional study [J]. F1000Research, 2020, 9.

[14] Li Chunjiang, Xia Wanqu, Chai Yanwei. Delineation of an Urban Community Life Circle Based on a Machine-Learning Estimation of Spatiotemporal Behavioral Demand [J]. Chinese Geographical Science, 2021, 31 (1).

[15] Yang Wei, Hu Bo. Catastrophic Health Expenditures and Mental Health in Older Chinese People: The Role of Social Health Insurance [J]. Innovation in Aging, 2021, 5 (Supplement1).

[16] Wu Haoyuan, Wang Liangxu, Zhang Zhonghao, Gao Jun. Analysis and optimization of 15-minute community life circle based on supply and demand

matching: A case study of Shanghai. [J]. PloS one, 2021, 16 (8).

[17] Liu Wenping, Zheng Shuwen, Hu Xuyu, Wu Zhiqing, Chen Shuaipeng, Huang Ziqiu, Zhang Wenting. Effects of spatial scale on the built environments of community life circles providing health functions and services [J]. Building and Environment, 2022, 223.

[18] Zhan Yunjun, Sui Lintong, Wang Meng, Huang Jiejun, Zhu Jieyuan, Chen Di, Fan Jiemeng. Multiperspective Evaluation Model for the Spatial Distribution of Public Service Facilities Based on Service Capability and Subjective Preferences [J]. Journal of Urban Planning and Development, 2022, 148 (2).

[19] Cai Siyuan, Tan Wenyong. Strategies for Building Resilience of 15-minute Community Life Circles from the Perspective of Pandemic [J]. International Journal of Environmental Impacts: Management, Mitigation and Recovery, 2022, 5 (3).

[20] Zhou Qin, He Qing, Eggleston Karen, Liu Gordon G. Urban-rural health insurance integration in china: impact on health care utilization, financial risk protection, and health status [J]. Applied Economics, 2022, 54 (22).

二、中文文献

[1] 国务院关于印发“十三五”推进基本公共服务均等化规划的通知 [J]. 中华人民共和国国务院公报, 2017 (08): 14—46.

[2] 福建省人民政府关于印发福建省推进基本公共服务均等化行动计划的通知 [J]. 福建省人民政府公报, 2018 (27): 2—37.

[3] 中国共产党第十九届中央委员会第五次全体会议公报 [J]. 中国人大, 2020 (21): 6—8.

[4] 国务院关于国家基本公共服务标准（2021 年版）的批复 [J]. 中华人民共和国国务院公报, 2021 (07): 44—45.

[5]《社区生活圈规划技术指南》行业标准报批稿公示. 中华人民共和国自然资源部. TD/T1062—2021. 2021.

[6]《“十四五”公共服务规划》发布 [J]. 国家图书馆学刊, 2022, 31 (02): 15.

[7]《完整居住社区建设指南》印发［J］. 工程建设标准化，2022（02）：41.
[8] 高举中国特色社会主义伟大旗帜 为全面建设社会主义现代化国家而团结奋斗［N］. 人民日报，2022-10-17（002）.
[9] 胡畔. 基本公共服务设施区位评价［M］. 南京：东南大学出版社，2015.
[10] 姜晓萍，田昭，等. 基本公共服务均等化：知识图谱与研究热点述评［M］. 北京：中国人民大学出版社，2016.
[11] 上海市规划和国土资源管理局. 上海市15分钟社区生活圈规划研究和实践［M］. 上海：上海人民出版社，2017.
[12] 张贤明，等. 基本公共服务均等化研究［M］. 北京：经济科学出版社，2017.
[13] 汤国安，杨昕，等. ArcGIS地理信息系统空间分析实验教程（第二版）［M］. 北京：科学出版社，2019.
[14] 左近，梦蕾，曾韵. 面向智慧化建设的社区生活圈配套设施布局优化［M］. 北京：中国建筑工业出版社，2020.
[15] 孙姗姗. 乡村地区基本公共服务设施布局均等化研究［D］. 南京大学，2011.
[16] 郑凯. 生活圈视角下县域基本公共服务设施空间评价与配置优化研究［D］. 安徽建筑大学，2020.
[17] 徐艺文. 城市社区公共服务设施区位研究［D］. 中国矿业大学，2020.
[18] 汪雪. 基于POI数据的上海市基本公共服务设施空间分异及影响机制研究［D］. 上海师范大学，2021.
[19] 郭雨晖. 智慧城市建设对基本公共服务供给与均等化的影响研究［D］. 电子科技大学，2022.
[20] 江岭，杨昕，汤国安. 基于欧氏区域分配的面状河流中轴线提取方法研究［J］. 测绘通报，2011，9.
[21] 李阿萌，张京祥. 城乡基本公共服务设施均等化研究评述及展望［J］. 规划师，2011，27（11）：5—11.
[22] 孙德芳，沈山，武廷海. 生活圈理论视角下的县域公共服务设施配置

研究——以江苏省邳州市为例［J］. 规划师，2012，28（08）：68—72.
［23］林闽钢，王增文．区域性基本公共服务均等化评估研究——以江苏省为例［J］. 城市发展研究，2013，20（03）.
［24］禹文豪，艾廷华．核密度估计法支持下的网络空间 POI 点可视化与分析［J］. 测绘学报，2015，44（1）：82—90.
［25］柴彦威，张雪，孙道胜．基于时空行为的城市生活圈规划研究——以北京市为例［J］. 城市规划学刊，2015（03）：61—69.
［26］张贤明，田玉麒．设施布局均等化：基本公共服务体系建设的空间路径［J］. 行政论坛，2016，23（06）.
［27］李萌．基于居民行为需求特征的“15 分钟社区生活圈”规划对策研究［J］. 城市规划学刊，2017（01）：111—118.
［28］刘飞，郑新奇，黄晴．基于空间分形特征的城市群实体空间识别方法［J］. 地理科学进展，2017，36（06）：677—684.
［29］张启春，山雪艳．基本公共服务标准化、均等化的内在逻辑及其实现——以基本公共文化服务为例［J］. 求索，2018（01）：115—123.
［30］闫东升，杨槿，高金龙．长江三角洲人口与经济的非均衡格局及其影响因素研究［J］. 地理科学，2018，38（03）：376—384.
［31］赵彦云，张波，周芳．基于 POI 的北京市“15 分钟社区生活圈”空间测度研究［J］. 调研世界，2018（05）：17—24.
［32］廖远涛，胡嘉佩，周岱霖，萧敬豪．社区生活圈的规划实施途径研究［J］. 规划师，2018，34（07）：94—99.
［33］赵宏波，余涤非，苗长虹，李光慧，冯渊博，别乾龙．基于 POI 数据的郑州市文化设施的区位布局特征与影响因素研究［J］. 地理科学，2018，38（09）.
［34］申庆喜，李诚固，刘仲仪，等．长春市公共服务设施空间与居住空间格局特征［J］. 地理研究，2018，37（11）：2249—2258.
［35］戚伟，王开泳．中国城市行政地域与实体地域的空间差异及优化整合［J］. 地理研究，2019，38（02）：207—220.
［36］陈帅飞，曾伟．美好生活需要与民生政策供给的优化［J］. 中国地质大学学报（社会科学版），2019，19（03）：162—172.
［37］于一凡．从传统居住区规划到社区生活圈规划［J］. 城市规划，2019，

43（05）：17—22.

［38］傅行行，申悦．面向社区生活圈构建的郊区居民社区依赖性研究——以上海市为例［J］．地理科学进展，2019，38（06）：818—828.

［39］韩增林，李源，刘天宝，董梦如．社区生活圈公共服务设施配置的空间分异分析——以大连市沙河口区为例［J］．地理科学进展，2019，38（11）：1701—1711.

［40］周岱霖，黄慧明．供需关联视角下的社区生活圈服务设施配置研究——以广州为例［J］．城市发展研究，2019，26（12）.

［41］石云霞．论坚持以人民为中心——学习《习近平新时代中国特色社会主义思想学习纲要》［J］．学校党建与思想教育，2020（01）：4—12.

［42］高子轶，张海峰，马晓帆．西宁市居住空间与公共服务设施空间协调性研究［J］．干旱区资源与环境，2020，34（2）：64—72.

［43］田洁玫．基于 POI 数据的城市群公园绿地规模效益评价——以闽三角城市群为例［J］．国土资源科技管理，2020，37（03）：1—12.

［44］陈德权，兰泽英．基于 POI 数据的城市中心体系识别与边界提取——以长沙市中心六区为例［J］．现代城市研究，2020（04）：82—89.

［45］王兰，李潇天，杨晓明．健康融 15 分钟社区生活圈：突发公共卫生事件下的社区应对［J］．规划师，2020，36（06）：102—106＋120.

［46］姜晓萍，郭宁．我国基本公共服务均等化的政策目标与演化规律——基于党的十八大以来中央政策的文本分析［J］．公共管理与政策评论，2020，9（06）.

［47］李智裕，李影．中国基本公共服务均等化的空间差异——以十九个城市群为样本［J］．地方财政研究，2020（08）：81—90.

［48］吴夏安，徐磊青，仲亮．《城市居住区规划设计标准》中 15 分钟生活圈关键指标讨论［J］．规划师，2020，36（08）.

［49］张秀，李月琳，章小童．“健康中国 2030”规划框架下我国健康信息政策内容分析［J］．情报理论与实践，2020，43（09）：24—31.

［50］张永芳，张跃胜，冯云廷．基于探索性数据分析法的城市人地异速分异研究——以三大城市群为例［J］．城市发展研究，2020，27（09）：58—65.

［51］魏伟，洪梦谣，周婕，夏俊楠．“城市人”视角下城市基本公共服务

设施评估方法——以武汉市为例［J］. 城市规划，2020，44（10）：71—80.

［52］于立，王琪. 社区适老性及医养设施建设问题与规划设计对策思考：以厦门为案例［J］. 城市发展研究，2020，27（10）：26—31.

［53］胡晓鸣，黎小龙，蔚芳. 基于 POI 的城市功能区及其混合度识别研究——以重庆市核心城区为例［J］. 西南大学学报（自然科学版），2021，43（01）.

［54］韩增林，朱珺，钟敬秋，闫晓露. 中国海岛县基本公共服务均等化时空特征及其演化机理［J］. 经济地理，2021，41（02）：11—22.

［55］唐红涛，刘亦鹏，吴忠才. 基于 POI 数据的房价影响因素空间异质性分析——以长沙市为例［J］. 城市问题，2021（02）：95—103.

［56］刘合林，郑天铭，聂晶鑫. 城市基本公服设施数量与多样性空间配置研究——以武汉市主城区为例［J］. 城市规划，2021，45（02）：84—91.

［57］肖凤玲，杜宏茹，张小雷. "15 分钟生活圈"视角下住宅小区与公共服务设施空间配置评价——以乌鲁木齐市为例［J］. 干旱区地理，2021，44（02）.

［58］赵鹏军，罗佳，胡昊宇. 基于大数据的生活圈范围与服务设施空间匹配研究——以北京为例［J］. 地理科学进展，2021，40（04）：541—553.

［59］夏永久，邓世玉，王越. 基于生活圈理论的合肥市城市养老服务设施空间配置合理性研究［J］. 热带地理，2021，41（04）.

［60］王楠楠，刘艳芳，罗园园，罗名海. 基于步行安全的生活圈可达性分析——以武汉市为例［J］. 测绘地理信息，2021，46（04）：95—100.

［61］田洁玫. 基于 POI 数据的城市群医疗与居住空间协同发展研究——以闽三角城市群为例［J］. 资源开发与市场，2021，37（04）.

［62］陈明曼，曹双平，张应青，蔡伟光，仲宇轩. 基于兴趣点大数据的小城镇建设综合指数测算与对标分析［J］. 建筑经济，2021，42（04）：113—116.

［63］曹雪彦. "十四五"时期加快推进基本公共服务均等化的思考［J］. 中共山西省委党校学报，2021，44（05）：53—56.

［64］尚虎平，石梦琪. 基本公共服务均等化事业的理论归依——习近平新时代中国特色社会主义思想对基本公共服务均等化的理论奠基探析

[J]. 理论探讨，2021（06）：62—69.

[65] 李湫洋，蔡志昶，唐寄翁. 健康韧性视角下社区医疗设施空间布局分析——以南京市中心城区为例 [J]. 现代城市研究，2021（07）：45—52 + 59.

[66] 李中凯，李金叶. 中国医疗资源配置效率测度及影响因素分析 [J]. 统计与决策，2021，37（19）：84—87.

[67] 李百灵. 长江中游城市群基本公共服务均等化水平测算与区域差异比较 [J]. 统计与决策，2022，38（01）.

[68] 李实，杨一心. 面向共同富裕的基本公共服务均等化：行动逻辑与路径选择 [J]. 中国工业经济，2022（02）：27—41.

[69] 杨龙，吴涵博. 国家治理的空间建构：治理单元的设定与运用 [J]. 天津社会科学，2022，2.

[70] 江曼琦，田伟腾. 中国大都市 15 分钟社区生活圈功能配置特征、趋势与发展策略研究——以京津沪为例 [J]. 河北学刊，2022，42（02）：140—150.

[71] 赖思振，袁锦贵. 行政区层级对公共服务资源的空间配置效应——以福建省为例 [J]. 东南学术，2022（02）：117—125.

[72] 袁威. 基本公共服务均等化的政策逻辑与深化：共同富裕视角 [J]. 中共中央党校（国家行政学院）学报，2022，26（04）：56—63.

[73] 李亚洲，张佶，毕瑜菲，陈曦，吴洁琳. "人口—设施" 精准匹配下的公共服务设施配置策略 [J]. 规划师，2022，38（06）：64—69.

[74] 田洁玫. 协同发展视角下福州市医疗资源布局优化研究 [J]. 测绘与空间地理信息，2022，45（07）：1—4.

[75] 罗雪瑶，张文佳，柴彦威. 15 分钟生活圈的建成环境阈值效应研究 [J]. 地理研究，2022，41（08）：2155—2170.

[76] 洪梦谣，魏伟，夏俊楠. 面向 "体检—更新" 的社区生活圈规划方法与实践 [J]. 规划师，2022，38（08）：52—59.

[77] 王承慧，邱建维，瞿嘉琳，潘晞文，胡明星. 社区中心空间类型和服务效益：对社区生活圈规划的启示 [J]. 现代城市研究，2022（08）：43—50.

[78] 姜晓萍，吴宝家. 人民至上：党的十八大以来我国完善基本公共服务

的历程、成就与经验［J］. 管理世界，2022，38（10）：56—70.

［79］李克让. 社会治理中基本公共服务均等化与可及性研究［J］. 财会通讯，2022（16）：173—176.

［80］于璇，王晓静. 基本公共教育服务均等化的地区差异及时空收敛性［J］. 统计与决策，2022，38（17）：55—60.